Freizeit und Tourismus
Eine Einführung in Theorie und Politik

Hansruedi Müller

Bernhard Kramer

Jost Krippendorf

Hinweis zur 6. Auflage

Das vorliegende Buch stellt eine erweiterte und aktualisierte Fassung des unter dem gleichen Titel in fünf Auflagen erschienene Heft 28 (Auflagen 1-3 unter Heft 22) der Berner Studien zu Freizeit und Tourismus dar.

Bern 1995

BERNER STUDIEN ZU FREIZEIT UND TOURISMUS

HEFT 28

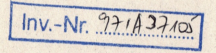

Herausgeber:	Forschungsinstitut für Freizeit und Tourismus (FIF) der Universität Bern Leitung: Prof. Dr. Hansruedi Müller
Titelbild:	Martin Enderlin, FIF
Druck:	Gerber AG, Schwarzenburg

Copyright FIF / Bern 1995
ISBN 3-9520485-0-X

INHALTSVERZEICHNIS

I. FREIZEIT UND TOURISMUS ALS PHÄNOMENE DER INDUSTRIEGESELLSCHAFT

1.	**Entwicklung von Freizeit und Reisen**	**10**
1.1	Arbeit und Freizeit vor dem Indstriezeitalter	10
1.2	Reisen in der vorindustriellen Zeit	12
1.3	Freizeitrahmenbedingungen im Industriezeitalter	14
1.4	Entwicklung des modernen Tourismus	16
2.	**Industriegesellschaftliches Lebensmodell**	**19**
2.1	Modellerklärungen	19
2.2	Systemelement "Arbeit"	24
2.3	Systemelement "Wohnen"	29
3.	**Spezifische Aspekte der Freizeit**	**35**
3.1	Stand der Freizeitforschung (Schweiz)	35
3.2	Freizeitbegriff	36
3.3	Freizeittheoretische Ansätze	42
3.4	Freizeitbeschäftigungen und -interessen	46
3.5	Freizeitmarkt	49

II DAS TEILSYSTEM "TOURISMUS"

4.	**Begriff und Erscheinungsformen des Tourismus**	**54**
4.1	Tourismusbegriff	54
4.2	Touristische Erscheinungsformen	56
4.3	Entwicklung der Tourismusforschung	59
5.	**Erklärungsansätze und Nutzeffekte des Tourismus**	**65**
5.1	Systemtheoretischer Ansatz	65
5.2	Touristisches Strukturmodell	66
5.3	Touristisches Wachstumsmodell	70
5.4	Nutzeffekte des Tourismus	73

6.	**Touristische Nachfrage**		**81**
	6.1 Touristische Grundbedürfnisse		83
	6.2 Einflussfaktoren auf die touristische Nachfrage		86
	6.3 Reisemotive und -erwartungen		94
	6.4 Touristisches Verhalten		97
	6.5 Kennziffern zur touristischen Nachfrage		104
7.	**Touristisches Angebot**		**111**
	7.1 Elemente des touristischen Angebotes		111
	7.2 Tourismusort		113
	7.3 Touristische Betriebe		116
	7.4 Einheimische Bevölkerung		123
8.	**Touristische Mittler**		**127**
	8.1 Verkaufswege		127
	8.2 Touristische Mittler und ihre Bedeutung		128
	8.3 Reiserecht		133

III FREIZEIT- UND TOURISMUSPOLITIK

9.	**Freizeit als Gegenstand der Politik**		**136**
	9.1 Entwicklung, Begriff und Träger der Freizeitpolitik		136
	9.2 Freizeit im Spiegel von Partei-/Verbandsprogrammen		140
	9.3 Legitimation und Ziele einer öffentlichen Freizeitpolitik		142
	9.4 Freizeitpolitische Handlungsfelder und Postulate		149
10.	**Schweizerische Tourismuspolitik**		**155**
	10.1 Begriff und Entwicklung der Tourismuspolitik		155
	10.2 Ziele der Tourismuspolitik		157
	10.3 Strategien der Tourismuspolitik		161
	10.4 Träger der Tourismuspolitik		166
	10.5 Instrumente der Tourismuspolitik		174
11.	**Internationale Tourismuspolitik**		**181**
	11.1 Gouvernementale Organisationen		181
	11.2 Nicht-gouvernementale Organisationen		182

IV FREIZEIT- UND TOURISMUSPERSPEKTIVEN

12. Freizeit- und Tourismustrends — **186**
    12.1 Prognosemethoden — 186
    12.2 Veränderungen im sozio-ökonomischen Umfeld — 189
    12.3 Veränderungen in den Freizeitverhaltensmustern — 194
    12.4 Veränderungen im Reiseverhalten — 195

13. Tourismuskritik - Tourismusentwicklung — **199**
    13.1 Tourismuskritik — 199
    13.2 Sanfter Tourismus — 201
    13.3 Nachhaltige touristische Entwicklung — 208
    13.4 Quality Management — 210
    13.5 Problematik des Um-Handelns — 214

14. Vom Gelddenken zum Zeitdenken — **217**
    14.1 Zeitgewinn versus Zeitstress — 217
    14.2 Zeitvisionen — 218

Abbildungsverzeichnis — 7

Literaturverzeichnis — 223

Stichwortverzeichnis — 239

Berner Studien zu Freizeit und Tourismus — 243

ABBILDUNGSVERZEICHNIS

Abb. 1	Entwicklung von Freizeitrahmenbedingungen	15
Abb. 2	Industriegesellschaftliches Lebensmodell	21
Abb. 3	Konzept der Zeitautonomie	41
Abb. 4	Freizeit- und Lebensstile im sozio-ökon. Umfeld	45
Abb. 5	Freizeitbeschäftigungen	47
Abb. 6	Freizeitausgaben	51
Abb. 7	Touristisches Strukturmodell	67
Abb. 8	Touristisches Wachstumsmodell	71
Abb. 9	Reisemotive	95
Abb. 10	Ferienaktivitäten	101
Abb. 11	Logiernächtestatistik und Ferienreiseintensität	107
Abb. 12	Touristische Beherbergungsformen	119
Abb. 13	Verkaufswege im Tourismus	129
Abb. 14	Ziele der schweizerischen Tourismuspolitik	159
Abb. 15	Gesamtstruktur touristisches Marketing Schweiz	173
Abb. 16	Magische Fünfeck-Pyramide einer nachhaltigen touristischen Entwicklung	209

I FREIZEIT UND TOURISMUS ALS PHÄNOMENE DER INDUSTRIEGESELLSCHAFT

*Musse kommt nicht von allein,
man muss sie sich nehmen*

Kalenderspruch

ZUM INHALT

Freizeit und Tourismus sind nicht eine Welt für sich, die eigenen Gesetzen gehorcht. Sie sind vielmehr Folgeerscheinungen und zugleich Bestandteil des industriegesellschaftlichen Systems. Im ersten Teil des vorliegenden Buches versuchen wir deshalb, das Thema Freizeit und Reisen in einen gesamtgesellschaftlichen Entwicklungszusammenhang zu stellen:

Kapitel 1
gibt einen kurzen Abriss zur Geschichte von Freizeit und Reisen.

Kapitel 2
beschreibt ein Lebensmodell, das die Bereiche Arbeit, Wohnen, Freizeit und Reisen in einen industriegesellschaftlichen Gesamtzusammenhang stellt.

Kapitel 3
befasst sich mit spezifischen Aspekten der modernen Freizeit (Freizeitforschung, Freizeitbegriff, Freizeittheorie, Freizeitverhalten und Freizeitinteressen, Freizeitmarkt).

1. ENTWICKLUNG VON FREIZEIT UND REISEN

1.1 Arbeit und Freizeit vor dem Industriezeitalter

Von der Antike bis ins Mittelalter gab es jährlich zwischen 150 und 200 Feiertage, an welchen die Arbeit mehrheitlich ruhte. Dies ergab eine jährliche Arbeitszeit von rund 2'300 Stunden. Rein quantitativ betrachtet können die Arbeitszeiten der vorindustriellen Zeit also mit jenen von heute verglichen werden. Dieser Vergleich sagt aber nichts aus über das damals herrschende Lebensverständnis und vor allem auch über die gesellschaftliche Verteilung von Arbeit und Freizeit.

Bis zur Reformationszeit kennzeichneten zwei Merkmale das Verhältnis aller Kulturen zu Arbeit und Musse:

- Arbeit bzw. arbeiten zu müssen war individuell wie gesellschaftlich mit negativen Vorstellungen verbunden. Bei den Hebräern hatte die Arbeit die Bedeutung einer Strafe, in der Antike war sie den Sklaven vorbehalten und im Mittelalter war sie mit Begriffen wie "Mühsal" und "Plag" verbunden. (TOKARSKI 1979, S. 18/19)

- Eine kleine Minderheit, die herrschende Klasse der Wohlhabenden, war von der körperlichen Arbeit befreit. Ihr war es vorbehalten, die Musse zu pflegen (Griechische Antike: "schole" = Musse, "a-scholia" = Arbeit. Römisches Recht: "otium" = Musse, "neg-otium' = Arbeit als Zeit der Nicht-Musse). Zu den Aufgaben der herrschenden Klasse zählten im Sinne der Nicht-Musse die Organisation von Produktion, Handel und Handwerk, die Kriegsführung und Kolonialisierung. Musse bedeutete andererseits die Uebernahme eines öffentlichen Amtes sowie die private Ruhe. (PRAHL 1977, S. 36f.)

Das Recht auf Musse, verstanden als Chance zu kreativer Tätigkeit, zu persönlicher Entfaltung und gesellschaftlicher Anerkennung wurde also in der vorindustriellen Zeit von einer kleinen Minderheit in Beschlag genommen. Obwohl damals, wie gezeigt, die Mehrheit der Bevölkerung insgesamt kaum länger der Arbeit nachging, als wir es heute tun, war die freie Verfügbarkeit über längere Zeiträume für die meisten Menschen unbekannt. Der Unfreiheit während der Arbeitszeit folgte die weitgehende inhaltliche Festlegung der arbeitsfreien Zeit mit Kult, Spiel, Fest und Feier.

Im "Dunkeln Zeitalter", wie die Zeit zwischen dem Ende des Römischen Reiches (4./5. Jh. n Chr.) und dem Hochmittelalter (12./13. Jh.) genannt worden ist, war es vor allem der Herrschaftsanspruch der Kirche, der das Verhältnis von Arbeit, Musse und Zeitverwendung prägte. 'Ora et labora" ("Bete und Arbeite") hiess die klerikale Parole, die im 13. Jahrhundert in der hohen Zahl von 90 bis 115 Feiertagen, neben den 52 Sonntagen, zum Ausdruck kam. (PRAHL 1977, S. 39)

In dieser Zeit tauchte auch der Begriff "frey zeyt" auf (PRAHL 1977, S. 39): Während den Marktzeiten wurden die zum Markt Reisenden vor Störungen und Angriffen dadurch geschützt, dass Verstösse gegen den Marktfrieden doppelt bestraft wurden. "Frey zeyt" bedeutete also Frieden auf Zeit. Neben dem Friedenselement klingt aber bereits der neue Freiheitsbegriff an, der später zur emanzipativen Bestimmung der Freizeit werden sollte (Freizeit als Zeit der Freiheit).

Mit der aufkommenden Reformation verbreitete sich dann zunehmend die Auffassung, dass Arbeit der menschlichen Verwirklichung vor Gott diene. Die vom Calvinismus geförderte protestantische Berufsethik mit ihren Grundprinzipien Arbeitswille, Leistung, Ordnungssinn, Fleiss und Disziplin (OPASCHOWSKI et. al. 1982, S. 34) rückte die Arbeit ins eigentliche Lebenszentrum. Demgegenüber wurde Musse nunmehr als "Trägheit" verstanden und erlitt einen grossen Prestigeverlust (MÄDER 1990, S. 15).

Die Erfindung der mechanischen Räderuhr ermöglichte zugleich eine Verfeinerung und bessere Kontrolle der Zeiteinteilung. Gleichzeitig kam es durch die Ausweitung vom Handwerks- zum Manufakturbetrieb zur Trennung von Arbeits- und Wohnstätte und damit zu einer Auflösung traditioneller Haus- und Produktionsgemeinschaften. Der vor allem vor Festaktivitäten gemeinsam verbrachte Feierabend verlagerte sich einerseits in einen kleinen, privaten und andererseits in einen anonymen, öffentlichen Bereich. (MÄDER 1990, S. 15f.)

Erst im Zeitalter der Aufklärung und im Zuge des aufstrebenden Bürgertums wurde dem Menschen eine gewisse Mündigkeit - insbesondere auch im Umgang mit der Zeit - zugesprochen. So forderte zum Beispiel Kant in seiner 1784 erschienenen Schrift "Was ist Aufklärung", dass neben dem Bereich des Berufes ein Bereich der 'uneingeschränkten Freiheit' für den kritischen 'öffentlichen Gebrauch der Vernunft' zu schaffen sei (zit. nach: FERNSTUDIUM FREIZEIT, 1987, S.25). In der Folge wurden diesem Bereich die Kunst, die Bildung, die freie Geselligkeit, aber auch der Luxus, der Genuss, der Müssiggang, das Spiel u.a.m. zugewiesen. Gleichzeitig entstanden die ersten Kaffeehäuser, Salons, Gesellschaften und Vereine, die diese Prinzipien zu verwirklichen suchten.

1.2 Reisen in der vorindustriellen Zeit

Die Geschichte des Reisens (vgl. hierzu LOESCHBURG 1977) ist eng mit der Geschichte des Handels verknüpft. Die ersten Reisenden in der vorchristlichen Zeit waren Händler und Kundfahrer, die zu Land und zu Wasser Güter und Schätze mit anderen Menschen ausserhalb ihres engen Lebenskreises austauschten. Ein regsamer Reiseverkehr entwickelte sich erstmals im Römischen Reich, als ein weitgreifendes und vielverzweigtes Strassennetz von der Nordsee bis zur Sahara gebaut wurde. Während die die Griechen noch vornehmlich zu sportlichen Wettkämpfen (Olympische Spiele), zu mystischen Festen oder nach Delphi gereist waren, entwickelte sich im Alten Rom ein umfangreicher Tourismus. Neben die Handels-, Entdecker- und Kriegsmotive trat mehr und mehr auch der gesundheitsmotivierte private Reiseverkehr. Eine kleine, obere Gesellschaftsschicht reiste über weite Strecken zu Fuss, zu Pferd, in Sänften oder im eigenen Wagen mitsamt ihren Sklaven zu Thermen und eleganten Luxusbädern oder zu den heute noch beeindruckenden Baudenkmälern und Tempeln der alten Griechen. An bekannten Routen soll es schon damals Meilensteine, Wegweiser und Herbergen für die Reisenden gegeben haben.

Mit dem Niedergang des Römischen Imperiums versiegten auch die damaligen Reiseströme, bis das Christentum das religiöse Reisemotiv neu belebte. Den Kreuzzügen folgten die Pilgerreisen zu den heiligen Stätten der Heimat, dann nach Rom und Lourdes, und später wurde das Heilige Land zum begehrtesten Reiseziel (RIEGER 1982, S. 19). Nach FUSS (1960, S. 12) sollen die Pilgerreisen im späten Mittelalter dermassen zugenommen haben, dass die Einschiffungshäfen in Italien und Frankreich von Pilgern geradezu überflutet waren.

Renaissance und Aufklärung führten zu einer Auflösung der streng religiös legitimierten Reisemotive des Mittelalters, und es entwickelten sich zunehmend Einzelmotive, die sich verselbständigten und aus sich selbst heraus die Reisetätigkeit rechtfertigten. Besonders das Bildungsmotiv, das sich mit dem aufkommenden Individualismus verband, trat in den Vordergrund, gefolgt vom Entdecker-, Gesundheits- und Kurmotiv. Als Frühform des Tourismus können die Bildungsreisen durch Europa der jungen Adeligen des 17. und 18. Jahrhunderts betrachtet werden, die Bestandteil des Erziehungsprogrammes der herrschenden Klasse waren. Die übliche Route dieser "Grand Tour" ging von Grossbritannien aus nach Frankreich, mit einem längeren Aufenthalt in Paris. Ein Jahr wurde üblicherweise in Italien verbracht mit Aufenthalten in Genua, Mailand, Florenz, Venedig und Rom. Die Rückreise verlief über die Schweiz, Deutschland und die Niederlande.

Mit der Herausbildung des freien Bürgertums, dem Fortschritt auf wissenschaftlich-technischem Gebiet und der einsetzenden Industrialisierung Europas reisten zunehmend auch wohlhabende Kaufleute, Politiker, Naturforscher, Dichter, Maler und Musiker. Noch stand zwar das Bildungs-Element im Vordergrund, doch das Vergnügungs-Element gewann rasch an Bedeutung, wenngleich das Reisen im 18. und auch noch im 19. Jahrhundert mit grossen Beschwerlichkeiten verbunden war.

Gemeinsam war all diesen Reisenden, dass sie zu einer Minderheit gehörten, die den Rang eines Standes innerhalb der Gesellschaft innehatte. Die Bevölkerungsmehrheit der arbeitenden Klasse blieb aber vom Reisen ausgeschlossen. Wie hätte sie auch jene Rechtfertigung für das Reisen erbringen können, wenn ihr all jene Werte wie Bildung, Kultur, Künste und Wissenschaft abgesprochen wurden, mit denen die Standesgesellschaft ihre Reisen rechtfertigte. Selbst Krankheiten und Heilbedürftigkeiten konnten keine Reiserechtfertigung abgeben, da hierfür Geld und Zeit fehlte. (RIEGER 1982, S. 20/21)

1.3 Freizeitrahmenbedingungen im Industriezeitalter

Mit der aufkommenden Industrialisierung wurde die Arbeit und damit auch die Arbeitszeit immer stärker dem Takt der Maschinen unterworfen. In der ersten Hälfte des 19. Jahrhunderts waren in den Fabriken tägliche Arbeitszeiten von 16-18 Stunden für Männer und 14 Stunden für Frauen und Kinder (inklusive Sonntagsarbeit) die Regel. Bei diesen enormen Arbeitspensen blieb der Masse der Industriebeschäftigten kaum Zeit für die Nahrungsaufnahme und den notwendigen Schlaf. Maloche war in den Augen der herrschenden Klasse das einzig wahre Mittel gegen Müssiggang als aller Laster Anfang - Freizeit ein Fremdwort für die Arbeiterschaft.

Unter dem Druck gewerkschaftlicher Organisierung, aber auch aufgrund der wirtschaftlichen Ineffizienz von übermüdeten Arbeitskräften sowie wegen des von Seiten des Militärs beklagten schlechten Gesundheitszustands der Rekruten begannen die unmenschlichen Arbeitszeiten im Verlaufe der zweiten Hälfte des letzten 19. Jahrhunderts zu sinken. In Deutschland halbierte sich die Arbeitszeit zwischen 1860 und 1930 von 90 auf 45 Wochenstunden. In der Schweiz sank die wöchentliche Arbeitszeit bis zum 1. Weltkrieg auf 60 Stunden. Vor allem als Ergebnis des Generalstreiks von 1918 wurden kurz darauf die 48-Stundenwoche sowie der Anspruch auf eine Ferienwoche verankert.

Der Zugewinn an erwerbsarbeitsfreier Zeit kam damals neben erholungsorientierten Beschäftigungen vor allem auch dem Bereich der Bildung und dem politischen Engagement zu. Nach dem 1. Weltkrieg zeichnete sich dann eine Entpolitisierung der Freizeit ab, verbunden mit vermehrtem Konsum. (MÄDER 1990, S. 18) Zur Individualisierung und Kommerzialisierung der Freizeit breiter Bevölkerungsschichten kam es aber erst nach dem 2. Weltkrieg.

Aber auch die gestiegene Lebenserwartung, der materielle Wohlstand und die fortschreitende Trennung von Wohn- und Arbeitsort haben dazu beigetragen, dass sich Freizeit in unserem Jahrhundert zu einer eigenständigen Grösse entwickeln konnte. Wie Abbildung 1 zeigt, haben die Freizeitrahmenbedingungen 'Arbeitszeit', 'Wohlstand', 'Trennung von Wohn- und Arbeitsort' sowie 'Lebenserwartung' seit Mitte des letzten Jahrhunderts gewaltige Veränderungen erfahren:

Abbildung 1
Entwicklung von Freizeitrahmenbedingungen (CH)

ARBEITSZEIT

Jahresarbeitszeit
(Vollzeiterwerb)

1850:	4'500 STD	
1920:	2'450 STD	
1950:	2'250 STD	x 0.4
1990:	1'900 STD	
1995:	1'838 STD	

WOHLSTAND

Jahreseinkommen
(Vollzeiterwerb)

1850:	6'000.-	
1920:	10'000.-	
1950:	20'000.-	x 8
1990:	48'000.-	
1995:	50'000.-	

FREIZEIT

ARBEITS-/WOHNORT

Anteil Pendler an
Erwerbsbevölkerung

1850:	?	
1920:	10 %	
1950:	20 %	x 5
1990:	52 %	
1995:	?	

LEBENSERWARTUNG

eines 1-jährigen

1850:	40 J	
1920:	60 J	
1950:	68 J	x 2
1990:	78 J	
1995	79 J	

Darstellung in Anlehnung an:
Kramer, B.: Freizeit - Politik - Perspektiven, Bern 1990, S. 21

Arbeitszeit
Die wöchentliche und jährliche Arbeitszeit wurde seit 1850 in etwa halbiert, wobei das Gros der Arbeitszeitreduktion bis 1920 realisiert wurde. War für die Phase bis 1920 die starke Reduktion der wöchentlichen Arbeitszeit kennzeichnend, so waren es nach 1920 vor allem der Ausbau des jährlichen Ferienanspruchs und die Einführung des freien Samstags.

Arbeitsort
Mit fortschreitender Industrialisierung rückten Wohnort und Arbeitsstätte für immer mehr Menschen auseinander. Waren es 1920 erst rund 10% der Schweizer Erwerbstätigen, für die der Wohn- und Arbeitsort auseinanderfiel, so erhöhte sich dieser Anteil bis 1990 kontinuierlich auf 52% (BFS 1993).

Wohlstand
Die Realeinkommen haben sich seit 1850 rund verachtfacht. Vor allem in der Phase nach dem 2. Weltkrieg stiegen die Einkommen stark an.

Lebenserwartung
Die Lebenserwartung hat sich seit 1850 rund verdoppelt. Damit bildete sich auch der von der Erwerbsarbeit befreite Lebensabend heraus.

Als Folge dieser Entwicklung gleichen sich die Zeitanteile für Erwerbsarbeit und Freizeit (ohne Zeit für Schlafen, Essen, Hygiene, Besorgungen, soziale Verpflichtungen) gegen Ende dieses Jahrhunderts immer mehr an. Heute wendet eine erwerbstätige Person pro Jahr rund 2200 Stunden für Arbeit und Arbeitsweg auf (1950: ca. 2800 Stunden); mehr oder weniger frei verfügen kann sie über ca. 2200 Stunden pro Jahr (1950: ca. 1500 Stunden).

1.4 Entwicklung des modernen Tourismus

Als eigentliche Wiege des modernen Tourismus mit seinem Erhohlungs- und Erlebnischarakter gilt die Zeit des 18. Jahrhunderts. Naturwissenschafter wie Albrecht von Haller oder Jean Jacques Rousseau entdeckten und beschrieben die Alpen als Naturphänomen. Dem rousseauschen Ruf "Zurück zur Natur" folgte eine ständig wachsende Zahl von Reisenden, unter ihnen bekannte Schriftsteller wie Byron, Ruskin oder Goethe, aber auch zahlreiche Engländer als Entdecker des Alpinismus.

Erst mit dem Ausbau des Eisenbahnnetzes ab Mitte des 19. Jahrhunderts wurden aber die technischen Voraussetzungen für den Transport einer grösseren Zahl von Reisenden geschaffen. Mit dem Bau der grossen Alpenbahnen Gotthard (1882), Simplon (1906) und Lötschberg (1913) erlebten der Alpentourismus und vor allem die schweizerische Hotellerie eine Blütezeit, die aber durch die Wirren des 1. Weltkrieges jäh beendet wurde. Obwohl die Zahl der Reisenden bis zum 2. Weltkrieg wieder kontinuierlich anstieg, waren es erst die wirtschaftlichen Boomjahre der Nachkriegszeit, die in den Industrieländern zur Freizeitmobilität der Massen führten.

Hauptsächliche Faktoren, die das massenhafte Reisen erst möglich gemacht und ausgelöst haben, sind:
- Der wachsende Wohlstand in Form zunehmender Einkommen und damit auch die Erhöhung der frei verfügbaren Einkommensanteile.
- Die Zunahme der Freizeit vor allem in Form längerer Wochenenden und längerer Feriendauer.
- Die exlposionsartige Motorisierung und die damit verbundene private Mobilität.
- Die zunehmende Verstädterung und die sinkende Umweltqualität, aber auch die fortschreitende Reglementierung, Funktionalisierung und Technisierung einer immer hektischeren und Stress verursachenden Alltagswelt.

Zu den Antriebsmotoren des heutigen Tourismus zählt immer stärker auch das mit Reisen verbundene soziale Ansehen: In den Ferien zu verreisen gehört zur Lebensform unserer Zivilisation, und die Beteiligung möglichst breiter Volksschichten am Tourismus ist zu einem sozialpolitischen Anliegen geworden. Erholung und Ferien werden vielfach mit Tourismus gleichgesetzt und in den Ferien wegzufahren, gilt als normales Verhalten. Das (Ver-)Reisen hat sich damit quasi zu einer "sozialen Norm" (RIEGER 1982, S. 17) entwickelt.

2. INDUSTRIEGESELLSCHAFTLICHES LEBENSMODELL

Nach unserem kurzen historischen Aufriss zu Freizeit und Reisen wird in diesem Kapitel ein industriegesellschaftliches Lebensmodell dargelegt, das die Lebensbereiche Arbeit, Wohnen, Freizeit und Reisen im Gesamtzusammenhang darzustellen versucht. Im Anschluss an die Modellerklärungen werden die Elemente "Arbeit" und "Wohnen" in ihrem Bezug zu Freizeit und Reisen betrachtet. Mit dem Systemelement "Freizeit" befassen wir uns in Kapitel 3, und dem Element "Reisen" sind die Kapitel 4-8 gewidmet.

2.1 Modellerklärungen

<u>Modellerklärungen</u>

Die in Abbildung 2 dargestellte schematische Zeichnung gibt eine Art Gesamtsystem unserer Industriegesellschaft wieder. In ihrem Innern ist das dargestellt, was KRIPPENDORF (1984, S. 24f.) als "Kreislauf der Wiederherstellung des Menschen in der Industriegesellschaft" bezeichnet und in seinem Buch "Die Ferienmenschen" ausführlich beschrieben hat. Der Zirkel dieser Pendelbewegung zwischen Alltag und Gegenalltag setzt beim Menschen und seinen dreigeteilten Lebensbereichen Arbeit, Wohnen und Freizeit an, die den Alltag ausmachen.

Von Zeit zu Zeit erfährt dieser Alltag eine Oeffnung nach aussen: Der moderne Mensch verbringt rund einen Drittel seiner Freizeit als mobile Freizeit auf Reisen. Dieser Ausflug in den Gegenalltag ist durch besondere Beeinflussungen, Motive und Erwartungen gekennzeichnet. Die Reiseziele bilden den Gegenpol zur Alltagswelt. Sie stellen den Gegenalltag dar. Interessant sind hier besonders das Verhalten und Erleben der reisenden Menschen, die Situation der bereisten Menschen und ihrer Umwelt, die Begegnung zwischen den Reisenden untereinander sowie mit den Bereisten. Diese Begegnung kann positive oder negative Folgen und Rückwirkungen auf Land und Leute der bereisten Gebiete und auf die Alltagssituation der Reisenden haben.

Das Gefüge Arbeit-Wohnen-Freizeit-Reisen ist in einen grösseren Rahmen eingebettet und wird von da aus gestaltet und beeinflusst. Hier lassen sich vier grosse Kraftfelder unterscheiden, die untereinander wiederum durch ein vielfältiges Netz von Wechselwirkungen verknüpft sind (vgl. hierzu ROTACH, et. al. 1982, S. 20f.):
- Die Gesellschaft mit ihren Werthaltungen (sozio-kulturelles Subsystem).
- Die Wirtschaft und ihre Struktur (ökonomisches Subsystem).
- Die Umwelt und ihre Ressourcen (ökologisches Subsystem).
- Der Staat und seine Politik (politisches Subsystem).

In ihrer Gesamtheit stellen diese Teilsysteme gewissermassen das Bühnenbild dar, in welchem sich unser Leben abspielt. Die Zeichnung (vgl. Abbildung 2) bringt zum Ausdruck, welches die allgemeine Entwicklungsrichtung oder der Trend in diesen vier Teilbereichen etwa in den vergangenen 30 Jahren gewesen ist (KRIPPENDORF 1984, S. 28):

In unserer Gesellschaft sind die Werte des "Seins" von den Werten des "Habens" verdrängt worden: Besitz, Eigentum, Vermögen, Konsum, Egoismus stehen vor Gemeinsamkeit, Toleranz, Genügsamkeit, Sinn, Bescheidenheit, Ehrlichkeit.

Die Wirtschaft ist gekennzeichnet durch eine sich verstärkende Konzentrationsbewegung, ein Ueberhandnehmen der Grossbetriebe und Konzerne mit immer mehr Wirtschaftsmacht auf Kosten der ums Ueberleben kämpfenden selbständigen Klein- und Mittelbetriebe. Weitere Merkmale im ökonomischen Bereich sind eine immer stärkere Arbeitsteilung und Spezialisierung sowie eine immer unbedeutender werdende Selbstversorgung.

Die Umwelt wird behandelt und genutzt, als ob die Ressourcen unversiegbar und unendlich wären. Wissenschaft und Technik finden immer wieder neue Mittel, um die Grenzen der Belastbarkeit des Oekosystems hinauszuschieben. Negative Nebenwirkungen des auf Grosstechnologie gestützten Wirtschaftswachstums scheinen beherrschbar und laufend behebbar.

Schliesslich gibt es kaum ein Industrieland, in dem die Staatsbürokratie, der Aufgabenbereich und die Ausgaben des Staates - und in ihrem Gefolge auch die Tendenz zu mehr Zentralismus in der Staatspolitik - nicht zugenommen hätten. Der Staat ist - oder besser: wird - gezwungen, eine

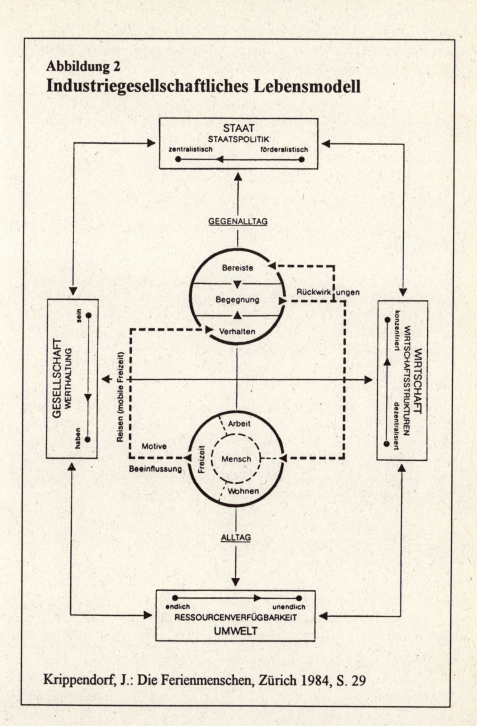

Abbildung 2
Industriegesellschaftliches Lebensmodell

Krippendorf, J.: Die Ferienmenschen, Zürich 1984, S. 29

immer kostspieligere Infrastruktur für den wachsenden Wirtschaftsapparat bereitzustellen (Verkehr, Versorgung und Entsorgung) und gleichzeitig Regulierungsmechanismen ("Konjunkturspritzen", Subventionen für gefährdete Wirtschaftszweige) zu entwickeln, die ein reibungsloses Funktionieren der Wachstumswirtschaft sichern. Auch weiten sich die staatlichen Dienstleistungen aus, wie Gesundheitsdienst, Erziehung, Betreuung von Randgruppen, Schutz der bedrohten Umwelt. Es sind lebensnotwendige Leistungen, die niemand sonst übernehmen kann.

Das System im Ungleichgewicht

Mit diesen wenigen Bemerkungen zu den Rahmenbedingungen unseres Lebens ist bereits Wichtiges angetönt, was in der Grafik nicht zum Ausdruck kommt: So harmonisch, wie es das Schaubild glauben machen könnte, funktioniert das System nämlich nicht. Im Unterschied zur Abbildung 2 haben in Wirklichkeit nicht alle Elemente das gleiche Gewicht. Die Bereiche sind nicht gleichwertig, die Spiesse nicht gleich lang. Einzelne Pole und Teilbereiche überwiegen auf Kosten anderer. Zum Teil sind sie zu sich gegenseitig aufhebenden, ja bekämpfenden Systemgrössen geworden, statt sich zu ergänzen.

Die Werthaltungen der Menschen, die Verwendung der Ressourcen und die Politik des Staates sind in den Sog der explosionsartigen Wirtschafts- und Wohlstandsentwicklung der Nachkriegsjahre geraten. Damit einher geht eine "Oekonomisierung" aller Lebensbereiche (Arbeit, Wohnen, Freizeit und Reisen). Das wirtschaftliche Wachstum stellt denn auch den eigentlichen Motor dieses industriegesellschaftlichen Systems dar, das uns insbesondere in der Nachkriegszeit Arbeit und Wohlstand für viele beschert hat.

Seit Mitte der 70er Jahre verdichten sich aber die Anzeichen dafür, dass der ökonomische Wachstumskreislauf "mehr Produktion schafft mehr Arbeit ➜ mehr Arbeit schafft mehr Einkommen ➜ mehr Einkommen ermöglicht mehr Konsum ➜ mehr Konsum erfordert mehr Produktion ➜ mehr Produktion schafft mehr Arbeit ➜ usw." zunehmend ins Stocken gerät und damit auch das industriegesellschaftliche System in seinen Grundfesten erschüttert:
- Neue Technologien machen einen immer grösseren Ausstoss an Gütern und Dienstleistungen mit gleichem oder sogar noch geringerem Einsatz

an menschlicher Arbeitskraft möglich. Mehr Produktion bedeutet damit nicht mehr automatisch mehr Arbeit.

- Auf der Einkommensseite nehmen die für Konsum verfügbaren Einkommen in den meisten Industrieländern in jüngster Zeit nur mehr schwach zu. Diese Entwicklung ist vor allem eine Folge wachsender Kosten im Umwelt-, Sozial-, Energie-, Verkehrs-, Wohnbereich etc., die den Staat, die Wirtschaft wie den Einzelnen immer stärker belasten.

- Auf der Konsumseite hofft man zwar im Zusammenhang mit der Errichtung des EG-Binnenmarktes und der Oeffnung des Ostens zumindest mittelfristig auf einen weiteren Konsumschub. Dieser dürfte aber durch stagnierende Einkommen, den relativ hohen Sättigungsgrad bei den Konsumgütern des täglichen Bedarfs und den fortschreitenden Wertewandel in Richtung Abkehr von der Ueberbetonung materieller Werte gedämpft werden.

- Schwerwiegende Probleme und Herausforderungen zeichnen sich aber insbesondere im ökologischen Bereich ab. Die schonungslose Ausbeutung und Belastung unserer Umwelt während weniger Jahrzehnte zugunsten eines enormen Wirtschaftswachstums zeitigen mehr und mehr gravierende Folgen für die Lebensgrundlagen Boden, Luft und Wasser, die bereits heute spürbar aber in ihrer zukünftigen Tragweite nicht zu ermessen sind.

Wir haben die Entwicklungen vor allem im zweiten Teil des 20. Jahrhunderts bis hart an ökonomische, gesellschaftliche und ökologische Grenzbereiche herangetrieben. Die Wirtschaftskrise, die Wachstumskrise, die Arbeitskrise, die Umweltkrise, die Staatskrise und die Sinnkrise, in der sich viele Menschen befinden, sind doch mehr als nur zeitlich befristete Schwächeanfälle: Das industriegesellschaftliche System wird heute in seinen Fundamenten erschüttert. Und die Fortschreibung der bisherigen Entwicklungen gibt kaum zu Hoffnungen Anlass, wie auch aus den Schlussfolgerungen des im Jahre 1980 dem amerikanischen Präsidenten abgelieferten Berichtes "Global 2000" zu entnehmen ist. Er sei hier stellvertretend für viele andere Weltentwicklungsmodelle zitiert, die zu ähnlichen Ergebnissen gekommen sind:

"Wenn sich die gegenwärtigen Entwicklungstrends fortsetzen, wird die Welt im Jahre 2000 noch überbevölkerter, verschmutzter, ökologisch noch weniger stabil und für Störungen anfälliger sein als die Welt, in der wir heute leben. Ein starker Bevölkerungsdruck, ein starker Druck auf Ressourcen und Umwelt lassen sich deutlich voraussehen. Trotz eines grösseren materiellen Outputs werden die Menschen auf der Welt in vieler Hinsicht ärmer sein, als sie es heute sind." (GLOBAL 2000, S. 25)

2.2 Systemelement "Arbeit"

<u>Arbeitsbegriff</u>

Umgangssprachlich wird heute unter dem Begriff Arbeit in erster Linie Erwerbsarbeit verstanden. Diese Verengung des Arbeitsbegriffes auf den gegen Entgelt geleisteten Teil der Arbeit geht auf die Industrialisierung zurück, als sich die gewerblich-betrieblich organisierte und gegen Lohn geleistete Arbeit absonderte und zum eigentlichen Zentrum der materiellen Existenz wurde. Mit dieser Entmischung der Tätigkeit in Erwerbsarbeit und andere, unentgeltlich geleistete Tätigkeiten entstand erst der sogenannte "Arbeitstag" bzw. die "Arbeitszeit" im heutigen Sinn. (RINDERSPACHER 1985, S. 48)

Als Gegenpol zu der durch Erwerbsarbeit gebundenen Zeit entwickelte sich der sog. Bereich der Freizeit, der aber keinesfalls mit Nicht-Arbeit gleichzusetzen ist. Der Begriff "Arbeit" umfasst (ATTESLANDER 1988):
- **Erwerbsarbeit:** gegen Entgelt geleistete Arbeit
- **Subsistenzarbeit:** im Sinne von Versorgung des Haushalts und seiner Angehörigen, Kinderbetreuung, Einkauf, Garten, Aus- und Weiterbildung, etc.
- **Sozialarbeit:** im Sinne von unbezahlter sozialer, politischer und kultureller Arbeit, die über die Existenzsicherung für sich und seine Angehörigen hinausgeht.

Arbeit beinhaltet demnach alle zweckgerichteten menschlichen Tätigkeiten, unabhängig davon, ob diese ökonomisch bewertet, innerhalb oder ausserhalb der formellen (beruflichen) Arbeitszeit vollbracht werden.

In diesem Zusammenhang unterscheidet man etwa auch zwischen formeller Arbeit (ökonomisch bewertete und erfasste Erwerbsarbeit) und informeller Arbeit (ökonomisch nicht erfasste Arbeit mit oder ohne Entgelt, z.B. Schwarzarbeit, Eigenarbeit, etc.) (vgl. hierzu JORDI 1988, S. 6f.). Gemäss Schätzungen dürfte der ökonomische Wert aller informell geleisteten Tätigkeiten jenen der formellen Erwerbsarbeit, der im Bruttosozialprodukt einer Volkswirtschaft zum Ausdruck kommt, übersteigen (vgl. SCITOVSKY 1977, S. 91).

Zu den grundlegenden Funktionen bzw. Aspekten der Arbeit gehören (DGF 1986, S. 17):
- Existenzsicherung (materiell-ökonomischer Aspekt)
- Verwirklichung menschlicher Anlagen und Fähigkeiten (biologischer Aspekt)
- Lebenssinngebung und Lebenserfüllung (ideell-psychologischer Aspekt)
- Dienst an der Gemeinschaft (christlich-ethischer Aspekt)

Zusammenhang von Arbeit und Freizeit

Zum Verhältnis von Arbeit und Freizeit existieren zahlreiche wissenschaftstheoretische Auffassungen und Beiträge. Im Sinne eines Gliederungsversuches lassen sich grob drei Denkrichtungen unterscheiden:

Arbeitspolarer Erklärungsansatz
Diese Erklärungsrichtung geht davon aus, dass die (Erwerbs-)Arbeit im Lebenszentrum des Menschen steht und alle anderen Bereiche durch sie dominiert werden. Demnach befindet sich auch die Freizeit unter dem Primat der Arbeit. Die Ansätze dieser Erklärungsrichtung, die vor allem auf die 50er und 60er Jahre zurückgehen, lassen sich auf folgende zwei polare Hypothesen zum Verhältnis von Arbeit und Freizeit reduzieren (vgl. hierzu auch TOKARSKI 1979, S. 3f.):
- **Kontrast- oder Kompensationshypothese:** Die (Erwerbs-)Arbeit wirkt im konträren Sinn auf die Interessen, das Verhalten und Erleben in der Freizeit, d.h. der Einzelne versucht in seiner Freizeit das zu kompensieren, was in seiner Arbeit zu kurz kommt.
- **Kongruenz- oder Generalisationsthese:** Die während der Erwerbsarbeit erworbenen Verhaltensmuster werden auf die Freizeit übertragen,

d.h. der Einzelne vermag seine "Arbeitshaut" nicht abzustreifen und verhält sich in seiner Freizeit kongruent dazu.

Betrachtet man die empirischen Belege zu diesen beiden Erklärungshypothesen, so schneidet die Kongruenz- oder Generalisationsthese eher besser ab, wenn auch die Kontrast- oder Kompensationsthese viel öfter diskutiert wurde (CASPARIS 1985, S. 1). In ihrer Absolutheit dürfte keine der beiden Thesen zutreffen. Aufgrund neuerer Erkenntnisse aus der Marktforschung ist vielmehr davon auszugehen, dass ein und dieselbe Person von Fall zu Fall unterschiedliche Verhaltensweisen an den Tag legen kann, was auch auf den Zusammenhang von Arbeit und Freizeit zutreffen dürfte. Zudem wirken neben der (Erwerbs-)Arbeit noch zahlreiche andere Faktoren auf die Freizeit ein, als dass eine monokausale Erklärung dieses Zusammenhanges in der Realität Bestand haben könnte (vgl. hierzu auch Kapitel 3.3).

Freizeitpolarer Erklärungsansatz

Im Zentrum dieser Erklärungsrichtung steht die Grundauffassung, dass die industrielle (Erwerbs-)Arbeit mit ihrem stark arbeitsteiligen und fremdbestimmten Charakter der menschlichen Selbstentfaltung abträglich ist. Urvater dieser Denkrichtung ist Karl MARX (1894, S. 873f.), der die Arbeit als Reich der Notwendigkeit und die freie Zeit als Reich der Freiheit predigte. Zeitgenössische Vertreter dieser Auffassung sind z.B. André GORZ (1983) Esther VILAR (1981) und Reinhard KLOPFLEISCH (1991), die in der fortschreitenden Industrialisierung und Automatisierung die Chance einer möglichst weitgehenden Befreiung des Menschen von der Erwerbsarbeit sehen.

Im Unterschied zum arbeitspolaren Erklärungsansatz werden hier der Sinn des Lebens, die Lebensqualität und die Möglichkeiten der Selbstverwirklichung nicht mehr in der (Erwerbs-)Arbeit, sondern im Bereich der Freizeit gesehen. Freizeit wird hier zum eigentlichen Brennpunkt der Lebensorientierung hochstilisiert, (Erwerbs-)Arbeit zum blossen "Brotkorb" degradiert.

2. Industriegesellschaftliches Lebensmodell

Ganzheitlicher Erklärungsansatz

Im Zentrum dieser Erklärungsrichtung steht die Grundauffassung, dass der Dualismus von Arbeit und Freizeit - sowohl arbeits- als auch freizeitpolarer Art - dem menschlichen Grundbedürfnis nach ganzheitlicher Selbstverwirklichung, relativer Unabhängigkeit und durchgehender Lebenssinngebung widerspricht. Dieser Auffassung zufolge ist der Mensch als unteilbares soziales Wesen zu verstehen und nicht als eines, das fein säuberlich parzelliert werden kann in ein Arbeits- und ein Freizeitwesen.

Die Vertreter dieser Denkrichtung (vgl. hierzu LENZ-ROMEISS 1974, S. 34f.; HOFFMANN 1981, S. 356f.; OPASCHOWSKI et. al. 1982, S. 43f.; KRIPPENDORF 1984, S. 153f.; MÄDER 1990, S. 109f.; KRAMER 1990, S. 113f.) plädieren denn auch für eine ganzheitlichere Lebensbetrachtung, für eine Neubewertung von Arbeit und Freizeit sowie für entsprechende Humanisierungsbestrebungen in allen Lebensbereichen.

<u>Arbeit und Freizeit: Zwei Werte im Wandel</u>

Zum kulturellen Kern der Industrialisierung gehört ein ausgeprägtes Arbeitsethos: "Durch und in der Arbeit - die als bezahlte Tätigkeit verstanden wird - zeigt der Mensch seine Verantwortlichkeit und kann sich als menschliches Wesen verwirklichen. Die Arbeit gestattet die Beherrschung der Welt, kennzeichnet den Sieg der Kultur und der Gesellschaft über die Natur und definiert das, was den Menschen ausmacht." (LALIVE D'EPINAY 1990, S. 32). In diesem Zusammenhang ist etwa auch die Rede von der Arbeits-Gesellschaft und vom Arbeits-Menschen, der im Gegensatz zum verkommenen Müssiggänger seiner gesellschaftlichen Pflicht zur Arbeit nachkommt.

Diese im Laufe von mehreren Jahrhunderten geprägte Moral der Pflicht und der Arbeit verliert als eigentliches Fundament der industriellen Arbeitsgesellschaft seit relativ kurzer Zeit ihren lebensbeherrschenden Anspruch. Mögliche Gründe für dieses zerrinnende Arbeitsethos sind:
- Die allgemeine Verkürzung der (Erwerbs-)Arbeitszeit und die fortschreitende Auflösung uniformer Arbeitszeitmuster.
- Der Rückgang der im Erwerbsprozess integrierten Bevölkerung: Das traditionelle Bild des Vollzeit-Erwerbstätigen trifft nurmehr auf rund einen Drittel der Bevölkerung zu; die anderen zwei Drittel der Bevölke-

rung sind Kinder, Jugendliche, Personen in Ausbildung, Nicht- oder Teilzeitberufstätige, Arbeitslose, Pensionierte. (WETTSTEIN 1991, S. 2).

- Die fortschreitende Technisierung, Automatisierung und Spezialisierung der (Erwerbs-)Arbeit und der vielfach damit verbundene Beziehungs- und Sinnverlust der Arbeit.
- Ein wachsendes Heer von Arbeitslosen, das darauf hindeutet, dass der Arbeitsgesellschaft bisheriger Prägung die Arbeit auszugehen droht.
- Der systemimmanente Zwang zu Wirtschaftswachstum verbundem mit Raubbau an der Natur, fortschreitender Zerstörung der Lebensgrundlagen und der Frage nach dem Sinn dieser Entwicklung.
- Die rasche Wohlstandszunahme und das damit verbundene Vorrücken von immateriellen Werten wie Autonomie, Eigenständigkeit, Selbstverwirklichung und Entfaltung der eigenen Persönlichkeit.
- etc.

Im Zuge o.g. industriegesellschaftlicher Entwicklung breitet sich mehr und mehr ein neues Selbstverwirklichungs- und Freizeitethos aus, das nicht zuletzt auch in einer rasch wachsenden Freizeitindustrie zum Ausdruck kommt. Wie verschiedene Untersuchungen zum Wertewandel zeigen, sind die Verfügbarkeit über Zeit und die Freizeitbeschäftigungen zu eigentlichen Hauptwerten im persönlichen Leben vieler Menschen geworden (vgl. hierzu: OPASCHOWSKI et. al. 1982, S. 16f.; DEFAGO 1990, S. 8f.; KRAMER 1990, S. 91f.; UNIVOX 1993; LALIVE D'EPINAY 1991, S. 95f.; BFK 1991, S. 23). Damit geht aber keinesfalls eine völlige Entwertung der (Erwerbs-)Arbeit einher: "Nur eine Minderheit (eine oder zwei von zehn Personen), vor allem in den Kreisen unterer Angestellter, sieht darin lediglich einen Zwang. Aber auch nur eine (gleich grosse wie oben, aber im Abnehmen begriffene) Minderheit sieht heute in der Arbeit das einzige oder hauptsächliche Lebensziel; bei der grossen Mehrheit ist eine Auffassung der Multizentriertheit des Lebens anzutreffen, nach der die Arbeit wohl ihren Platz hat, aber den anderen Dingen des Lebens, wie Familie, frei gewählte Tätigkeiten, Reisen usw. ebenfalls Raum gewähren soll." (LALIVE D'EPINAY 1991, S. 189; UNIVOX 1994)

Die (Erwerbs)-Arbeit hat aber nicht nur ihren alles beherrschenden Lebensanspruch verloren, sie erfährt zugleich auch eine Neuinterpretation in Richtung Ethos der Selbstverwirklichung: "So zum Beispiel haben junge

Leute ein hohes Arbeitsideal behalten. Die Arbeit muss aber für den, der sie tut, einen Sinn haben, ihm die Entfaltung seiner Fähigkeiten erlauben und gestatten, sich nützlich zu fühlen; sie muss auch Gelegenheit zu harmonischen Kontakten mit anderen bieten." (LALIVE D'EPINAY 1991, S. 189)

Fasst man die in den westlichen Industrieländern erkennbaren Veränderungen bezüglich der Einstellung zu Arbeit und Freizeit zusammen, so zeichnet sich folgender Prozess ab (OPASCHOWSKI 1987, S. 15):

- Die Arbeit verliert zunehmend ihren Mythos, unverändert aber bleibt der Wunsch nach sinnvoller Selbstverwirklichung - in der Arbeit ebenso wie in der Freizeit.

- Das Leistungsprinzip ist zwar als soziale Norm fragwürdig geworden, nicht aber die Leistung an sich. Vielmehr ist das Bedürfnis, selbst etwas zu leisten, was Spass macht und Sinn hat, unverändert gross. (UNIVOX 1994)

- Die Freizeit bietet vielen Menschen die Chance zu mehr Selbstbestimmung und zu spass- und sinnorientierten Tätigkeiten. Damit bringt die Freizeit die Menschen auf den Geschmack, selbstbestimmter leben und auch weniger entfremdet arbeiten zu wollen.

- Die Freizeit verändert das individuelle Bewusstsein und bringt das gesellschaftliche Wertesystem - auch in der Arbeitswelt - in Bewegung: Im Sinne einer neuen, ganzheitlichen Lebensethik schlägt die Forderung nach mehr Selbstbestimmung und Entfaltungsmöglichkeiten, nach mehr Lebensqualität und -sinn auf alle Bereiche des Lebens durch.

2.3 Systemelement "Wohnen"

<u>Bedeutung des Wohnens</u>

Das Wohnen zählt seit jeher zu den Grundfunktionen menschlichen Daseins. Sei es eine Höhle oder ein Schloss, stets ist der Mensch darauf bedacht, eine Nische zu finden, in die er sich zurückziehen, sich schützen und sich selber organisieren kann. Wohnen stellt eine zentrale Lebensfunktion dar, bedeutet zugleich schlafen, essen, familiäre und soziale Kontakte pflegen, seine Freizeit gestalten, Haus- und manchmal auch Berufsarbeit erledigen.

Rund zwei Drittel seiner Freizeit verbringt der Industriemensch in seiner Wohnung oder in ihrer näheren Umgebung (DGF 1980a, S. 22). Dem Wohnbereich kommt heute vor allem auch in Bezug auf die veränderten Arbeitsbedingungen eine wichtige Entlastungsfunktion zu: Als Gegenpol zum zunehmend hektischen, technisierten, fremdbestimmten, kommunikationslosen Arbeitsalltag.

Die Frage nach dem Wohnwert taucht vor allem auch im Rahmen der seit den 70er Jahren geführten Diskussion um Stadterneuerung und Lebensqualität auf. Dabei stehen zwei Aspekte des Wohnens im Vordergrund:

Wohnqualität:

Unter dem Begriff der "Wohnqualität" wird der Versuch verstanden, die Wohnsituation von Menschen mittels objektivierbarer Messgrössen zu erfassen. Dieser Versuch geht auf ein Programm der Organisation für wirtschaftliche Zusammenarbeit und Entwicklung (OECD) zur Erfassung der Lebensqualität zurück. Die Wohnqualität stellt dabei einer von neun sogenannten "sozialen Indikatoren" dar und wird über folgende sechs Einflussgrössen beschrieben (PELLI 1982):
- **Der Innenraum:** zur Verfügung stehender Raum pro Familienmitglied innerhalb der Wohnung.
- **Das Komfortniveau:** Ausstattung der Wohnung mit fliessendem Wasser, Dusche/Bad, Toilette.
- **Der Aussenraum:** Verfügbarkeit bzw. Erreichbarkeit privater Räume (Balkon, Garten) und halböffentlicher/öffentlicher Anlagen (Spielplätze, Grünanlagen).
- **Die ökonomische Erreichbarkeit:** Die für das Wohnen zu erbringende finanzielle Leistung (z.B. Anteil Mietkosten an den Haushaltsausgaben).
- **Die Wohnsicherheit:** Kündigungsschutz, gesetzliche Einsprachemöglichkeiten etc.
- **Die physische Erreichbarkeit:** Erreichbarkeit von Arbeitsplätzen, Kindergärten, Schulen, öffentlichen Diensten, Einkaufsmöglichkeiten, etc. mittels verschiedener Verkehrsmittel.

Wohnlichkeit:

Im Gegensatz zur Wohnqualität ist die Wohnlichkeit nicht etwas Objektives, etwas Messbares, das sich in Quadratmetergrössen von Zimmern, Grünflächenanteilen oder in einer Anzahl von Sport- und Erholungsanlagen ausdrücken lässt. Vielmehr ist die Wohnlichkeit etwas subjektiv empfundenes. Nach BURCKHARDT (1981) definiert sich die Wohnlichkeit einer Stadt, eines Quartiers, einer Strasse, eines Hauses oder einer Wohnung durch die vorhandenen Möglichkeiten:
- der Selbstentfaltung,
- der Begegnung und Kommunikation mit seinen Mitmenschen,
- der Verwirklichung eigener Vorstellungen und des Einfliessenlassens eigener Ausdrucksfähigkeiten in die Wohnumgebung.

Wohnlichkeit ist demnach vor allem dann erreicht, wenn die Bewohner selbst etwas dazu beitragen, selber etwas verändern können, wenn es Spielraum gibt. Mit anderen Worten: Wohnlichkeit machen die Menschen selber aus. (WEISS, M. et. al. 1980, S. 4)

<u>Entwicklung der Wohnwelt</u>

Der Anteil der in städtischen Gebieten lebenden Bevölkerung nimmt sowohl weltweit als auch in den Industrieländern zu und liegt heute bei 50-70%. Die Stadt von gestern mit ihrer Nutzungsvielfalt und Ueberschaubarkeit ist dabei immer stärker der modernen, vor allem durch die Bedürfnisse der Wirtschaft geprägten Stadt gewichen. Wirtschaftlichen Sachzwängen gehorchend, konzentrieren sich heute die Arbeitsplätze in den City-Kernen. Hier, in den besten Geschäftslagen, breiten sich finanz- und ertragsstarke Geschäftszweige wie Banken, Versicherungen, internationale Handelsgesellschaften, Grossverteiler etc. aus. Als Folge dieser Entwicklung steigen die Boden- und Mietpreise und ertragsschwächere Nutzungen, wie z.B. das Wohnen, werden in die Agglomerationen verdrängt. Im Zuge dieses Verdrängungsprozesses entstanden in den 60er und 70er Jahren zahlreiche Grossiedlungen in Stadtrandgebieten. Oder wer es sich leisten kann, wohnt - und das ist heute der Traum eines fast jeden - im eigenen Haus im Umland der Stadt.

Weil aber gerade in den stadtnahen Agglomerationen während langer Zeit für die Erholung kaum etwas vorgesehen wurde, und weil die Umgebung oft lärmig, zugebaut, steril oder langweilig ist, weisen viele der städtischen Wohngebiete eine geringe Eignung für die Freizeitverbringung auf. Also verbringt man seine Freizeit dort, wo es freien Raum, Natur und Freizeitinfrastruktur gibt. Der verbindende Schlüssel zu diesem nach Arbeit, Wohnen und Freizeit dreigeteilten Leben ist die Mobilität. Sie macht diese räumliche Trennung erst möglich - ohne sie ginge es nicht. Deshalb hat man dem Verkehr auch überall den Vorrang vor allem anderen gegeben und sich seinem totalitären Anspruch gebeugt. Individuelle Mobilität also quasi als Zwang und Notwendigkeit, aber immer stärker auch als individueller Anspruch. Und Mobilität heisst heute in erster Linie Auto-Mobilität. Ein Drittel bis die Hälfte der Fläche unserer Städte ist in Form von Strassen und Parkraum für den Verkehr reserviert und damit dem Menschen als Lebensraum weitgehend entzogen (VESTER 1978, S. 74). Um die unablässig wachsenden Ströme der Pendler und Erholer nicht aufstauen zu lassen, erfährt das Verkehrsnetz einen stetigen Ausbau. Mit der Folge, dass die Wohnqualität von immer mehr Menschen durch den fliessenden und ruhenden Arbeits- und Freizeitverkehr beeinträchtigt wird.

Die Entwicklung der industriellen Arbeits- und Wohnwelt hat den Menschen buchstäblich in Stücke gerissen und seine Lebenseinheit zersplittert. Es ist eine tragische Feststellung: Das Zuhause als Rückzugsort, als Ort der Familie, der Freizeit, der Musse, der Kommunikation und des Kontaktes mit der Natur ist für sehr viele Menschen unwirtlich und unwohnlich geworden.

<u>Zusammenhang zwischen Wohnen und Freizeitmobilität</u>

Wo die Menschen vieles abstösst und weniges bindet, da fahren immer mehr weg aus ihrer alltäglichen Wohnumgebung, um andernorts zu finden, was ihnen hier fehlt. Von einem monokausalen Zusammenhang zwischen Wohnsituation und Freizeitmobilität auszugehen, ist indessen ein zu kurzer Schluss, wie verschiedene neuere Untersuchungen zeigen.

Gemäss einer Untersuchung von FUHRER (1993) wird die Freizeitmobilität stark durch die Bindung an die Wohnung und das Quartier beeinflusst: je höher die Ortsbindung, desto tiefer die Freizeitmobilität. Wichtig für die Ortsbindung scheinen dabei vor allem die Möglichkeiten der aktiven Gestaltung der eigenen Wohnung und Wohnumwelt zu sein.

Die Ergebnisse einer Untersuchung von MEYRAT-SCHLEE (1993) legen den Schluss nahe, dass schlechte Wohnbedingungen das Bedürfnis nach ausserhäuslichen Freizeitaktivitäten verstärken können, dass aber "gute" Wohnbedingungen den Drang, ausserhalb des befriedigenden Wohnbereichs Anderes, Neues zu erleben, nicht automatisch einschränken. Aufgrund dieser Untersuchung sind es vor allem altersbedingte (Jüngere), wohnungsbedingte (eher ungünstige Wohnsituation) und wohlstandsbedingte Gründe (hohes Einkommen) sowie die Verfügbarkeit über ein Automobil, die zu einer erhöhten Freizeitmobilität führen. Als wichtigste Gründe, weshalb die Freizeit auswärts verbracht wird, werden genannt: "Ich bin gerne in der Natur und mache gerne Wanderungen und Ausflüge", "Freunde und Bekannte wohnen anderswo", "Habe gerne Abwechslung und gehe deshalb gerne von daheim weg". Erst in zweiter Priorität wird die Freizeitmobilität mit fehlender Sportinfrastruktur, ungenügendem Kulturangebot sowie fehlenden Grün-/Freiflächen in der näheren Umgebung begründet.

Vor allem im Rahmen der Stadterneuerungsdiskussion und im Zusammenhang mit der zunehmenden Mobilität - bereits rund die Hälfte des heutigen Personenverkehrsaufkommens lässt sich der Freizeit zurechnen (inkl. Einkaufsverkehr) - hat die Frage der Wohnlichkeit in jüngster Zeit neue Impulse erhalten: Durchmischung, Verkehrsberuhigung, Wohnstrassen, Hinterhofsanierungen, Belebung und Begrünung von Aussenräumen, Begegnungszentren, bürgernahe Quartierplanung, neue Wohn- und Siedlungsmodelle sind nur einige Stichworte dazu. Die Wiederherstellung der Wohnlichkeit ist allerdings ein ebenso mühsamer wie langwieriger Prozess. Es sind dabei im besten Fall Teilerfolge möglich, weil sich die städtebaulichen Sünden der Vergangenheit nicht ausradieren lassen.

Wieweit Verbesserungen des Wohnumfeldes tatsächlich zur Verminderung der Freizeitmobilität beitragen können, erscheint aufgrund oben genannter Untersuchungsergebnisse ungewiss. Freizeitmobilität ist nicht nur eine Reaktion auf unbefriedigende Wohnverhältnisse, sondern auch im Wunsch nach Abwechslung und nach sozialem Kontakt begründet (vgl. Kapitel 3.4).

3. SPEZIFISCHE ASPEKTE DER FREIZEIT

3.1 Stand der Freizeitforschung (Schweiz)

Obwohl die Freizeit das Leben des Einzelnen wie auch die Gesellschaft als Ganzes zunehmend prägt, gibt es in der Schweiz erst seit wenigen Jahren erste Ansätze für die wissenschaftliche Erforschung dieses Phänomens. Die bis Mitte der 80er Jahre veröffentlichten wissenschaftlichen Publikationen zur Freizeit lassen sich an einer Hand abzählen. Die wissenschaftliche Auseinandersetzung mit Freizeitfragen beschränkte sich bisher vor allem auf Teilaspekte wie Tourismus, Sport oder Kultur.

Seit Mitte der 80er Jahre befasst sich insbesondere das Forschungsinstitut für Freizeit und Tourismus (FIF) an der Universität Bern etwas eingehender mit Freizeitfragen: Unter anderem betreut das FIF seit 1986 die jährlich durchgeführte Repräsentativbefragung UNIVOX der Schweizerischen Gesellschaft für praktische Sozialforschung zum Themenbereich Freizeit, begleitet freizeitspezifische Seminar-/Lizentiatsarbeiten und führt Freizeitforschungs- und -beratungsaufträge aus.

Das Bundesamt für Statistik (BFS 1991) befasste sich 1988 im Rahmen des Mikrozensus, einer gesamtschweizerischen Untersuchung bei 50'000 Haushalten, zum ersten Mal mit Fragen zu Alltag, Freizeit und Kultur (vgl. hierzu auch MEIER-DALLACH et.al. 1991). Vorstösse in Richtung Freizeitforschung gibt es in jüngster Zeit auch beim Schweizerischen Nationalfonds zur Förderung der wissenschaftlichen Forschung: 1989 wurde ein Forschungsprojekt zum Themenbereich "Freizeitpolitik" vergeben (KRAMER 1990) und im Rahmen des nationalen Forschungsprogramms "Stadt und Verkehr" war die Freizeitmobilität Gegenstand von Untersuchungen (FUHRER 1993 und MEYRAT-SCHLEE 1993).

Im Rahmen der forschungspolitischen Früherkennung des Schweizerischen Wissenschaftsrates wurde der Forschungsbereich "Freizeit-Mobilität-Tourismus" untersucht (vgl. KRIPPENDORF-DEMEL 1993, GLOOR et al 1993, KASPAR/FREY 1993). Mit der Freizeit von Jugendlichen befasste sich die EIDG. KOMMISSION FÜR JUGENDFRAGEN 1992 in einem 1992 erschienenen Bericht.

3.2 Freizeitbegriff

Kennzeichnend für die wissenschaftliche Freizeitdiskussion ist eine kaum übersehbare Vielzahl voneinander abweichender Freizeitbegriffe. Deren ausführliche Darlegung müsste Inhalt einer eigenen Arbeit sein. Wir beschränken uns hier auf eine kurze Erklärung der in der sozialwissenschaftlichen Literatur gängigen Systematisierung nach negativen und positiven Freizeitdefinitionen. Anschliessend stellen wir Freizeit im Rahmen der aktuellen Lebensqualitäts- und Kulturdiskussion dar und erläutern ein Konzept der Zeitautonomie im Sinne eines neuen Begriffsansatzes.

Negative/positive Definitionsansätze

In der deutschsprachigen Fachliteratur wird die Vielfalt der Freizeitdefinitionen oft danach systematisiert, ob sie negativ oder positiv formuliert sind (vgl. dazu GIEGLER 1982, S. 20f.; MUELLER 1984, S. 225f.; MIKOLASCHEK 1984, S. 11f.; TOKARSKI et. al. 1985, S. 223f.; WACHENFELD 1987, S. 10f.):

Negative Freizeitdefinitionen
Gehen vom Primat der (Ewerbs-)Arbeit aus und begreifen Freizeit als eine davon abhängige Restgrösse. Im Vordergrund stehen dabei Definitionsansätze aus der empirischen Sozialforschung, die Freizeit als objektiv messbares Zeitquantum zu bestimmen versuchen. Ausgehend von einem bestimmten Zeitabschnitt (z.B. Tageszeit) werden all jene Zeitkategorien in Abzug gebracht, die durch berufliche oder vergleichbare Tätigkeiten (Hausarbeit, Ausbildung) sowie durch physiologische Notwendigkeiten (Schlafen, Essen, Hygiene) in Anspruch genommen werden. Der danach übrig bleibende Zeitrest wird als 'Freizeit' oder 'Freie Zeit' bezeichnet und bleibt inhaltlich offen.

Positive Freizeitdefinitionen
Betrachten Freizeit als integralen Bestandteil des industriegesellschaftlichen Lebens und stellen bei ihren Bestimmungsversuchen mehr auf inhaltliche als auf formalzeitliche Definitionskriterien ab. Im Vordergrund stehen Definitionsansätze, die Freizeit über den Grad der freien Verfügbarkeit von Zeit (Freizeit als verhaltensbeliebige, selbstbestimmte, ungebundene, wahlfreie Zeit) oder über die Zuordnung von Funktionen (Frei-

zeit als Zeit für Rekreation, Kontemplation, Kompensation, Emanzipation etc.) zu beschreiben versuchen.

Beide Definitionsansätze sind mit Vor- und Nachteilen verbunden. Die negativen Freizeitdefinitionen sind durch ihren engen Bezug zur (Erwerbs-) Arbeit bzw. Arbeitszeit relativ gut operationalisierbar. Ihr grösster Nachteil liegt aber darin, dass sie letztlich nie mehr auszusagen vermögen als das, was Freizeit nicht ist. Die ihnen zugrunde liegende rein formale Betrachtung von Freizeit als Residuum anderer Zeitkategorien bewirkt keine gehaltvollen Erkenntnisse über das Gesamtphänomen Freizeit (TOKARSKI et. al. 1985, S. 228).

Die positiven Begriffsformulierungen lassen demgegenüber mit ihrem inhaltlichen Definitionsansatz eine offene, vom Dualismus Arbeit-Freizeit losgelöste eigenständige Freizeitbetrachtung zu. Da die inhaltliche Bestimmung dessen, was Freizeit ist, letztlich aber immer vom subjektiven Erleben des Individuums abhängt, ist der Begriff Freizeit mittels der positiven Definitionsansätze auf interindividueller Ebene nicht mehr eindeutig fassbar.

<u>Zum Dualismus Arbeit - Freizeit</u>

Vor allem die negativen Freizeitdefinitionen legen Freizeit als Gegenbegriff zur (Erwerbs-)Arbeit fest. Dabei dominiert ein Arbeitsbegriff, der sich am traditionellen Bild des (männlichen) Vollzeit-Erwerbstätigen, der gegen Entgelt mehr oder weniger fremdbestimmte Arbeit verrichtet, orientiert. Gemessen an der realen sozio-ökonomischen Situation beinhaltet dieser Dualismus von Arbeit und Freizeit aber drei grundlegende Fehler:

Ein erster grundlegender Fehler dieser dualen Konzeption liegt in der meist stillschweigenden Gleichsetzung von Arbeit mit Erwerbsarbeit. Wie bereits in Kapitel 2.2 dargelegt, umfasst der Begriff Arbeit alle zweckgerichteten menschlichen Tätigkeiten, ob mit oder ohne Entgelt geleistet. Freizeit als Gegenbegriff zur (Erwerbs-)Arbeit impliziert demgegenüber einen Bereich der Nicht-Arbeit und verkennt damit den ökonomischen und gesellschaftlichen Wert der unentgeltlich erbrachten Tätigkeiten und Leistungen.

Ein zweiter grundlegender Fehler dieser dualen Konzeption besteht darin, dass (Erwerbs-)Arbeit und Freizeit mit gegensätzlichen und zugleich belastenden Werten verbunden werden. Während (Erwerbs-)Arbeit mehr und mehr mit Werten wie Fremdbestimmung, Zwang und Unfreiheit belegt wird, verspricht der Gegenbegriff Freizeit in seiner modernen Bedeutung Freiheit, Selbstbestimmung und Selbsterfüllung. In der Realität greift dieser Dualismus viel zu kurz. Zum einen kann (Berufs-)Arbeit heute und in Zukunft sehr wohl Spass machen und zur Selbsterfüllung und Lebenssinngebung beitragen. Zum anderen umfasst der Bereich ausserhalb der (Erwerbs-)Arbeit auch zahlreiche Tätigkeiten, die aus der Sicht des Einzelnen wie der Gesellschaft eher Arbeits- als Freizeitcharakter haben.

Ein dritter grundlegender Fehler, der mit diesem dualen Konzept zusammenhängt, liegt in der Annahme, dass die Freizeit bei sich verringernder Arbeitszeit automatisch zunehme. Zum einen hat die direkt von der Erwerbsarbeit abhängige Zeit zugenommen. So sind insbesondere die Zeiten für den Arbeitsweg im Zuge der fortschreitenden Trennung von Wohn- und Arbeitsort angestiegen. Bedingt durch die veränderten Siedlungsstrukturen sind die Wege, die wir bei der Bewältigung unseres alltäglichen Lebens zurückzulegen haben (Einkaufen, Kontaktpflege, Erholung usw.) ganz allgemein länger und damit auch zeitintensiver geworden. Veränderte Formen des Zusammenlebens in Klein- und Kleinsthaushalten und die wachsende Zahl (teil-)erwerbstätiger Frauen weisen zudem darauf hin, dass Subsistenzarbeit, die sich in der traditionellen Grossfamilie noch zentral erledigen liess, auf immer mehr Menschen verteilt wird. Nicht zuletzt erfordern neue Konsumformen (Selbstbedienung, Do-it-yourself etc.) mehr Nachleistungen von den Käufern und damit auch mehr Zeit.

<u>Freizeit im Rahmen der Lebensqualitätsdiskussion</u>

Die Diskussion um den Begriff der "Lebensqualität" geht auf die 70er Jahren zurück und wurde durch den Bericht des CLUB OF ROME (1972) über die "Grenzen des Wachstums" initiert. Aufgrund der sich schon damals abzeichnenden ökologischen Engpässe wurde in Wissenschaft und Politik zunehmend die Frage aufgeworfen, inwieweit Wachstums- und Konsumsteigerungen noch zu einer Erhöhung des menschlichen Wohlbefindens beitragen können. Mit dem Begriff 'Lebensqualität' wird nach einer neuen Grösse gesucht, die über den blossen materiellen Wohlstand hin-

3. Spezifische Aspekte der Freizeit

ausgeht und das Wohlbefinden der Menschen zu erfassen versucht. Das menschliche Wohlbefinden hängt dabei sowohl von der Befriedigung materieller als auch immaterieller Bedürfnisse ab, die in ihrer Gesamtheit die Lebensqualität ausmachen (BFK 1985, S. 15).

Der Begriff "Lebensqualität" macht deutlich, dass ein Mehr an Produktion, an Gewinn und Konsum noch nicht automatisch ein Mehr an Zufriedenheit, an Glück und Entfaltungsmöglichkeiten für den Einzelnen bedeutet. Neben dem materiellen Wohlergehen gibt es zahlreiche weitere Bedingungen, die für ein erfülltes Dasein von Menschen mitbestimmend sind. In dem von einer Eidgenössischen Expertenkommission verfassten und an den Bundesrat gerichteten Bericht "Schweiz morgen" wird der Begriff der Lebensqualität wie folgt umschrieben (BFK 1991, S. 117f.): "Lebensqualität meint den verantwortlichen Zugang zu selbstgewählten Zielen in einer positiv erfahrenen Gesellschaft, welche diesen Zugang für möglichst alle, auch für zukünftige Generationen, sicherstellt."

Gemäss dem oben genannten Bericht "Schweiz morgen" zählen folgende zwölf Bereiche der Gesellschaft zur Lebensqualität (BKF 1991, S. 116f.):

1. Gesundheit
2. Individuelle Entwicklung
3. Bildung und Erziehung
4. Qualität des Arbeitslebens
5. Wirtschaftliche Situation
6. Physische Umwelt
7. Soziale Umwelt
8. Soziale Chancen und Partizipation
9. Persönliche Sicherheit
10. Rechtswesen
11. Politisches System
12. **Zeit und Freizeit**
    - Freiheit bei der Zeitverwendung; Möglichkeiten zur kulturellen Entfaltung
    - Bereitschaft zum autonomen Umgang mit der Zeit
    - Zeit haben für soziale Kontakte
    - Flexible Arbeitszeitregelungen (auch bei nichtentlöhnter Arbeit)
    - Arbeitszeitautonomie; Mitwirkung an den Rahmenbedingungen der Zeiteinteilung

- Mut zur Langsamkeit
- Zeit haben für das Sinnvolle; Stressfreiheit

Bezüglich der Freizeit liegt der Wert dieses umfassenden Lebensqualitätsansatzes primär in der neuen Weise der Lebensbetrachtung, die unter anderem auch der Zeiteinteilung und der Zeitverwendung eine wesentliche Rolle für das Wohlbefinden des modernen Menschen zuweist.

Freizeit im Rahmen der Kulturdiskussion

Die Kulturdiskussion der zurückliegenden 10 bis 15 Jahre ist vor allem geprägt durch eine Oeffnung des Kulturbegriffes. Kultur wird dabei nicht mehr bloss als künstlerisch-ästhetisches Phänomen betrachtet, sondern vielmehr als Gesamtheit von Lebensäusserungen und -orientierungen verstanden. Nach einer Definition der UNESCO ist "Kultur die Gesamtheit der Modelle, Leitbilder, Vorstellungen, nach denen sich die Mitglieder einer Gesellschaft in ihren sozialen Beziehungen, in ihrem Verhalten, in ihrer Arbeit richten" (zit. nach: SCHWEIZ. BUNDESRAT 1984, S. 11).

Eine solch weite Begriffsauffassung rückt Kultur in die Nähe des Lebensstils, der Lebensweise. Bestandteil der Kultur oder Lebensweise ist dabei auch der Umgang von Menschen mit der Zeit: "Zeitverbrauch und Zeitverwendung sind sowohl Ausdruck und Ergebnis kultureller Normen und Werte wie auch Bestandteil der Kultur und der kulturellen Identität von Personen ebenso wie von ganzen Zivilisationen" (RINDERSPACHER 1987, S. 21). Freizeit oder die Art und Weise der Zeitgestaltung und Zeitverbringung lässt sich demnach als Teil unserer alltäglichen Lebensweise im Sinne von 'Alltagskultur' verstehen. Ein solch weites Kulturverständnis umfasst unter anderem auch Dinge wie Sport, Gartenarbeit, Lesen, Musik hören, Fernsehen etc.

Konzept der Zeitautonomie

Im Wort Freizeit kommt bereits zum Ausdruck, dass es sich hier um eine Betrachtung des Phänomens Zeit unter dem Aspekt der Freiheit - im Sinne der freien Verfügbarkeit und Bestimmbarkeit von Zeit - handelt. Die 'Zeit'

Abbildung 3
Konzept der Zeitautonomie

VOLLSTÄNDIG		VOLLSTÄNDIG
FREMDBESTIMMTE	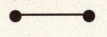	AUTONOME
ZEIT		ZEIT

KATEGORIEN MENSCHLICHER ZEIT BZW. TÄTIGKEIT

Zeitabschnitte mit sehr geringer Zeitautonomie:
Tätigkeiten, welche für ein Individuum sowohl vom Zeitpunkt als auch von der Dauer her weitgehend fremdbestimmt und nicht wählbar sind.
Beispiele: Militärdienst, obligatorische Schulzeit, schwere Krankheit

Zeitabschnitte mit relativ geringer Zeitautonomie:
Tätigkeiten, welche zwar am Anfang eine freie Entscheidung enthalten, z.B. in Form von Vertragsunterzeichnung, dann aber weitgehend in Zeitraum und Umfang festgelegt sind.
Beispiele: Erwerbsarbeit für Unselbständige, Kinderbetreuung

Zeitabschnitte mit mittlerer Zeitautonomie:
Tätigkeiten, die zwar unverzichtbar, aber in einem gewissen Rahmen ausgedehnt oder gestaucht und/oder zeitlich flexibel angesiedelt werden können.
Beispiele: Schlafen, Essen, freischaffende Erwerbsarbeit, Vereinsmitarbeit

Zeitabschnitte mit relativ hoher Zeitautonomie:
Tätigkeiten, die weder existentiell nötig noch moralisch auferlegt und in diesem Sinne völlig frei sind, deren Ausübung aber an fremde Zeitvorgaben gebunden ist.
Beispiele: Veranstaltungsbesuch, abgemachtes Treffen, Fernsehen

Zeitabschnitte mit sehr hoher Zeitautonomie:
Tätigkeiten, die niemandem - auch nicht sich selbst - gegenüber verbindlich und an keinen vorgegebenen Zeitrahmen gebunden sind.
Beispiele: Lesen, Video, Musik ab Band, Reisen auf eigene Faust

Kramer, B.: Freizeit - Politik - Perspektiven, Bern 1990, S. 34

kann dabei zuerst einmal als quantitative Grösse betrachtet und erfasst werden, zum Beispiel als die einem Individuum für verschiedene Tätigkeiten zur Verfügung stehende Lebenszeit.

Das in Abbildung 3 wiedergegebene Konzept der Zeitautonomie (in Anlehnung an AMMANN 1987 und WETTSTEIN 1989) stellt einen Versuch dar, Zeit bzw. Tätigkeit nach dem Grad an Autonomie zu strukturieren. Danach sind alle menschlichen Tätigkeiten durch unterschiedliche Grade an Zeitautonomie gekennzeichnet und lassen sich auf einer Skala mit den Polen "vollständig fremdbestimmte Zeit" bzw. "vollständig autonome Zeit" positionieren. Diese Skala lässt sich nun in Abschnitte einteilen, die unterschiedliche Grade an Zeitautonomie bezüglich Zeit bzw. Tätigkeit widerspiegeln:
- Zeitabschnitte bzw. Tätigkeiten mit sehr geringer Zeitautonomie.
- Zeitabschnitte bzw. Tätigkeiten mit relativ geringer Zeitautonomie.
- Zeitabschnitte bzw. Tätigkeiten mit mittlerer Zeitautonomie.
- Zeitabschnitte bzw. Tätigkeiten mit relativ hoher Zeitautonomie.
- Zeitabschnitte bzw. Tätigkeiten mit sehr hoher Zeitautonomie.

Im Sinne dieses Zeitautonomie-Konzeptes definieren wir Freizeit wie folgt:

Freizeit ist jener Teil der Lebenszeit, der sich durch einen hohen bis sehr hohen Grad an individueller Entscheidungs- und Handlungsfreiheit auszeichnet.

Das Konzept der Zeitautonomie vermag unserer Ansicht nach das Phänomen Freizeit auf verständliche und realitätsnahe Art zu fassen. Da dieses Konzept nicht auf einem direkten Bezug zur (Erwerbs-) Arbeit aufbaut, ist es auf die Zeitgestaltung aller Bevölkerungsteile anwendbar. Zudem überwindet es - zumindest theoretisch - den Dualismus von Arbeit und Freizeit.

3.3 Freizeittheoretische Ansätze

Aehnlich wie beim Freizeitbegriff sei auch hier vorweggenommen, dass die freizeittheoretische Diskussion in der Literatur bisher sehr kontrovers und insbesondere arbeitsbezogen geführt wurde. Vereinfacht lassen sich drei Ansatzrichtungen zur theoretischen Auseinandersetzung mit dem Phänomen Freizeit unterscheiden, die nachfolgend kurz skizziert werden.

Oekonomische Erklärungsansätze

Die ökonomischen Ansätze zur Interpretation der Freizeit lassen sich grundsätzlich nach ihrer volkswirtschaftlichen oder betriebswirtschaftlichen Betrachtungsweise gliedern. Die volkswirtschaftlich orientierten Erklärungsversuche weisen bereits eine etwa hundertjährige Tradition auf, wogegen die betriebswirtschaftlich orientierten Theorieansätze jüngeren Datums sind:

Volkswirtschaftliche Erklärungsrichtung:
Dieser Ansatz befasst sich sowohl mit mikro- als auch mit makroökonomischen Aspekten der Freizeit:

Mikroökonomische Ebene: Hier dominieren Erklärungsansätze zur Zeitallokation des Individuums, die sich auf nutzen- oder produktionstheoretische Modelle der Haushaltstheorie abstützen. Ausgehend vom nutzenmaximierenden homo öconomicus wird die Allokation der Gesamtzeit auf Freizeit und Arbeitszeit sowie die Allokation der Freizeit auf den Zeitbedarf verschiedener Konsumaktivitäten zu erklären versucht. (Vgl. hierzu MÜLLER 1984, S. 259f.)

Makroökonomische Ebene: Hier werden vorwiegend die Konsequenzen einer aus Arbeitszeitverkürzung entstandenen Freizeitverlängerung auf die Veränderung gesamtwirtschaftlicher Schlüsselgrössen analysiert, z.B. im Hinblick auf die am Bruttosozialprodukt gemessene Produktivität, auf die Entstehung, Verteilung und Verwendung des Volkseinkommens, auf die Veränderung der Wirtschaftsstruktur, der Beschäftigung, der Geldwertstabilität, des Wirtschaftswachstums usw. (Vgl. hierzu WACHENFELD 1987, S. 76f.)

Betriebswirtschaftliche Erklärungsrichtung
Ausgelöst durch die wachsende Bedeutung des Freizeitkonsums - insbesondere des tourismusorientierten Konsums - wurde Freizeit in der Nachkriegszeit vermehrt auch auf ihre betriebswirtschaftlichen Aspekte hin betrachtet. Im Vordergrund standen dabei die Organisation und Führung von Tourismusbetrieben, später zunehmend Aspekte des Tourismus-/Freizeitmarketings. In jüngster Zeit sind es zunehmend auch Freizeitparks, die Gegenstand betriebswirtschaftlicher Betrachtungen sind.

Verhaltensorientierte Erklärungsansätze

Im Zentrum dieser Erklärungsrichtung steht die theoretische und empirische Ergründung des Freizeitverhaltens (insbesondere Freizeitsoziologie und Freizeitpsychologie). Innerhalb dieses traditionellen Feldes der Freizeitwissenschaft lassen sich drei Ansatzrichtungen erkennen:

Arbeits-Freizeit-Konzepte
Diese Erklärungsansätze befassen sich schwergewichtig mit dem Zusammenhang von Arbeit und Freizeit. In Kapitel 2.3 haben wir die wichtigsten Ansätze zur Klärung des Verhältnisses von Arbeit und Freizeit dargelegt:
- arbeitspolarer Ansatz
- freizeitpolarer Ansatz
- ganzheitlicher Ansatz

Determinanten-Konzepte
Dieser Erklärungsansatz geht davon aus, dass Freizeit bzw. Freizeitverhalten nicht bloss durch den Faktor Arbeit, sondern durch verschiedene sozio-demographische Variablen beeinflusst wird (vgl. hierzu: SCHEUCH 1969, S. 784; SCHMITZ-SCHERZER 1974, S. 45f.; TOKARSKI 1979, S. 31f.; OPASCHOWSKI 1980, S. 21; GIEGLER 1982; S. 318f.). Eine Uebersicht über mögliche Einflussgrössen des Freizeitverhaltens gibt Abbildung 4 wieder.

Wie aus Erhebungen zum Freizeit- und Kulturverhalten der Schweizer Bevölkerung (BFS 1991, S. 12) hervorgeht, wird das Freizeitverhalten vor allem durch die Merkmale Alter, Ausbildung, Erwerbssituation und Berufsposition beeinflusst. Räumliche Faktoren wie Siedlungstyp und Sprachregion erwiesen sich demgegenüber nur in einzelnen Teilbereichen als signifikante Einflussfaktoren. Einigkeit herrscht unter Freizeit-Soziologen aber bloss insofern als alle davon ausgehen, dass eine Vielzahl von Bedingungen und Faktoren in einer mehr oder weniger engen Relation zur Freizeit stehen. Da diese Einflussgrössen untereinander wiederum korrelieren, ist die Bestimmung ihrer relativen Bedeutsamkeit für das Freizeitverhalten mit grossen Schwierigkeiten verbunden.

Lebensstil-Konzepte
Diese neueren Erklärungsansätze versuchen das Freizeitverhalten an bestimmten Lebensstilen festzumachen: Ein bestimmter Lebensstil, so lautet die Hypothese, drücke sich auch in einem bestimmten Freizeitverhalten

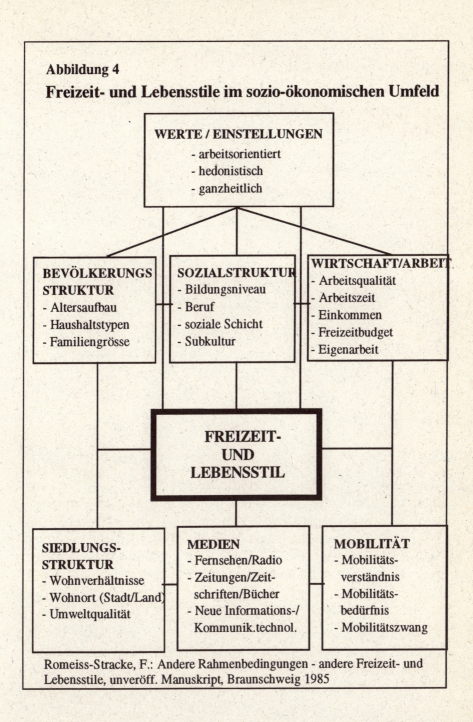

aus. Basierend auf den Ergebnissen aufwendiger und komplexer Marktforschungsmethoden sind in jüngster Zeit zahlreiche Lebensstil- und Freizeittypologien entstanden (vgl. hierzu: GLUCHOWSKI 1988; ROMEISS-STRACKE 1989, S. 18f.; OPASCHOWSKI 1990, S. 44f.).

Gesellschaftsorientierte Erklärungsansätze

Die gesellschaftsorientierte Erklärungsrichtung ist primär im Umfeld der Freizeitpädagogik angesiedelt. Ausgehend von der Hypothese der Herausbildung eines weniger arbeitsorientierten Gesellschaftstyps wird die Freizeit und vor allem der Umgang mit ihr als wichtiges pädagogisches Handlungsfeld dargestellt: Freizeit als individuelles und soziales Problemfeld, aber auch als gesellschaftspolitisches Emanzipationsinstrument. Dementsprechend werden Lernziele und Methoden der Freizeitpädagogik formuliert (vgl. hierzu: NAHRSTEDT 1975/1982; FROMME 1985; OPASCHOWSKI 1987).

Als gesamtgesellschaftlicher Erklärungsansatz der Phänomene Freizeit und Tourismus kann auch das in Kapitel 2 beschriebene industriegesellschaftliche Lebensmodell "Arbeit-Wohnen-Freizeit-Reisen" verstanden werden.

3.4 Freizeitbeschäftigungen und -interessen

Wie in Kapitel 3.3 unter den "Determinantenkonzepten" dargelegt, versucht die Freizeitsoziologie seit längerer Zeit das Freizeitverhalten aufgrund verschiedener Kriterien zu strukturieren und die einzelnen Einflussfaktoren mit Hilfe der empirischen Sozialforschung nach ihrer Wirkungskraft zu analysieren. Ein allgemein gültiges Konzept zur Erklärung des Freizeitverhaltens liegt aber bisher nicht vor. Abbildung 4 gibt einen Ueberblick über das vielfältige, die persönlichen Freizeit- und Lebensstile beeinflussende Netz sozio-ökonomischer Bedingungen.

Freizeitbeschäftigungen

Die zeitliche Erfassung verschiedener Aktivitäten im Tagesablauf (= Zeitbudgetforschung) zählt zu den traditionellen Methoden der empirischen Freizeitforschung (vgl. hierzu: BLASS 1980). Die bisher umfassendste Zeitbudgetstudie führte SZALAI anfangs der 70er Jahre durch. Er analy-

3. Spezifische Aspekte der Freizeit

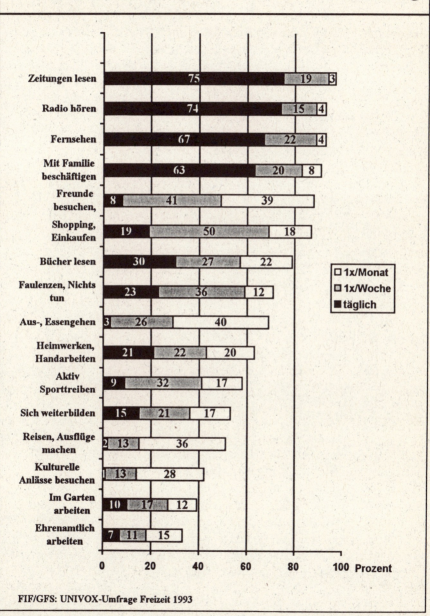

Abbildung 5
Freizeitbeschäftigungen der Schweizer Bevölkerung

FIF/GFS: UNIVOX-Umfrage Freizeit 1993

sierte den Zeitanteil von 99 Aktivitäten am Tagesablauf in zwölf verschiedenen Ländern. Bei den Freizeitaktivitäten nahm damals der Medienkonsum in den Industrieländern den höchsten Zeitanteil in Anspruch (SZALAI 1972, S. 576 f.).

Seit Beginn der UNIVOX-Umfragen im Jahre 1986 ist die Mediennutzung die am meisten ausgeübten Freizeitbeschäftigung der Schweizerinnen und Schweizer. Gemäss der UNIVOX-Umfrage 1993 (vgl. Abbildung 5) lesen täglich 75% Zeitungen/Zeitschriften (weitere 19% mindestens einmal pro Woche), 74% hören Radio (15% wöchentlich) und 67% schalten den Fernseher (22% wöchentlich) ein. Zu den überwiegend täglich ausgeübten Freizeitaktivitäten gehört mit 63% auch die Beschäftigung mit der Familie. Im Vergleich zu früheren Umfragen lässt sich bei der Mediennutzung eine stagnierende bis leicht rückläufige Entwicklung feststellen (insbesondere bei den täglichen Nutzern), während dem Familienumfeld wieder etwas mehr Beachtung geschenkt wird.

Eine Mehrheit der Befragten unternimmt nach eigenen Angaben wöchentlich mindestens einmal eine ausgedehntere Einkaufstour (69%), gibt sich dem Faulenzen hin (59%) oder nimmt ein Buch zur Hand (57%). Zu den eher wöchentlich ausgeübten Freizeitbeschäftigungen gehören im weiteren der Bekanntenbesuch (49%), das Heimwerken/Handarbeiten (43%), das Sporttreiben (41%) und die persönliche oder berufliche Weiterbildung (36%). Im Vergleich zur UNIVOX-Umfrage 1991 weisen der aktive Sport, das Heimwerken/Handarbeiten und das Faulenzen/Nichts tun signifikant rückläufige Tendenz auf. An Bedeutung gewonnen hat die Weiterbildung, während die anderen Beschäftigungen in etwa stagnieren.

Zu den eher monatlich ausgeübten Freizeitaktivitäten gehört das Aus-/Essengehen, die Ausflugstätigkeit, der Besuch kultureller Veranstaltungen und die ehrenamtliche Arbeit. All diese Beschäftigungen weisen im Vergleich zu 1991 rückläufige Tendenz auf.

Hinsichtlich dem Alter lässt sich feststellen, dass die jüngere Generation in ihrem Freizeitverhalten überdurchschnittlich aussenorientiert ist (Besuch von Veranstaltungen und Bekannten, Aus-/Essengehen, Weiterbildung). Aeltere Menschen verbringen ihre Freizeit mehr häuslich (Medien, Heimwerken/Handarbeiten, Gartenarbeit, Nichts tun).

Freizeitinteressen

Betrachtet man die im Rahmen der UNIVOX-Umfragen geäusserten Freizeitinteressen insgesamt, lässt sich ganz generell der Wunsch nach mehr Freizeitaktivität feststellen. Mit Ausnahme der Beschäftigungen Gartenarbeit, Shopping/Einkaufen, Fernsehen und ehrenamtliche Arbeit überwiegt jeweils der Anteil jener, die eine Beschäftigung in Zukunft mehr ausüben möchten.

An der Spitze der Freizeitwunschaktivitäten 1993 steht wie bereits in früheren UNIVOX-Umfragen unverändert klar die mobile Freizeitverbringung in Form von Reisen und Ausflügen. Es folgen die Aktivitäten Bücher lesen, Bekannte besuchen bzw. einladen, mit der Familie beschäftigen, kulturelle Anlässe besuchen. Betrachtet man die Differenz zwischen den Antwortkategorien mehr / weniger ausüben, ergibt sich im Vergleich zur Univox-Umfrage 1992 folgendes Bild:

	1993	1992
• Reisen/Ausflüge machen	+ 68%	+ 60%
• Bücher lesen	+ 41%	+ 41%
• Mit Familie Beschäftigen	+ 41%	+ 32%
• Bekannte besuchen/einladen	+ 39%	+ 33%
• Kulturelle Anlässe besuchen	+ 31%	+ 45%
• Zeitungen/Zeitschriften lesen	+ 30%	+ 20%
• Beruflich/persönlich weiterbilden	+ 30%	+ 33%
• Aktiv Sport treiben	+ 26%	+ 36%
• Aus-/Essengehen	+ 25%	+ 21%
• Faulenzen/Nichts tun	+ 16%	+ 19%
• Heimwerken/Handarbeiten	+ 11%	+ 21%
• Radio hören	+ 10%	+ 9%
• Im Garten arbeiten	- 11%	+ 2%
• Shopping/Einkaufen	- 23%	- 22%
• Fernsehen	- 23%	- 20%
• Ehrenamtlich arbeiten	- 24%	- 7%

3.5 Freizeitmarkt

Die Freizeit ist Voraussetzung und Anlass für viele Tätigkeiten, die mit dem Konsum von Gütern und Dienstleistungen verbunden und damit marktwirksam sind. Grundsätzlich lässt sich der Freizeitmarkt von der Nachfrage- und der Angebotsseite her betrachten. In den offiziellen Wirtschaftsstatistiken der Schweiz wird aber die Freizeit weder nachfrage- noch angebotsseitig gesondert ausgewiesen.

Freizeitnachfrage (Ausgaben)

Aufgrund der jährlichen Verbrauchserhebungen des Bundesamtes für Statistik gab ein durchschnittlicher Schweizer Haushalt im Jahre 1992 (letztes Erhebungsjahr) 11'620.- Franken für Freizeitzwecke aus (vgl. Abbildung 6). Dies entspricht einem Anteil an den Verbrauchsausgaben von 20.5 Prozent. Dieser Anteil stieg seit 1965 von 15.3 Prozent auf den Höchswert von 21.6 Prozent im Jahre 1990. In diesem Zeitraum haben sich die Freizeitausgaben nominal vervierfacht, real sind sie um rund 50 Prozent angestiegen.

Im Sog der seit Ende der 80er Jahre andauernden Wirtschaftsrezession ist ab 1990 der Anteil der Freizeitausgaben am gesamten Verbrauchsbudget eines Haushaltes um rund 1 Prozent gesunken. Real, d.h. inflationsbereinigt sind die Freizeitausgaben 1992 im Vergleich zu 1990 sogar um 6 Prozent tiefer.

Am meisten Freizeitgeld wird nach wie vor für Ferien und Reisen (mobile Freizeit) ausgegeben: Fr. 4'601.- oder rund 40 Prozent des Freizeitbudgets. In diesem Ausgabeposten ist ein Drittel der gesamten Verkehrsausgaben der Haushalte für Freizeitzwecke enthalten. Weitere Ausgabepositionen sind: Besuch von Gaststätten Fr. 1'832.- (50% der Gesamtausgaben werden der Freizeit zugerechnet), TV/Video/Radio/Computer Fr. 1'230.-, Bücher/Zeitungen/Zeitschriften Fr. 993.-, Sport Fr. 594.-, Garten Fr. 530.-, Spiele Fr. 342.-, Vereinsbeiträge Fr. 318.-, Haustiere Fr. 285.-, Kino/Theater Fr. 244.-, Foto/Film Fr. 81.-, Sonstiges Fr. 570.-

Innerhalb des Freizeitbudgets hat es zwischen 1990 und 1992 folgende bedeutende Verschiebungen gegeben: Die Ausgaben für die Bereiche Telemedien (insbesondere Computer) und Sport sind überdurchschnittlich stark angestiegen. Weniger Freizeitgeld wurde demgegenüber für Foto/Film, Haustiere und Vereinsbeiträge ausgegeben.

Hochgerechnet auf alle Privathaushalte ergeben sich freizeitgebundene Ausgaben der Schweizer Bevölkerung im Jahre 1992 von rund 35 Mia. Franken. Darin nicht enthalten sind die Ausgaben von ausländischen Feriengästen in der Höhe von ca. 13 Mia. Franken.

Abbildung 6
Freizeitausgaben der Schweizer Haushalte

FREIZEITAUSGABEN 65-92 Durchschnitt aller Haushalte	Freizeitaus- gaben / Jahr in Franken	Anteil an den Verbrauchs- ausgaben
1965	2'7 50	15.3 %
1975	7'1 32	19.1 %
1985	8'9 01	19.4 %
1990 (1)	11'1 57	21.6 %
1991	10'6 95	20.2 %
1992 (2)	11'6 20	20.5 %

FREIZEITBUDGETS 90-92	1990	1991	1992	Diff. 90-92	
				in Fr.	in %
Reisen/Camping/Zweitwohn. (3)	4'521	4'277	4'601	80	2
Gaststättenbesuch (4)	1'829	1'779	1'832	3	0
TV/Video/Radio/Computer	1'045	1'045	1'230	185	18
Bücher/Zeitungen/Zeitschriften	978	931	993	15	2
Sport	478	469	594	116	24
Garten	530	507	530	0	0
Spiele (inkl. Glücksspiele)	343	333	342	-1	0
Vereinsbeiträge	328	310	318	-10	-3
Haustiere	299	250	285	-14	-5
Kino/Theater	231	234	244	13	6
Foto/Film	112	106	81	-31	-28
Sonstiges	463	454	570	107	23
Total	**11'157**	**10'695**	**11'620**	**463**	**4**

1) ab 1990 neues Erhebungsverfahren
2) letzte jährliche Verbrauchserhebung
3) inkl. 1/3 der Verkehrsausgaben (für Freizeitzwecke)
4) 50% der Ausgaben werden der Freizeit zugeordnet

Berechnungsgrundlage:
BIGA 1994: Verbrauchserhebungen 1992, Bern 1994

Freizeitangebot

Aufgrund einer Untersuchung über die Bedeutung der Freizeit für die schweizerische Volkswirtschaft (THÖNI 1988) lassen sich folgende Aussagen bezüglich Umsätze und Arbeitsplätze der Freizeitindustrie machen:

Der jährliche Umsatz der mit Freizeit zusammenhängenden Branchen dürfte 1990 in der Schweiz eine Grössenordnung von ca. 60 Mia. Franken erreicht haben:

- Tourismusindustrie   ca. 34.0 Mia. Franken
- Verkehrswirtschaft (1/3 Freizeitverkehr)   ca. 12.0 Mia. Franken
- Medienwesen   ca. 5.0 Mia. Franken
- Do-it-yourself-Markt   ca. 3.0 Mia. Franken
- Sportartikelindustrie   ca. 1.5 Mia. Franken
- Foto- und Filmbranche   ca. 1.0 Mia. Franken
- Spielwarenindustrie   ca. 0.9 Mia. Franken
- Wett- und Lotteriewesen   ca. 0.9 Mia. Franken
- Haustiermarkt   ca. 0.8 Mia. Franken
- Kultur- und Unterhaltungsindustrie   ca. 0.5 Mia. Franken

Die Zahl der direkt mit der Freizeitindustrie zusammenhängenden Arbeitsplätze lässt sich auf ca. 350'000 veranschlagen. Davon entfallen rund 200'000 allein auf die Tourismusindustrie, ca. 55'000 auf die Verkehrswirtschaft und ca. 35'000 auf den Medienbereich. Die restlichen Arbeitsplätze verteilen sich auf die übrigen Freizeitbranchen (vgl. oben). Mindestens weitere 150'000 Arbeitsplätze dürften indirekt mit der Freizeitindustrie liiert sein.

II DAS TEILSYSTEM TOURISMUS

In die einst so sesshafte menschliche Gesellschaft ist Bewegung gekommen.
Die Menschen nützen jede Gelegenheit, um wegzufahren.
Weg, weil es ihnen da nicht mehr wohl ist, wo sie sind.
Da wo sie arbeiten, und da, wo sie wohnen.

Jost Krippendorf

ZUM INHALT:

Im zweiten Teil des Buches engen wir unsere Optik ein und richten den Blick auf den mobilen Teil der Freizeit, den Tourismus:

Kapitel 4
klärt den Tourismusbegriff und zeigt touristische Erscheinungsformen sowie die Entwicklung der Tourismusforschung auf.

Kapitel 5
beschreibt systemtheoretische Ansätze im Tourismus und gibt Nutzeffekte des Tourismus wieder.

Kapitel 6, 7, und 8
befassen sich mit spezifischen Aspekten der Nachfrage, dem Angebot und den Mittlern im Tourismus.

4. BEGRIFF UND ERSCHEINUNGSFORMEN DES TOURISMUS

4.1 Tourismusbegriff

Tourismusforschung und Tourismuspolitik benötigen einen praktikablen Tourismusbegriff. Begriffe dürfen nicht nur als Werkzeuge der Theorie, sondern auch als Hilfe für die Praxis verstanden werden. Vielfach lassen sich in der Praxis mit genau definierten Begriffen auch sachliche Geltungsbereiche und fachliche Zuständigkeiten besser festlegen. (SCHWEIZ. TOURISMUSKONZEPT 1978, S. 17) Der deutsche Ausdruck "Fremdenverkehr" wird in jüngster Zeit immer weniger verwendet, da der Wortteil "fremd" als fehl am Platze betrachtet wird: Im Vordergrund soll der "Gast" und nicht der "Fremde" stehen. Wir verwenden deshalb in diesen Grundlagen die internationale Bezeichnung "Tourismus".

<u>Tourismusbegriffe im Wandel der Zeit</u>

Aenderungen von Definitionen können als Spiegelbild von Strukturwandlungen herangezogen werden. Ein kurzer Ueberblick zum Wandel des Tourismusbegriffs widerspiegelt auch strukturelle Aenderungen im Tourismus:

Für GLUECKSMANN (1930, S. 15) ist Tourismus der "Ueberwindung des Raumes durch Menschen, die zu einem Ort hinstreben, an dem sie keinen ständigen Wohnsitz haben", gleichzusetzen.

Für OGILVIE (1933, S. 5/6) sind Touristen "all jene Personen, die zwei Bedingungen erfüllen: Erstens, dass sie von ihrem ständigen Wohnort während einer Zeit entfernt sind, die weniger als ein Jahr beträgt, und zweitens, dass sie während der Zeit ihrer Abwesenheit Geld in den Besuchsorten ausgeben, welches sie dort nicht verdient haben". Diese Begriffsbestimmung ist typisch für die Zeit zwischen den beiden Weltkriegen: Im Zentrum standen die wirtschaftlichen Interessen. Wegen der Wirtschaftskrise beschäftigten sich einzelne Autoren nur noch mit der Zahlungsbilanzfunktion des Tourismus.

HUNZIKER/KRAPF (1942, S. 21) definierten den Tourismus viel umfassender: "Fremdenverkehr ist der Inbegriff der Beziehungen und Erscheinungen, die sich aus der Reise und dem Aufenthalt Ortsfremder ergeben, sofern durch den Aufenthalt keine Niederlassung begründet und damit keine Erwerbstätigkeit verbunden wird". Damit wird zum Ausdruck gebracht, dass Tourismus nicht nur einen Verkehrsvorgang oder einen wirtschaftlichen Tatbestand darstellt, sondern ein Gesamtsystem von Beziehungen und Erscheinungen mit persönlichen und sachlichen Aspekten umfasst. Der Geschäftstourismus wird allerdings bei dieser Definition ausgeklammert.

KASPAR (1991, S. 18) hat die Definition von HUNZIKER/KRAPF ausgeweitet und so umformuliert, dass alle gängigen Tourismusformen (insbesondere auch der Gesellschafts- und Kongresstourismus) darin Platz finden:
"Fremdenverkehr oder Tourismus ist die Gesamtheit der Beziehungen und Erscheinungen, die sich aus der Reise und dem Aufenthalt von Personen ergeben, für die der Aufenthaltsort weder hauptsächlicher und dauernder Wohn- noch Arbeitsort ist."

Diese Begriffsumschreibung erlaubt eine umfassende Betrachtung des Phänomens Tourismus, d.h. den Einbezug aller relevanter Problem-Dimensionen (insbesondere der Bereiche Wirtschaft, Gesellschaft und Umwelt) und Blickrichtungen (insbesondere der angebots- bzw. nachfrageseitige Betrachtungsweise). Diese Definition wird heute auf internationaler Ebene am meisten verwendet; auf sie hat sich auch die Internationale Vereinigung wissenschaftlicher Fremdenverkehrsexperten (AIEST) geeinigt. Sie sei deshalb auch unseren Ausführungen zugrundegelegt.

Die Definition weist zwei konstitutive Merkmale auf:
- Den Aufenthalt ausserhalb der täglichen Arbeits-, Wohn- und Freizeitwelt (Berufspendler werden ausgeschlossen, Zweitwohnungsaufenthalter aber berücksichtigt) und
- den Ortswechsel (die Reise zum "fremden" Ort ist Teil des touristischen Prozesses).

Das SCHWEIZERISCHE TOURISMUSKONZEPT (1978, S. 7) basiert ebenfalls auf dieser Definition und präzisiert sie wie folgt: "Nachfrageseitig gehören sowohl der Erholungstourismus wie der Geschäftstourismus, der Tagesausflugsverkehr wie die Ferien mit längerem Aufenthalt dazu. Angbotsseitig fällt unter Tourismus ein beliebig kombinierbares

Bündel einzelner Dienstleistungen in den Bereichen Transport, Beherbergung, Verpflegung, Freizeitaktivitäten." Ab und zu verwenden wir in diesen Grundlagen auch den Begriff "mobile Freizeit", im Unterschied zur Freizeit, die zu Hause bzw. im Wohnbereich verbracht wird. Der beruflich motivierte Tourismus bleibt dabei unberücksichtigt.

4.2 Touristische Erscheinungsformen

In der Fachliteratur wird häufig unterschieden zwischen Tourismusarten (Gliederung nach der Motivation des Nachfragers) und Tourismusformen (Gliederung nach den äusseren Ursachen und Wirkungen). Wir verzichten auf diese nicht immer eindeutige Abgrenzung und sprechen von touristischen Erscheinungsformen.

Unterscheidung nach Aufenthaltsdauer und Motiven der Reise

Diese Abgrenzung ist die gebräuchlichste. Es werden folgende Formen unterschieden:

Ferienaufenthaltstourismus
Bei dieser bedeutendsten Tourismusform kann es sich um längere oder kürzere Ferienaufenthalte handeln. Nicht einheitlich definiert ist die minimale Aufenthaltsdauer. Aus statistischen Gründen wird oft schon bei einer auswärtigen Uebernachtung von Ferienaufenthaltstourismus gesprochen. Um eine klare Abgrenzung zu anderen Tourismusformen zu ermöglichen, erachten wir mindestens 4 Uebernachtungen für den Ferienaufenthaltstourismus als begriffsnotwendig.

Ausflugs- und Wochenendtourismus
Charakteristisch für den Ausflugs- und Wochenendtourismus ist die kurze Aufenthaltsdauer (keine bis maximal drei Uebernachtungen). Ausserdem kehren die Touristen anschliessend an ihren Ausgangspunkt zurück. Es hat sich als zweckmässig erwiesen, den Ausflugs- und Wochenendtourismus weiter zu unterteilen bzw. zu präzisieren (ITV 1978, S. 1):
- Beim Tagesausflugsverkehr findet keine auswärtige Uebernachtung statt;
- Beim Wochenendtourismus sind mindestens eine bis maximal drei Uebernachtungen während des Wochenendes enthalten;

- Beim Kurzzeittourismus sind eine bis drei Uebernachtungen auch unter der Woche enthalten.

Passantentourismus
Der Passantentourismus hat ebenfalls kurzfristigen Charakter (keine bis maximal drei Uebernachtungen). Im Unterschied zum Ausflugs- und Wochenendtourismus kehrt jedoch der Tourist nicht an seinen Ausgangspunkt zurück, sondern setzt seine Reise mit anderen Zielen fort. Man trifft hier auch oft die Bezeichnung "Durchgangsverkehr".

Spezielle touristische Erscheinungsformen:
- Geschäftsverkehr
- Bildungs- und Kongresstourismus
- Politischer Tourismus
- Sporttourismus
- Kontakttourismus
- Sextourismus
- Militärtourismus
- usw.

Diese Erscheinungsformen sind nicht als vierte Gliederungsmöglichkeit aufzufassen. Ferienaufenthalts-, Ausflugs- und Passantentourismus einerseits und die speziellen touristischen Erscheinungsformen andererseits schliessen sich nicht gegenseitig aus, sondern lassen sich beinahe beliebig kombinieren. Beispiele: Sport-Ausflugstourismus, Bildungs-Ferienaufenthaltstourismus, Kontakt-Wochenendtourismus usw.

<u>Weitere Abgrenzungsmöglichkeiten</u>

Gliederung nach Beherbergungsformen
Unterscheidungsmerkmal ist hier die Unterkunft. Beispiele:
- Hoteltourismus
- Ferienwohnungstourismus
- Campingtourismus
- Privatzimmertourismus
- Verwandtenbesuche
- usw.

Häufig findet man auch eine blosse Zweiteilung in "Hotellerie" und "Parahotellerie".

Gliederung nach Herkunft der Touristen
Unterscheidungsmerkmal ist hier der geographische Gesichtspunkt. Häufigstes Anwendungsbeispiel:
- grenzüberschreitender Tourismus
- Binnentourismus

Für statistische Zwecke wird oft noch weiter untergliedert nach einzelnen Ländern (beim grenzüberschreitenden Tourismus) bzw. nach Kantonen (beim Binnentourismus).

Gliederung nach Zahlungsbilanzauswirkungen
Unterscheidungsmerkmal ist hier der Einfluss auf die Zahlungsbilanz (Devisenströme):
- Incoming- oder aktiver Tourismus (Einreisen ausländischer Gäste, d.h. Ausländertourismus ins Inland)
- Outgoing- oder passiver Tourismus (Ausreisen eigener Staatsbürger, d.h. Inländertourismus ins Ausland).

Die allgemeine Bezeichnung für beide Erscheinungsformen heisst "internationaler" oder "grenzüberschreitender" Tourismus.

Gliederung nach sozio-demographischen Kriterien
Wird die Kaufkraft als hauptsächliches Gliederungskriterium verwendet, ergeben sich Begriffe wie:
- traditioneller Tourismus
- Luxustourismus
- Sozialtourismus

Oft wird auch von Qualitätstourismus gesprochen, doch ist eine nur am Geldbeutel der Touristen gemessene Qualität äusserst fragwürdig. Verwendet man das Alter als Gliederungskriterium, ergeben sich etwa folgende Formen:
- Jugendtourismus
- Familientourismus
- Seniorentourismus

Gliederung nach der Zahl der Teilnehmer
- Individualtourismus
- Kollektivtourismus
- Gruppentourismus
- Massentourismus

Gliederung nach Jahreszeiten
- Sommertourismus
- Wintertourismus
- Hochsaisontourismus
- Zwischensaisontourismus

Gliederung nach benutztem Verkehrsmittel
- Bahntourismus
- Autotourismus
- Car- oder Bustourismus
- Flugtourismus
- Schifftourismus
- Wandertourismus

Wiederum lassen sich die meisten erwähnten touristischen Erscheinungsformen miteinander kombinieren.

4.3 Entwicklung der Tourismusforschung

Der Mensch als "interessiertes Wesen" war schon immer bemüht, sich selbst und seine Umwelt zu begreifen. Dazu stehen ihm verschiedene Wege offen: Mythische Erfahrung; Intuition; kindliche Weltauffassung; Erleiden eines Drucks der Realität; Beurteilen von Informationen aufgrund eines Weltbildes, eines Glaubens oder einer Ideologie; wissenschaftliches Erfahren. "Wissenschaftliches Erfahren" heisst ursächliche Zusammenhänge und Erscheinungen aufdecken, gefundene Tatsachen erklären, ordnen und zukünftige Erscheinungen prognostizieren. Der Zweck der wissenschaftlichen Forschung kann zweigeteilt werden:

- **Theoretischer Zweck:** Erarbeiten von Erklärungen und Prognosen, um daraus logisch konsistente Theorien und Lehren zu gewinnen, welche gesetzartige Aussagen enthalten.

- **Praktischer (pragmatischer) Zweck:** Erarbeiten von Entscheidungsgrundlagen, die unter Verwendung der Theorien zur Gestaltung von Handlungsprozessen dienen. Kurz: "Es gibt nichts praktischeres als eine gute Theorie" (Albert Einstein).

Die wissenschaftliche Betrachtung des Tourismus im Laufe der Zeit

Bereits im 17. Jahrhundert hat sich der Nationalökonom Mun in seinem Hauptwerk "Englands Treasury by Foreign Trade" über die Ausgaben internationaler Reisender geäussert. Weitere Forschungsimpulse gingen von der Statistik aus, beispielsweise 1895 durch Guyer-Feuler's "Beiträge zu einer Statistik des Fremdenverkehrs". Die erste umfassende wissenschaftliche Tourismusstudie stammt von Stradner aus dem Jahre 1905: "Der Fremdenverkehr". Nach dem 1. Weltkrieg wurde die Tourismusforschung spürbar verstärkt. Wichtige Forschungsergebnisse aus den Bereichen Makroökonomie, Betriebswirtschaft, Geographie, Soziologie usw. stammen jedoch erst aus der Zeit der 50er und 60er Jahre. Tourismusforschung ist somit eine vergleichsweise junge Disziplin.

In der Schweiz gingen die ersten wissenschaftlichen Arbeiten im Tourismus von Gurtner ("Zur Verschuldung des schweizerischen Hotelgewerbes" 1918) und von Gölden ("Strukturwandlungen des schweizerischen Hotelgewerbes 1890-1935", 1939) aus. 1941 erfolgte gleichzeitig die Gründung des Forschungsinstituts für Fremdenverkehr an der Universität Bern (Leitung: Prof. K. Krapf) und des Seminars für Fremdenverkehr an der Hochschule St. Gallen (Leitung: Prof. W. Hunziker). Die erste gemeinsame Studie von Hunziker und Krapf "Allgemeine Fremdenverkehrslehre" gilt noch heute als Standardwerk. Die schweizerische Tourismusforschung war stets problem- und praxisorientiert. Nach dem 2. Weltkrieg standen aussenwirtschaftliche Fragen und die wirtschaftlichen Zusammenhänge in den Ferienorten im Vordergrund. In jüngerer Zeit interessieren schwergewichtig die Themenkreise Marketing und Marktforschung, Regional- und Umweltpolitik, Tourismus in Entwicklungsländern, soziale und psychologische Aspekte von Freizeit und Reisen, sanfte Tourismusformen.

Die Tourismusforschung der letzten 25 Jahre widerspiegelt die Tatsache, dass in den meisten Ländern sowohl Tourismuspolitik wie auch Tourismus-Unternehmungspolitik eine mehr oder weniger sektorielle, partielle und kurzfristige und nicht konzeptionelle, d.h. zielgerichtete, ganzheitliche und langfristige Politik gewesen ist.

Tourismuswissenschaft - eine Querschnittsdisziplin

Theoretisch liessen sich Argumente für eine eigenständige tourismuswissenschaftliche Betrachtung bzw. für die Begründung einer eigenen Tourismuswissenschaft dort finden, wo der Tourismus in seiner Gesamtheit bzw. in einzelnen Problembereichen ganz spezifische Aspekte aufweist, die mit Hilfe anderer Wissenschaften nicht zu analysieren wären. Eine eigenständige Tourismuswissenschaft müsste sich entweder
- durch Isolierung vom Begriff her (mit genau abgrenzbaren, messbaren, problemorientierten und zeitabhängigen Definitionen) oder
- durch Isolierung vom systemtheoretischen Ansatz her (Zusammenfassung der wissenschaftlich relevanten Elemente und Merkmale) von andern Wissenschaften abgrenzen lassen.

Beide Wege weisen zwar bestimmte Vorteile auf, müssen jedoch für den Tourismus eher abgelehnt werden, insbesondere wegen der steten Wandlung des ganzen Problembereichs. Zudem ist im Hinblick auf den pragmatischen Anspruch der Tourismuslehre eine eigenständige Theorie, die sich vollständig und eindeutig von andern Wissenschaften abgrenzt, kaum zweckmässig.

Wir verstehen somit die Tourismuswissenschaft als angewandte Wissenschaft. Die Grundlagen für die Erkenntnisse beziehen wir aus verschiedenen Wissensgebieten. Eine derartige Arbeitsweise ist in zahlreichen andern Wissenschaften ebenfalls anzutreffen. Wichtigste "Hilfswissenschaften" für die Tourismusbetrachtung sind folgende:
- **Volkswirtschaft:** Konjunktur, Wachstum, Wechselkurs, Wertschöpfung, Volkseinkommen
- **Betriebswirtschaft:** Organisation, Personallehre, Finanzierung, Marketing, Entscheidtheorie
- **Recht:** Gesamtarbeitsverträge, Konsumentenschutz, Haftung, Konzessionierung
- **Soziologie:** Begegnung Touristen - Einheimische, Verhaltensweisen verschiedener Bevölkerungsgruppen
- **Psychologie:** Motiv- und Bedürfnisforschung

- **Ethik:** Diskurse, Werthaltungen, Konflikte
- **Geographie:** Bewertung von Landschaften, Klimatologie
- **Architektur:** Freizeitarchitektur, Kurortsplanung, Gestaltung von Wohnsiedlungen
- **Medizin:** klimatische und balneologische Indikationen, Impfungen
- **Biologie:** Erhaltung der Mitwelt, Belastungsgrenzen
- **Kybernetik:** Steuerung, Gleichgewicht, Rückkoppelungen
- **Mathematik und Statistik:** Prognosen, Abhängigkeitsrechnungen

Diese Aufzählung erhebt keineswegs Anspruch auf Vollständigkeit. Die Liste der häufigsten Hilfswissenschaften der Tourismuslehre zeigt deutlich, dass viele andere Wissenschaftsbereiche unter bestimmten Aspekten zur Lösung touristischer Probleme beitragen können. Demzufolge wäre es unzweckmässig, wenn sich die Tourismuslehre in einem eigenen "Wissenschaftsturm" einschliessen würde. Die pragmatische Tourismuslehre kann sogar als eines der besten Beispiele für eine fächerverbindende, interdisziplinäre oder Querschnitts-Wissenschaft bezeichnet werden.

<u>Anforderungen an die Tourismusforschung</u>

Die Tourismusforschung sollte folgenden Anforderungen gerecht werden:

Ganzheitliche Tourismusforschung : Damit ist eine umfassende, also interdisziplinäre Tourismusforschung gemeint. Sie soll nicht auf einzelne Sektoren/Aspekte beschränkt bleiben, sondern das Phänomen "Tourismus" als Ganzes erfassen und durchdringen.

Problemorientierte Tourismusforschung: Tourismusforschung darf nicht Selbstzweck sein. Die gewonnenen Erkenntnisse sollen in die Praxis umgesetzt werden können. Problemorientierte Tourismusforschung heisst deshalb zugleich praxisbezogene Tourismusforschung.

Zukunftsbezogene Tourismusforschung: Einzig eine zukunftsbezogene Tourismusforschung ermöglicht der Praxis, nicht bloss auf bereits eingetretene Missstände zu reagieren, sondern das Verhalten frühzeitig auf eine voraussichtliche, zukünftige Situation auszurichten, d.h. zu agieren: Forschung als vorausgedachte Praxis.

Kritische und engagierte Tourismusforschung: Die touristische Forschung soll bestehende Schwächen und Misstände, sowie Tendenzen, die zu solchen führen können, schonungslos aufdecken. Sie soll Möglichkeiten zu einer Beseitigung bzw. einer Verhinderung des Eintretens solcher Schwächen und Missstände klar aufzeigen. Die engagierte Tourismusforschung begnügt sich nicht bloss mit der Publikation ihrer Forschungsergebnisse, sondern setzt sie sich auch für die Umsetzung der als richtig erachteten Problemlösungen ein.

Die folgenden "neuen" Forschungsparadigmen zeigen auf, in welche Richtung die Handlungsweisen der Tourismusforschung zu verändern sind, um einen nachhaltigen Beitrag zum Erhalt der Umwelt zu leisten (MÜLLER 1994b, S.180f.):

Vom reduktionistischen zum systemischen Forschungsansatz
Auch in der Tourismusforschung werden nur allzu oft einzelne Elemente im vernetzten System isoliert betrachtet. Man konzentriert sich - disziplinorientiert - auf die Genauigkeit der Details und verändert nur einzelne Variablen. Systemische Tourismusforschung heisst, sich vermehrt interdisziplinär auf die Wechselwirkungen zwischen den Elementen sowie auf die Wahrnehmung der Ganzheit zu konzentrieren, im Wissen, dass das Ganze immer mehr ist als die Summe der einzelnen Teile.

Vom statischen zum prozessorientierten Forschungsansatz
Auch die Tourismusforschung läuft oft Gefahr, "fotografische" Momentaufnahmen zu machen. Der Ist-Zustand wird exakt erhoben, ohne die Dynamik einzubeziehen. In der turbulenten Zeit, in der wir leben, müssen die Veränderungen in der ökologischen Vernetzung vermehrt ermittelt und berücksichtigt werden. Dabei dürfen Time lags zwischen den Ursachen und Wirkungen nicht ausser Acht gelassen werden.

Vom deskriptiven zum problem- resp. konfliktorientierten Forschungsansatz
Zwischen ökonomischen Prämissen (Rentabilität, Wettbewerbsfähigkeit, Produktivität etc.) und ökologischen Forderungen (Ressourcenschonung, Sicherung von Boden-, Luft- und Wasserqualität, Lärm- und Abfallvermeidung etc.) besteht ein latenter Konflikt. Ökologie ist zwar Langzeitökonomie, doch die Umsetzung dieser Tatsache ist äusserst spannungsgeladen. Wenn es das Ziel der umweltorientierten Tourismusforschung sein soll, Handlungsanweisungen für Politik, Wirtschaft und Individuum zu begründen, so müssen vermehrt Konfliktlösungsmuster untersucht und aufgezeigt werden.

Vom analytischen zum umsetzungsorientierten Forschungsansatz
Die ökologische Tourismusforschung ist geprägt durch eine starke analytische Prägung ohne praxisnahe Lösungsvorschläge. Will die Tourismusforschung zu einer nachhaltigen Entwicklung beitragen, so müssen die politischen resp. unternehmerischen Prozesse vermehrt einbezogen werden. Der analytische Ansatz muss durch eine aktionsorientierte Initialisierung ergänzt werden, wobei es gilt, Schlüsselprozesse aufzuspüren. Eine so verstandene umsetzungsorientierte Aktionsforschung muss sich auch den Themen Öko-Bilanzierung und Öko-Auditing vermehrt widmen, um die Öko-Effizienz auf allen Ebenen zu steigern.

Vom quantitativen zu einem qualitativen Forschungsansatz
Auch in der Tourismusforschung wurde in den letzten Jahren eine riesige Flut von Forschungserkenntnissen in umfangreichen Berichten publiziert und dabei die Aufnahmefähigkeit der Adressaten missachtet. Die Tourismusforschung muss sich deshalb quantitativ beschränken und vermehrt qualitativ wachsen - so wie es auch von der Tourismuswirtschaft verlangt wird. Darunter ist auch eine der Zielgruppe angepasste Präsentation der Forschungsergebnisse zu verstehen.

Von einem wertfreien zu einem verantwortungsvollen Forschungsansatz
Die Ökologie ist grundsätzlich eine funktionale Wissenschaft. Die natürliche Umwelt kennt keine Probleme: sie passt sich Veränderungen über kybernetische Prozesse an. Solche Veränderungen können jedoch dem Tourismus Probleme bereiten. Problembenennungen haben mit Wertungen zu tun: normative Entscheidungen sind not-wendig. Eine praxisorientierte Tourismusforschung muss sich dieser normativen Komponente vermehrt bewusst werden und sie verantwortungsvoll wahrnehmen. Der Nachhaltigkeit verpflichtete Tourismusforscher orientieren sich an der Verantwortungsethik.

Von der Überschätzung zu einer neuen Bescheidenheit in der Forschung
Vernetztes Denken hat in den letzten Jahren auch im Tourimus Schule gemacht. Es ist ausserordentlich wichtig, dass damit der Interdisziplinarität grössere Beachtung geschenkt, der Tourismus vermehrt in das weite Beziehungsfeld über- und nebengeordneter Bereiche gestellt worden ist. Wir müssen aber einsehen, dass wir mit einem rein kognitiven Ansatz an Grenzen stossen. Die Komplexität der Ökologie verlangt nebst vernetztem Denken nach einer ganzheitlichen Wahrnehmung, d.h. die emotionalen, intuitiven und visionären Fähigkeiten müssen ebenfalls gefördert werden.

5. ERKLÄRUNGSANSÄTZE UND NUTZEFFEKTE DES TOURISMUS

5.1 Systemtheoretischer Ansatz

Zur ganzheitlichen Erfassung und gedanklichen Durchdringung des Phänomens Tourismus bietet sich die Systemtheorie als formale Ordnungshilfe an. Systemtheorie ist "die formale Wissenschaft von der Struktur, den Verknüpfungen und dem Verhalten irgendwelcher Systeme". Unter einem System wird dabei "eine geordnete Gesamtheit von Elementen verstanden, zwischen denen irgendwelche Beziehungen bestehen oder hergestellt werden können". (ULRICH 1968, S. 105f.)

Jedes System zeichnet sich durch die folgenden Eigenschaften aus:
- Es muss aus mehreren Teilen bestehen.
- Die Teile müssen voneinander verschieden sein.
- Die Teile dürfen nicht wahllos nebeneinander liegen, sondern sind in einem bestimmten Aufbau miteinander vernetzt. Das "Netz" muss nicht unbedingt sichtbar sein, sondern kann auch durch Wirkungen bestehen, die durch einen Informationsaustausch zustande kommen.

VESTER (1982, S. 27) fasst diese Eigenschaften in einem anschaulichen Beispiel zusammen: "Ein Haufen Sand z.B. ist kein System. Man kann Teile davon miteinander vertauschen, kann sogar eine Handvoll wegnehmen oder hinzutun, es bleibt immer ein Haufen Sand. Bei einem System ist das nicht möglich, ohne dass sich die Beziehungen aller Teile zu allen und damit der Gesamtcharakter des Systems ändern würden." Die Grenzen eines Systems sind nicht fest gegeben. Sie können je nach Anzahl untersuchter Elemente, nach dem Wissensstand des Beobachters oder nach dem Konkretisierungs- bzw. Abstraktionsgrad des Untersuchungsbereichs prakisch beliebig festgelegt werden. Daneben bestehen zahlreiche Möglichkeiten zur Ausgestaltung des betreffenden Systems. Als Beispiele seien genannt:
- **offenes/geschlossenes System:** betrifft seine Beziehungen, Abhängigkeiten und Einflüsse zur "Umwelt" (hier nicht im ökologischen Sinn verstanden).
- **statisches/dynamisches System:** betrifft mögliche Prozessabläufe und Einflüsse, welche die Elemente und Strukturen beeinflussen können.

- **zweck- und zielgerichtete Systeme:** betrifft die Frage, ob das System eine ziel- und zwecklose Dynamik aufweist oder aus ganz bestimmten Gründen besteht.
- **determiniertes/probabilistisches System:** betrifft die vollständige, nicht oder nur teilweise mögliche Voraussage, wie die einzelnen Elemente aufeinander einwirken.
- **einfaches/komplexes System:** betrifft die Anzahl Elemente und die gegenseitigen Beziehungen (Prozesse).

5.2 Touristisches Strukturmodell

Systemüberblick

Abbildung 7 stellt die wesentlichsten touristischen Elemente und Beziehungen in einem einfachen formalen Strukturmodell dar. Sein Grundraster besteht aus den drei voneinander abhängigen Subsystemen Gesellschaft, Wirtschaft und Umwelt. Das gesellschaftliche Subsystem und das wirtschaftliche Subsystem bilden gemeinsam das sozio-ökonomische Teilsystem. Dieses steht in enger Beziehung zum Subsystem Umwelt, da die touristische Nutzung der Landschaft im allgemeinen mit Eingriffen in den Naturhaushalt verbunden ist. Die Steuerung des Systems Tourismus erfolgt im Wesentlichen über die gesellschaftlichen und rechtlichen Normen, die touristischen Investitionen und Konsumausgaben sowie über jede Art direkter und indirekter Tourismuspolitik.

Die Subsysteme im einzelnen

GESELLSCHAFT

Die einfache Erkenntnis, dass der Tourismus für den Menschen geschaffen ist und nicht der Mensch für den Tourismus, macht deutlich: Im Mittelpunkt des touristischen Geschehens steht der Mensch. Während langer Zeit wurde dies aber in Theorie und Politik vielfach übersehen, die wirtschaftlichen Betrachtungen standen im Vordergrund. Erst in jüngster Zeit begann man sich intensiv mit der psychologischen und sozialen Seite des Tourismus auseinanderzusetzen. Stichworte zu den gesellschaftlichen Aspekten des Tourismus sind (vgl. Abbildung 7):

5. Erklärungsansätze und Nutzeffekte des Tourismus

Abbildung 7
Touristisches Strukturmodell

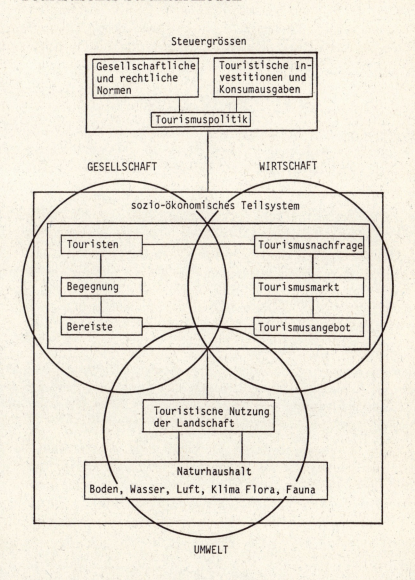

Schweizerisches Tourismuskonzept, Bern 1979, S. 84

Touristen
Menschliche Grundbedürfnisse, gesellschaftliche Einflussfaktoren (Arbeits-, -Wohn- und Freizeitbedingungen, Werte/Normen/Prestige, Sozialstruktur, Bevölkerungsstruktur), Beeinflussung durch Tourismusanbieter, Reisemotive und -erwartungen, Verhalten und Erleben auf der Reise, Rückwirkungen auf Mensch und Gesellschaft.

Bereiste (Ortsansässige)
Interesse, Bedürfnisse und Erwartungen, Auswirkungen auf die Lebensqualität, soziale Kosten, soziokulturelle Veränderungen.

Begegnung
Begegnungsvoraussetzungen (Vorurteile, Sprache, Mentalität, Gastfreundschaft, Kultur), Begegnungschancen (Erfahrung von Neuem, Auseinandersetzung mit dem Fremden, kultureller Austausch, Völkerverständigung).

WIRTSCHAFT

Dieser Bereich stand bisher eindeutig im Zentrum des Interesses, nicht zuletzt deshalb, weil die ökonomischen Effekte des Tourismus am einfachsten messbar sind (Aufwand/Ertrag, Kosten/Nutzen) und von dieser Seite die grössten Anreize ausgehen. Stichworte zu den wirtschaftlichen Aspekten des Tourismus sind (vgl. Abbildung 7):

Nachfrage
Wirtschaftliche Einflussfaktoren, (Einkommens- und Vermögensverhältnisse, Preisniveau, Währungslage, Konjunktursituation), Reiseintensität, Aufenthaltsdauer und Logiernächte.

Angebot
Allgemeine Infrastruktur (Verkehrs-, Versorgungs- und Entsorgungsanlagen, Einrichtungen des täglichen Bedarfs), touristische Infrastruktur (Beherbergungs- und Verpflegungsbetriebe, touristische Spezialverkehrsmittel, Sport- und Unterhaltungseinrichtungen, Kongresszentren, Betreuungs- und Informationsdienste), ökonomische Effekte (Zahlungsbilanz-, Beschäftigungs-, Ausgleichs- und Einkommenswirkung).

Markt
Marktforschung und Marketinginstrumente (Leistung, Preis, Absatzweg, Verkaufsförderung, Werbung, Oeffentlichkeitsarbeit), Marketingkonzepte

und -aktionsprogramme, touristische Mittler (kooperative Tourismusorganisationen, Reiseveranstalter, Reisevermittler, Sales Representatives).

UMWELT

Mit den Effekten des Tourismus auf die Umwelt begann man sich erst vor wenigen Jahren auseinanderzusetzen, als die ökologischen Folgen der vielerorts ungehemmten Tourismusentwicklung für viele sicht- und spürbar wurden. Die Beziehungen zwischen Tourismus und Umwelt sind zwar wechselseitig, jedoch keineswegs gleichgewichtig. Der Tourismus profitiert weit mehr von der natürlichen Umwelt als umgekehrt: Er braucht und verbraucht Natur und Landschaft und greift dadurch gleichzeitig seine eigene Existenzgrundlage an - deshalb das Wort der "Zerstörung des Tourismus durch den Tourismus". Demgegenüber gibt es keine ursächliche Abhängigkeit der natürlichen Umwelt vom Tourismus, wenngleich dieser auch positive Rückwirkungen auf den Umweltbereich haben kann. Stichworte zu diesem ungleichgewichtigen Verhältnis sind (vgl. Abbildung 7):

Umwelt ➜ Tourismus
Qualität der Wohn-Umwelt, Landschaft als Erholungs- und Lebensraum (Erholungs-, Produktions- und Schutzfunktion), natürliche Faktoren des touristischen Angebotes (Landschaftsbild, Klima, Topographie, Gewässer, Tier- und Pflanzenwelt), touristische Eignung, Stellenwert von Natur- und Landschaftserlebnis.

Tourismus als Umwelt-Belastung
Touristische Landnutzung, Landschaftsbeinträchtigung und -verbrauch (Bautätigkeit Zersiedelung und Technisierung der Landschaft, architektonische Landschaftszerstörung), Störung des Naturhaushaltes (Luft- und Wasserverschmutzung, Schädigung der Vegetation und Tierwelt), Lärmbelastung, Beitrag zu globalen Umweltproblemen wie Treibhauseffekt und Ozonloch.

Tourismus als Umwelt-Erhaltung
Koexistenz von Landwirtschaft (Landschaftspflege) und Tourismus (Nebenerwerbsmöglichkeit), Schutz von Natur- und Kulturdenkmälern im Interesse des Tourismus, Umweltsensibilisierung bei Touristen, Bereisten und Tourismusanbietern.

5.3 Touristisches Wachstumsmodell

Abbildung 8 zeigt ein einfaches dynamisches Wachstumsmodell, das aus den Synthesearbeiten des Nationalen Forschungsprogrammes "Man and Biosphere MAB" (mit dem Untertitel "Sozioökonomische Entwicklung und ökologische Belastbarkeit der Berggebiete") hervorgegangen ist (vgl. KRIPPENDORF et. al. 1986, S. 61f.). Dieses Modell geht davon aus, dass es sich bei der touristischen Entwicklung nicht um einfache Wechselbeziehungen von zwei oder mehreren Faktoren handelt, im Sinne von "hier Ursache - dort Wirkung", sondern um ein Spiel von zahlreichen unterschiedlichen Kräften, die ineinandergreifen und sich gegenseitig beeinflussen.

Mit einer grossen Maschine vergleichbar beginnt das "Tourismuswachstumssystem" irgendwo mit kleiner Drehzahl zu laufen, setzt andere Teile in Gang, die ihre Kraft wieder auf neue Teile übertragen. Angetrieben wird das System durch externe Kräfte, doch entfaltet es auch eine starke Eigendynamik: Einzelne seiner Teile können sich gegenseitig beschleunigen und aufschaukeln oder sich von den andern abkoppeln und selbsttätig werden.

Boomfaktoren des Tourismus
In Kapitel 1.4 haben wir die Boomfaktoren des Tourismus beschrieben. Die hauptsächlichen externen Kräfte des Tourismuswachstums waren bis anhin: Die Wohlstandssteigerung in Form höherer Einkommen, die Abnahme der Arbeitszeit respektive die Zunahme der Freizeit, die schwindende Qualität am Arbeitsplatz, die explosionsartige Motorisierung sowie die Verstädterung und mit ihr der Wunsch, den vielerorts unwirtlichen städtischen Lebensverhältnissen zu entfliehen.

Der Wachstumskreisel
Die touristische Nachfrage setzt einen eigentlichen Wachstumskreisel in Bewegung. Das Wachstum spielt sich in Form eines sich selbst verstärkenden Spiralprozesses ab, der durch eine automatische Ueberwindung immer neu auftretender Engpässe gekennzeichnet ist. Vereinfacht kann dieser "Engpassüberwindungsautomatismus" wie folgt dargestellt werden: Zunahme der Nachfrage ➜ Kapazitätsengpässe bei der Infrastruktur oder den touristischen Anlagen ➜ Erweiterung unter Einbau einer genügenden Reserve ➜ Verkaufsförderungsmassnahmen, um Kapazitäten besser aus

Abbildung 8
Touristisches Wachstumsmodell

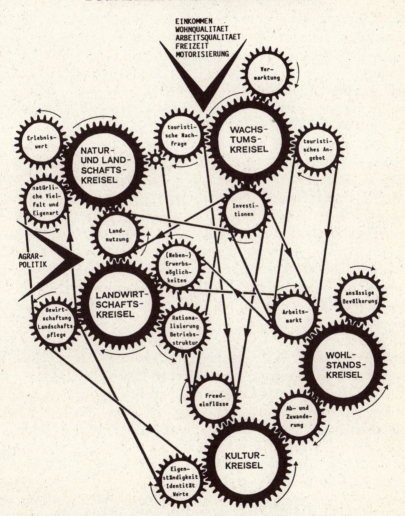

Krippendorf, J., Müller, H.R.: Alpsegen Alptraum. Für eine Tourismus entwicklung im Einklang mit Mensch und Natur, Bern 1986, S. 55f.

zulasten → Zunahme der Nachfrage, Entwicklungsschub → erneute Engpässe als Entwicklungsschwelle → usw.

Wohlstandskreisel
Das Wachstum der Tourismuswirtschaft schafft regional und lokal neue Arbeitsplätze und damit Einkommen. Der wirtschaftliche Strukturwandel - insbesondere die Zunahme der touristischen und gewerblichen Arbeitsplätze - führt zu regen Zu- und Abwanderungen und zu entsprechenden sozialen Umschichtungen in der ansässigen Bevölkerung.

Landwirtschaftskreisel
Die Erwerbsmöglichkeiten im Tourismus und die damit verbundenen Einkommen mehren den bäuerlichen Wohlstand. So stützt der Tourismus die Berglandwirtschaft und hilft ihr, die Kleinstruktur und damit die Nutzungsvielfalt, die viel zu einem abwechslungsreichen Landschaftsbild beiträgt, zu erhalten. Doch der Landwirtschaftskreisel hat auch andere Folgen: Vom Tourismus und dem Baugewerbe geht ein starker Nachfragedruck nach den Produktionsfaktoren Boden und Arbeit aus → verstärkte Personalprobleme in der Landwirtschaft → Zwang zur Rationalisierung und Mechanisierung → hohe Kapitalkosten → Anreiz zum touristischen Nebenerwerb → starke Arbeitsbelastung → Verstärkung des Rationalisierungszwangs → usw. Die Kapitalkosten werden zusätzlich durch die steigenden Bodenpreise erhöht. All dies vergrössert die Versuchung, Land zu verkaufen.

Hauptverantwortlich für die Intensivierung der Berglandwirtschaft ist allerdings nicht der Tourismus, sondern die offizielle Agrarpolitik. Ihr mit hohen Subventionen verfolgtes Konzept "Einkommensverbesserung durch Produktionsförderung und Preisstützung" zwingt die Bergbauern, ihre Betriebsstrukturen und Bewirtschaftungsmethoden möglichst schnell anzupassen.

Natur- und Landschaftskreisel
Neben den eben beschriebenen indirekten Wirkungen über die Land- und Forstwirtschaft hat die touristische Entwicklung auch direkte Folgen für Naturhaushalt und Landschaft, die sich vor allem als Belastungen äussern, denn Tourismus ist immer auch Landschaftskonsum. Landschaft wird durch den Bau von Infrastruktureinrichtungen, Transportanlagen, Ferien-

und Zweitwohnungen, Hotels usw. verbraucht. Auch für Tiere und Pflanzen, Wasser und Luft kann der Tourismus belastend sein. Werden alle diese Belastungen zu gross, verliert die Landschaft ihren Erholungs- und Erlebniswert. Touristen wenden sich neuen Destinationen zu.

Kulturkreisel
Alle Kreisel haben ihre kulturellen Auswirkungen: Die Touristen mit den Ansprüchen und Verhaltensweisen, der verkaufte Boden, die Bodenpreissteigerungen, die mit auswärtigem Kapital getätigten Investitionen, die geschlossenen Fensterläden der Ferien- und Zweitwohnungen, die zunehmende Zahl der Zuzüger und auswärtigen Arbeitskräfte, die geschwächte Position der Landwirtschaft. Das alles sind Fremdeinflüsse, die von den Einheimischen auch als solche empfunden werden. Belastend wirkt vor allem die Einbusse an Eigenständigkeit und Selbstbestimmung.

Das Bild der ineinandergreifenden Einflüsse und Kreisel vermittelt einen Ueberblick über die wichtigsten Elemente und Kräfte, die das Tourismuswachstum bestimmen bzw. davon beeinflusst werden. Das Modell zeigt auch auf, wo die verschiedenen Ansatzpunkte für eine Prozesssteuerung liegen könnten (= Aufgabe der Tourismuspolitik). Es verdeutlicht schliesslich, wie wichtig vernetztes Denken insbesondere auch im Tourismus ist. (Eine ausführliche Darstellung dieses dynamischen Ansatzes findet sich bei KRIPPENDORF et. al. 1986).

5.4 Nutzeffekte des Tourismus

In Kapitel 5.2 haben wir die wesentlichen touristischen Elemente und Beziehungen in den drei voneinander abhängigen Subsystemen Gesellschaft, Wirtschaft und Umwelt dargestellt und stichwortartig genannt. Nachstehend erläutern wir gesellschaftliche, ökonomische und ökologische Nutzeffekte des Tourismus. Der Beschrieb beschränkt sich also auf die positiven Effekte/Auswirkungen des Tourismus und ist insofern unvollständig. Er entspricht weitgehend den Ausführungen im SCHWEIZ. TOURISMUSKONZEPT (1979, S. 54f.)

Gesellschaftliche Nutzeffekte des Tourismus

Der Tourismus als befreiende und erholungsintensive Freizeitform ausserhalb der alltäglichen Arbeits-, Wohn- und Freizeitwelt nimmt nicht nur im Leben des Einzelnen einen zunehmend hohen Stellenwert ein, er erfüllt mit fortschreitender Industrialisierung auch wichtige gesellschaftliche Funktionen:

Regeneration und Ausgleich

"Die moderne Arbeitswelt stellt harte Bedingungen an den einzelnen Menschen, die er ohne Ausgleich in der arbeitsfreien Ferienwelt nicht über längere Zeit ertragen kann. Ohne periodische körperlich-seelische Erholung würde das Alltagsleben in Betrieb, Schule und Familie langfristig unmenschlich. Seelische und nervliche Schäden der Menschen würden die Funktionsfähigkeit gesellschaftlicher und wirtschaftlicher Institutionen beeinträchtigen." (SCHWEIZ. TOURISMUSKONZEPT 1979, S. 54) Dabei ist nicht nur an Erholung durch Ferien (fünf Tage und länger), sondern auch an den Kurzzeittourismus (insbesondere Naherholung) zu denken.

Gesellschaftliche Integration

"Die zunehmende Vergesellschaftung zwingt den Menschen zu Ferien von der Gesellschaft in der relativ 'gesellschafts- und staatenlosen' touristischen Freizeitwelt. Wenn ihm der Tapetenwechsel, das Abschalten gelingt, hat der Mensch als Tourist und Erholungssuchender im allgemeinen das empirisch nachgewiesene Bedürfnis nach der touristischen Flüchtigkeit wieder in die wohltuende Stabilität der Alltagswelt zurückzukehren. Tourismus ist also ein Instrument für ein relativ konfliktfreies Zusammenleben in der Gesellschaft." (SCHWEIZ. TOURISMUSKONZEPT 1979, S. 54) Häufig ist allerdings auch der umgekehrte Fall anzutreffen, dass der Tourist aus dem kontaktsterilen Alltag ausbricht, um bewusst die 'Gesellschaft' und Kommunikation mit anderen Menschen zu suchen.

Kulturelle Identität

Voraussetzungen einer starken kulturellen Identität sind Sicherheit, Aktivität (Entfaltungsmöglichkeiten) und Pluralismus. THIEM (1993) hat in einer Untersuchung überzeugend dargelegt, dass durch den Tourismus die kulturelle Identität sowohl in den Quellgebieten wie auch in den Zielgebieten gestärkt werden kann: Durch den rituellen Charakter der Ferienkultur wird die Sicherheit gefördert, durch den utopischen Charakter die Aktivität und durch den mythischen Charakter der Pluralismus. Gleichzeitig wachsen aber auch die Gefahren, dass durch den Tourismus Unsicherheit, Inaktivität und Anonymität verstärkt werden. (Vgl. auch Kap. 6.1)

Emanzipation
Das Reisen befreit von sozialen Kontrollen und ermöglicht vorübergehendes selbstverantwortliches Handeln. Vor allem jüngere Menschen lernen neue Möglichkeiten der Lebensgestaltung kennen. Unter jungen Leuten bilden sich oft neue Lebensstile, die von der alltäglichen Gesellschaft allmählich übernommen werden. Vom Tourismus geht ein befreiender Impuls für das gesellschaftliche Leben aus. (SCHWEIZ. TOURISMUS-KONZEPT 1979, S. 54) Es ist jedoch nicht nur an die Emanzipation der Jungen zu denken: Erst heute beispielsweise ist es vielen älteren Menschen möglich, sich dank finanzieller Besserstellung gewisse lang gehegte Reise- und Ferienwünsche zu erfüllen und aus der täglichen Umwelt herauszukommen. Schliesslich ist an all jene Touristen zu denken, welche durch das Reisen eigene Eindrücke und Erfahrungen sammeln können.

Völkerverständigung
Der Beitrag des Tourismus zur Völkerverständigung ist heute noch stark umstritten. In der Tat ist ein Abbau der sozialen und kulturellen Distanz zwischen einzelnen Landesteilen und Ländern nicht a priori durch den Tourismus gegeben. Vielmehr müssen verschiedene Bedingungen erfüllt sein: "Sofern touristische Kontakte auf persönlicher und nicht ausschliesslich auf sachlich-geschäftlicher Basis stattfinden, ist aber wenigstens ein Abbau bestehender Vorurteile durchaus denkbar. Im Gegensatz zum Waren- und Kapitalverkehr findet der touristische Austausch zwischen Menschen statt. Er wird langfristig auch zu einer Lockerung der politischen Schranken führen, welche die internationale Bewegungsfreiheit vieler Menschen immer noch einengen." (SCHWEIZ. TOURISMUS-KONZEPT 1979, S. 54)

Völkerverständigung wird ferner erst dann erreicht, wenn sich der Tourist gründlich auf das bereiste Land vorbereitet, sich den einheimischen Sitten und Gebräuchen anpasst und die gegenseitige Bereitschaft besteht (seitens Touristen und Einheimischer), sich besser kennenzulernen.

Lebensqualität in Randgebieten

"Eine entscheidende gesellschaftliche Bedeutung hat der Tourismus als Wirtschaftsfaktor in von Abwanderung bedrohten wirtschaftlichen Randgebieten. Er schafft dort Arbeitsplätze und Einkommen. Eine massvolle touristische Entwicklung führt für viele Menschen zu mehr Wohlstand. Die Abwanderung kann dadurch eingedämmt werden." SCHWEIZ. TOURISMUSKONZEPT 1979, S. 54) Viele sind der Meinung, dass der touristisch bedingte Verlust an kultureller Eigenart durch die Aufrechterhaltung einer zwar veränderten, dafür aber nicht zusammenbrechenden einheimischen Gesellschaft und ihrer politischen Strukturen aufgewogen wird.

Wirtschaftliche Nutzeffekte des Tourismus

Der Tourismus zählt heute in zahlreichen Volkswirtschaften zu den bedeutenden Wirtschaftszweigen. Er hat sowohl aussen- wie binnenwirtschaftliche Erwartungen zu erfüllen:

Zahlungsbilanz - oder Devisenfunktion

Die wirtschaftliche Bedeutung des grenzüberschreitenden Tourismus für ein bestimmtes Land kommt in der Tourismusbilanz dieser Volkswirtschaft zum Ausdruck, die innerhalb der Zahlungsbilanz folgende Stellung einnimmt (KASPAR 1991, S. 123):

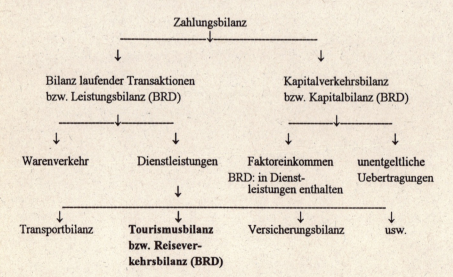

Die Tourismusbilanz eines Landes stellt das Verhältnis zwischen dem Wert der im Tourismus des Landes an Ausländer verkauften und im Tourismus des Auslandes durch Inländer gekauften Güter dar. "Die Einnahmen aus dem internationalen Fremdenverkehr sind zahlungsbilanzmässig gleichbedeutend mit den Exporten der Handelsbilanz bzw. die Ausgaben mit den Importen. Während Import und Export statistisch genau erfassbar sind, fehlt diese Möglichkeit beim Fremdenverkehr, so dass der Tourismus als unsichtbarer, stiller Export bzw. Import gilt und zu den sogenannten 'Invisibles' zählt". (KASPAR 1991, S. 124) Die wirtschaftlichen Auswirkungen des grenzüberschreitenden Tourismus sind von Land zu Land verschieden, je nachdem ob ein Land überwiegend ein Touristen-Empfangsland (Aktivüberschuss der Tourismusbilanz) oder überwiegend ein Touristen-Abgabeland ist (Passivüberschuss der Tourismusbilanz). Die schweizerische Tourismusbilanz ist traditionell aktiv und leistet damit einen wesentlichen Beitrag zum Ausgleich der Zahlungsbilanz, insbesondere wegen der fast ebenso traditionell passiven Handelsbilanz der Schweiz. Der Tourismus stellt hinter der Metall- und Maschinen- sowie der chemischen Industrie den drittwichtigsten Exportfaktor der Schweiz dar.

Beschäftigungsfunktion
Als arbeitsintensiver Dienstleistungssektor schafft der Tourismus Arbeitsplätze. Zu den direkten Beschäftigungswirkungen werden z.B. Arbeitsplätze in Hotels, bei Seilbahnen, Verkehrs- und Reisebüros gezählt. Indirekte Beschäftigungswirkungen sind Arbeitsplätze bei Zulieferbetrieben aller Art (Baugewerbe, Gross- und Detailhandel, Lebensmittelproduktion, Auto- und Transportgewerbe) und bei den übrigen privaten Dienstleistungsbetrieben. In der Schweiz sind rund 208'000 Arbeitskräfte direkt im Tourismus beschäftigt. Zählt man die induzierten Arbeitsplätze dazu, so kommt man auf ca. 300'000 vom Tourismus abhängige Beschäftigte (STV 1995, S. 5 in Anlehnung an RÜTTER 1991). Dies entspricht einem Anteil von 9% am Total aller Beschäftigten. Eine vergleichbare Studie für den Kanton Bern kommt auf einen kantonalen Beschäftigungsanteil von 9.7%, im Berner Oberland beträgt der Anteil an der regionalen Beschäftigung sogar 28.2% (MÜLLER et.al. 1995). Weltweit wird die Zahl der im Tourismus Beschäftigten mit 212 Mio Arbeitsplätzen veranschlagt, was einem Beschäftigungsanteil von rund 11% entspricht (TRAVEL& TOURISM 1995, S.7f.).

Was die Beschäftigungswirkung verschiedener Unterkunftsformen anbelangt, wurden für die Schweiz folgende Kennziffern errechnet: 1'000 Tourismusbetten in gewerblichen Betrieben (Hotel, Kurhäuser, Motels etc.) bringen etwa 460 zusätzliche Arbeitsplätze, wovon 2/3 im Gastgewerbe, 1/3 in andern Bereichen des Dienstleistungssektors). 1'000 Betten in der Parahotellerie bewirken demgegenüber bloss 40-50 zusätzliche Arbeitsplätze. (SCHMIDHAUSER 1978, S. 56; BEZZOLA 1975, S. 111f.)

Wertschöpfungsfunktion
Wenn vom Gesamtumsatz die Vorleistungen, d.h. die von Dritten bezogenen Güter und Dienstleistungen, abgezogen werden, resultiert die Bruttowertschöpfung. Diese wiederum setzt sich zusammen aus der Nettowertschöpfung (Löhne, Steuern, Gewinne, Zinsen) und den Abschreibungen. Die touristische Bruttowertschöpfung betrug 1985 in der Schweiz 18'728 Mio. Franken, d.h. 8.2% des Bruttoinlandproduktes. Davon erwirtschaftete der Tourismus 12'755 Mio. Fr. direkt und 5'973 Mio. Fr. indirekt. (RÜTTER 1991)

Gemäss einer Wertschöpfungsstudie für den Kanton Bern (MÜLLER et.al. 1995) betrug der Beitrag des Tourismus zum kantonalen Bruttoinlandprodukt 1994 8.3%. Im Berner Oberland belief sich der Beitrag des Tourismus zum regionalen Bruttoinlandprodukt sogar auf 26.6%. Die totale touristische Bruttowertschöpfung verteilte sich zu 55% auf direkte und zu 45% auf indirekte Beiträge (Vorleistungen, Investitionen, Einkommenseffekt) des Tourismus. Zu den direkten Beiträgen (55%) steuern die touristischen Leistungsträger 38% und die übrigen Wirtschaftszweige 17% bei.

Weltweit wird die Wertschöpfung des Tourismus mit rund 3'000 Mia Dollar veranschlagt, was einem Anteil an der Gesamtwertschöpfung von rund 11% entspricht (TRAVEL&TOURISM 1995, S. 7f.).

Die regionale Ausgleichsfunktion
Der Tourismus siedelt sich vielfach in wirtschaftlichen Randgebieten an, die mit Ausnahme der Landwirtschaft kaum Potentiale für sonstige wirtschaftliche Entwicklungen aufweisen. Er kann somit zur Verringerung regionaler Disparitäten innerhalb einer Volkswirtschaft beitragen. Rund 60% aller Uebernachtungen entfallen in der Schweiz auf die sonst wenig begünstigten alpinen und voralpinen Regionen. Die Randgebiete werden

damit besser ins Wirtschaftsleben integriert, die Abwanderung kann gebremst oder gar gestoppt werden. Das Gefälle zwischen Berg- und Industriegegenden verringert sich.

Die Einkommensfunktion (Multiplikatoreffekt)
Die Bruttowertschöpfung aus dem Tourismus wurde 1989 in der Schweiz mit rund 22 Milliarden Franken beziffert: das wären rund 8% des gesamten Bruttoinlandproduktes (RÜTTER 1990, S. 19). Da ein erstmals eingenommener Franken von seinen Empfängern teilweise wieder ausgegeben wird und somit indirekt Bestandteil von weiteren Einkommen bildet, spricht man in der Theorie vom sogenannten Multiplikatoreffekt. Dieser ist in der Praxis jedoch schwierig zu erfassen und schwankt je nach Land zwischen 1.2 und 4.0 (HUNZIKER 1963, S. 180).

"Der touristische Multiplikator gibt an, um wieviel grösser die durch die touristische Ausgabe bewirkte Einkommensvermehrung ist als die Ausgabe, welche sie ausgelöst hat. Der touristische Multiplikatoreffekt ist beispielsweise für die regionale Wirtschaft dann hoch, wenn die intraregionalen Bezugsverflechtungen des Fremdenverkehrs dominieren, d.h. die primären Einnahmen des Fremdenverkehrs der regionalen Landwirtschaft, dem regionalen Handel und Gewerbe zufliessen und die entsprechenden Bezüger wiederum ihr Einkommen in der Region ausgeben. Die Höhe des touristischen Multiplikators ist von der wirtschaftlichen Autarkie, von der Breitenstruktur der betreffenden Volkswirtschaft bzw. vom wirtschaftlichen Entwicklungsstand dieser Volkswirtschaft abhängig. Bei geringem Entwicklungsstand einer Volkswirtschaft "flüchtet" sich der Touristenfranken schneller aus dem Wirtschaftskreislauf." (KASPAR 1991, S. 130)

Oekologische Nutzeffekte des Tourismus

Während Natur und Landschaft für den Tourismus von zentraler Bedeutung sind, gibt es in umgekehrter Richtung kaum direkte Nutzeffekte vom Tourismus auf die Umwelt. Die wenigen, aber keinesfalls unbedeutenden positiven ökologischen Implikationen des Tourismus sind eher indirekter Art:

Umweltsensibilisierung

Der Tourismus trägt wesentlich zur Bildung des Bewusstseins für die Pflege von Natur und Landschaft bei. Für viele Touristen bieten Ferien und Ausflüge die seltene Gelegenheit, Natur und Natürlichkeit zu erleben. Sie werden sensibler und möchten, dass ihnen das Landschaftserlebnis erhalten bleibt. Entsprechend kritisch reagieren sie auf Umweltveränderungen (vgl. z.B. REISEANALYSE 1988, UNIVOX 1993). Die Touristen entwickeln jedoch eine sehr opportunistische Umweltsensibilität: Umweltbelastungen werden nur dann kritisiert, wenn das eigene Ferienglück in Frage gestellt ist. Immer mehr "Tourismusmacher" reagieren nun darauf, nicht zuletzt weil man sonst um den guten Gang der Geschäfte fürchten müsste. Zahlreiche Kultur- und Naturdenkmäler sind nicht nur aus ideellen Gründen erhalten geblieben. Vielmehr verdanken sie ihr Dasein bewusstem Objektschutz im Interesse des Tourismus (SCHWEIZ. TOURISMUSKONZEPT 1979, S. 57). Aber auch die einheimische Bevölkerung in den Zielgebieten ist als Folge des Tourismus gegenüber ihrer eigenen Umwelt sensibler und problembewusster geworden.

Landschaftspflege durch Stützung der Landwirtschaft

Der Tourismus verschafft der Landwirtschaft willkommene Nebenerwerbsmöglichkeiten (vgl. Kapitel 5.3). Dank dieser zusätzlichen Einkommen ist es vielen Bergbauern überhaupt möglich, den Boden weiter zu bewirtschaften. Und da der Bauer der beste "Landschaftsgärtner" ist, trägt der Tourismus indirekt zur Landschaftspflege bei. Zudem zeigen verschiedene Untersuchungen (vgl. MESSERLI 1989), dass die "Nebenerwerbslandwirtschaft" in Tourismusgemeinden ökologisch und ökonomisch stabiler ist als die "Vollerwerbslandwirtschaft" in Berggemeinden mit nur wenig oder keinem Tourismus. Die Nutzungsvielfalt der kleinstrukturierten Nebenerwerbslandwirtschaft garantiert ein abwechslungsreiches Landschaftsbild.

6. TOURISTISCHE NACHFRAGE

Tourismus gilt in breiten Kreisen als die Goldgrube des 20. Jahrhunderts. Der touristische Siegeszug wurde nachfrage- wie angebotsseitig durch verschiedene Faktoren stark begünstigt. Die wichtigsten nachfrageseitigen Kräfte haben wir bereits in Kapitel 1.4 beschrieben: Die Wohlstandssteigerung, die Verstädterung, die Motorisierung und die Freizeitzunahme. Doch erst die unternehmerische Initiative verwandelte die günstigen Voraussetzungen in einträgliche Geschäfte. Hier lagen und liegen noch immer die eigendynamischen Kräfte, die angebotsseitigen Push-Faktoren des Tourismus. Ob im Endeffekt diese "Märktemacher" oder die nachfrageseitigen Bedürfnisse den Boom auslösten, lässt sich ebensowenig schlüssig beantworten wie die alte Frage nach dem Huhn und dem Ei.

Der "Kreislauf der Wiederherstellung" (vgl. Kapitel 2.1) beginnt beim Menschen und seinen individuellen Bedürfnissen. Der Mensch ist ständig auf der Suche nach einem Zustand des Gleichgewichts bzw. der Ausgeglichenheit. Er ist in zahlreiche Spannungsfelder gegensätzlicher Bedürfnisse eingefangen, wie z.B. Freiheit und Gebundenheit, Anstrengung und Entspannung, Arbeit und Erholung. "Lebensbewältigung heisst nun, zwischen diesen Bedürfnissen sein Gleichgewicht immer wieder neu zu erlangen" (KRIPPENDORF 1984, S. 49). Auf der Suche nach diesem Gleichgewicht sind Freizeit und vor allem Reisen offensichtlich sehr bedeutungsvoll.

Die menschlichen Grundbedürfnisse nach Freiheit, Entspannung, Erholung usw. stehen am Anfang der touristischen Nachfrage. Sie ergeben sich als eine Art Kontrast aus den alltäglichen Zwängen. Diese Grundbedürfnisse werden durch das gesellschaftliche Umfeld stark beeinflusst und bestimmt. Für jedermann scheint festzustehen: Ferien heisst reisen, verreisen.

Noch viele weitere Kräfte in unserer Industrie-Gesellschaft verstärken den Drang nach draussen, obwohl sie nicht bewusst darauf ausgelegt sind: Die steigenden Einkommen, die verkürzte Arbeitszeit, die Organisation der Arbeitszeit und Schulzeit, die zunehmende (Auto-)Mobilität, die ungenügende Freizeitqualität der städtischen Wohnumwelt, die günstige Währungslage, die modernen Kommunikationsmittel, die allgemeine Werbung, die Mode usw. Alle diese Beeinflussungen sagen dem bedürftigen Menschen: "Deine Erwartung heisst Tourismus." Sie lassen ihn sogar glauben, dass sein

Bedürfnis in Wirklichkeit immer ein touristisches gewesen sei (LAINE 1980, S. 74). Reisen ist zu einer sozialen Norm geworden.

Schliesslich ist die Beeinflussung durch die Tourismusanbieter nicht unerheblich. Die Kommerzialisierung der Erholungsbedürfnisse geschieht nach den anerkannten Regeln der Marketing-Kunst. Wie geschickt Ferienstimmung vermittelt wird, ist aus Katalogen, Plakaten, Inseraten, Werbefilmen, usw. bekannt. Möchte man von einem einzelnen Touristen die Reisemotive - seine Beweg-Gründe also - erfahren, so erstaunt es nicht, dass viele jener Gründe genannt werden, die in der Tourismuswerbung immer wieder anklingen. Insofern sind die Motive des Einzelnen weitgehend etwas "Gemachtes", etwas Sekundäres, eine nachträgliche Rationalisierung der unreflektierten primären (gesellschaftlichen) Motivation (HOEMBERG 1978, S. 40).

Ob also ein Grundbedürfnis tatsächlich zu einem Reisemotiv wird, hängt somit stets von einem Bündel von Faktoren ab, die nicht isoliert nebeneinander stehen, sondern sich gegenseitig beeinflussen. Die Gewichtung der einzelnen Einflussfaktoren wird bestimmt von der individuellen Situation eines Touristen.

Aus den Reisemotiven entstehen Reiseerwartungen: Von Reisen erwartet man Wiederherstellung (Re-Kreation), Gesundung und Gesunderhaltung von Körper und Geist, Schöpfung von neuer Lebenskraft, von neuem Lebensinhalt. Reisemotive und Reiseerwartungen zusammen beeinflussen das Verhalten vor, während und nach den Ferien: Wie sich ein Tourist vorbereitet, wie und wann er reist, welche Ferienaktivitäten er bevorzugt, wie zufrieden er mit der Reise ist, welche Erfahrungen er nach Hause bringt.

Diese Zusammenhänge sind stets vor Augen zu halten, wenn wir in der Folge versuchen, einzelne "Kräfte", die auf den "Kreislauf der Wiederherstellung" einwirken oder von ihm ausgehen, zu beschreiben.

6.1 Touristische Grundbedürfnisse

Fragt man einen einzelnen Menschen, warum er eine Reise unternimmt, so werden vielfach nur vordergründige Motive genannt: "Abschalten und Ausspannen", "Tapetenwechsel", "Frische Kräfte sammeln" usw. Hinter diesen Motiven stehen die eigentlichen Bedürfnisse. Zwar wird in der Literatur unter einem Bedürfnis ziemlich einheitlich "das Gefühl eines Mangels mit dem gleichzeitigen Wunsch, diesen zu beseitigen" verstanden (SPATT 1975, S. 22). Eine genaue Abgrenzung zum "Motiv" als dem "Verhalten prägenden Beweggrund" lässt sich jedoch nicht vornehmen.

MASLOW (1977, S. 74f.) hat versucht, die menschlichen Grundbedürfnisse, die im Menschen mit der Kraft von Naturgesetzen wirksam werden, die jedoch individuell wieder sehr verschieden sein können, in eine Hierarchie zu bringen:

1. **Physiologische Bedürfnisse:** Essen, Trinken, Schlafen, Wohnen, Paarungstrieb, Ruhe usw.

2. **Bedürfnis nach Sicherheit:** Minimal-Einkommen, Ordnungsstrukturen, Gesetze, Regeln, Stabilität, Versicherungen, angstfreies Leben, Recht auf Arbeit und Wohnung usw.

3. **Bedürfnis nach Zugehörigkeit und Liebe:** Kontakte, Zärtlichkeit, Zuneigung, Gruppenzugehörigkeit, Freundschaft, Kooperation, Kommunikation, Solidarität usw.

4. **Bedürfnis nach Achtung und Wertschätzung:** Selbstvertrauen, Anerkennung, Erfolg, Status, Prestige, Macht, persönliche Freiheiten und Kompetenzen usw.

5. **Bedürfnis nach Selbstverwirklichung:** Individuelle Freiheit, Unabhängigkeit, Kreativität, schöpferische Entfaltung, Selbstverantwortlichkeit, Identität, Freude, Glück, Harmonie, Ekstase usw.

Der Mensch befolgt bei der Befriedigung seiner Bedürfnisse eine bestimmte Reihenfolge, die bei den Existenzbedürfnissen einsetzt und erst bei einem gewissen Sättigungsgrad höher geordnete Bedürfnisse einbezieht.

Es erscheint naheliegend, dass sich die touristische Bedürfnisentwicklung im Zeitablauf ähnlich vollzieht wie die Bedürfnisentwicklung des Menschen schlechthin. Damit liefert uns die Bedürfnishierarchie von MASLOW Erklärungsansätze, wie sich "der Tourist von morgen" entwickeln, wie er sich "emanzipieren" könnte.

Die in der Fachliteratur am häufigsten verwendete Unterscheidung ist jene in die vier folgenden touristischen Grundbedürfnis-Gruppen (vgl. KRIPPENDORF 1975, S. 14):

Bedürfnis nach Ruhe und Erholung
"Ruhe haben" versteht sich vor allem als Abwendung von der Vielfalt der Reize, die als Hast und Hetze, Unruhe und Lärm während der Arbeit und im grossstädtischen Alltagsleben auf die Menschen einstürmen. "Erholung" bezieht sich auf die körperliche Ermüdung, vor allem jedoch auf die Erholung von geistiger und nervlicher Belastung: Der Mensch will abschalten und ausspannen können.

Bedürfnis nach Abwechslung und Ausgleich
Als Tourist sucht der Mensch Ausgleich zu seiner einseitigen Beanspruchung in der Arbeitswelt. Er will etwas Neues und ganz anderes tun, will etwas erfahren und erleben, das nicht dem üblichen Alltag entspricht. Mit andern Worten will der Tourist sein "anderes Ich" verwirklichen. Vielfach sucht er auch blosse Abwechslung, weil er das Gewohnte und das tägliche Einerlei satt hat.

Bedürfnis nach Befreiung von Bindungen
Die Alltagswelt besteht aus einer Vielzahl von Gesetzen, Ordnungen und Regelungen, in die man täglich eingespannt ist. Der Tourist will aus diesem "Muss" ausbrechen und für einmal tun, was er will. Er fühlt sich dann frei, ungezwungen und sich selbst. Um diese Befreiung voll verwirklichen zu können, verlässt er die gewohnte Umwelt und legt eine möglichst grosse Distanz zwischen sich und diese Umwelt.

Bedürfnis nach Kommunikation
Der Alltag ist wegen monotoner Arbeit, beengender Einzelbüros, unpersönlicher Grossüberbauungen und ähnlichem für viele Leute kontaktsteril. Als Ausgleich dazu streben sie Begegnungen mit andern Menschen und Kommunikation an. Die Geselligkeit stellt ein Gegenstück zur isolierenden Geschäfts- und Wohnwelt dar.

Die Tourismustheorie der 80er Jahre interpretierte den modernen Tourismus vor allem als grosse Flucht-Bewegung vor dem als unbefriedigend empfundenen industriellen Alltag. Wohn-, Arbeit- und Freizeitwelt können demnach nur ertragen werden, wenn der Ausbruch auf Zeit in Form von Ferien für breite Schichten möglich ist. Eine am Forschungsinstitut für Freizeit und Tourismus (FIF) der Universität Bern eingereichte Dissertation zum Thema "Tourismus und kulturelle Identität" (THIEM 1993) hinterfragt die monokausale Fluchtthese und ergänzt diese durch einen weiterführenden kulturellen Erklärungsansatz des Phänomens Tourismus:

Im Prozess der fortlaufenden Rationalisierung, Arbeitsteilung und Lebenszerstückelung, der den menschlichen Grundbedürfnissen nach Sicherheit, Aktivität und gesellschaftlicher Zugehörigkeit zuwiderläuft, übernimmt die Ferienkultur westlicher Prägung vitale Funktionen zur kulturellen Identitätsfindung. Sie befriedigt insbesondere Grundbedürfnisse im sinnlichen und emotionalen Bereich, die in der rational- und nutzenorientierten Industriegesellschaft kaum mehr Platz haben. Dazu gehören Mythen, Rituale, und Utopien.

In unserer modernen Gesellschaft nimmt die Ferienkultur eine Art Ersatzfunktion bei der mythischen Suche nach Freiheit und Glück, nach Sinnlichkeit und Friede, nach Unbeschwertheit und Mühelosigkeit wahr. Der Ferienwelt kommt zugleich auch rituellen Charakter im Sinne der "Ueberhöhung" des Alltags und der Zeitstrukturierung zu. Was früher in Ritus, Kirche, Kult und Fest stattfand, kommt heute beispielsweise in den rituellen Reisevorbereitungen, der allgemeinen Aufbruchstimmung während Festtagen und Ferienzeiten, den wiederkehrenden Reiseverhaltensmustern oder im weitverbreiteten Sonnen- und Körperkult während den Ferien zum Ausdruck.

Mit der Ferienwelt werden letztlich auch immer Wunschvorstellungen, Utopien, Träume nach einer anderen, besseren Welt verknüpft. Der Wunsch nach zeitweiliger Flucht, wie er in allen Kulturen vorhanden ist, klingt hier mit. Die eskapistischen Züge unserer Ferienkultur können daher nicht als grundsätzlich negatives Symptom der Industriegesellschaft interpretiert werden. Vielmehr sollten wir uns bemühen, die hinter der Ferienutopie stehenden Bilder und Träume zu entschlüsseln und die Ferienkultur als Freiraum zur Aktivitätsentwicklung zu akzeptieren und weiterzuentwickeln.

6.2 Einflussfaktoren auf die touristische Nachfrage

<u>Gesellschaftliche Einflüsse</u>

Die modernen Reisebedürfnisse sind überwiegend von der Gesellschaft erzeugt und vom Alltag geprägt. "Die Menschen fahren weg, weil es ihnen da nicht mehr wohl ist, wo sie sind; da, wo sie arbeiten und da, wo sie wohnen... So ist denn der grosse Massenauszug unserer Tage eine Folge von Verhältnissen, die uns die Entwicklung unserer Industriegesellschaft beschert hat" (KRIPPENDORF 1984, S. 16).

Werte und Normen
Untersuchungen zeigen, dass ganz allgemein ein enger Zusammenhang besteht zwischen den Wertvorstellungen bestimmter Bevölkerungsgruppen und ihren Einstellungen und Handlungsweisen. Die Wertvorstellungen wurden während Generationen durch die Arbeitsorientierung unserer Gesellschaft geprägt: Man lebt, um zu arbeiten; Freizeit ist oft nur Restzeit; Ferien als Fluchtweg. Der gegenwärtig stark spürbare Wertewandel bringt neue Einstellungen der Menschen zur Arbeit und zur Freizeit. Der Wunsch nach einem neuen Lebensstil hat einen grossen Einfluss auf die touristische Nachfrage und bildet einen guten "Nährboden" für neue touristische Verhaltensmuster.

Freizeit
Die Verfügbarkeit über Freizeit, vor allem in Form der Wochenend- und Ferienfreizeit, bildet eine der wichtigsten Voraussetzungen des Tourismus.

Arbeitsplatzsituation
Viele Menschen langweilen sich heutzutage bei eintöniger Arbeit, die zunehmend technisiert, funktionalisiert und fremdbestimmt ist. Diese Bedingungen am Arbeitsplatz haben einen nicht zu unterschätzenden, aber bisher empirisch noch kaum belegten Einfluss auf die Freizeitgestaltung und die Reisemotivation. (Vgl. hierzu auch Kapitel 2.2)

Mobilitätsbereitschaft
Für den Tourismus von Bedeutung kann auch die soziale Mobilitätsbereitschaft des Einzelnen sein: Der moderne Mensch ist nicht mehr so stark wie früher an einen bestimmten Ort gebunden. So ist beispielsweise bei den

Jungen eine lockerere Bindung an Heim und Eltern feststellbar. Aber auch die Senioren entdecken vermehrt die Freuden des Reisens (höhere Lebenserwartung, bessere finanzielle Vorsorge, altersspezifische Tourismusangebote u.a.m.).

Wohnumfeld
Von der Wohnumwelt war bereits in Kapitel 2.3 die Rede. Die touristische Expansion verläuft parallel zum fortschreitenden städtischen Ballungsprozess. Die Flucht aus Beton, Staub, Benzingestank und Lärm in die Natur ist eines der treibenden Motive des modernen Touristen. Zwar verschlechtert sich auch die Umweltqualität an den Tourismusorten kontinuierlich, doch ist das Attraktionsgefälle zwischen der Alltags- und der Ferienumwelt noch immer gross genug, um Touristen anzuziehen.

Beeinflussung durch Tourismusanbieter

Die Tourismusanbieter haben es seit jeher verstanden, den "ferienhungrigen" Menschen nicht nur Erfüllung anzubieten, sondern dort, wo noch nötig, auch die dazugehörigen Wünsche und Sehnsüchte zu erzeugen. Seit sich der Tourismus von einem Verkäufer- zu einem Käufermarkt gewandelt hat, das Angebot also stärker gewachsen ist als die Nachfrage, spielt das touristische Marketing eine immer wichtigere Rolle. "Das Schlagwort 'Marketing' ist in neuester Zeit zum Symbol für erfolgreiches Bestehen im Kampf um den Touristen geworden. Es will sagen: Nachfrage "produzieren", Entdecken und Ausfüllen von Marktlücken und Marktnischen, Aufspüren der touristischen Nachfragereservoire. Und es heisst ferner: Wecken schlummernder Bedürfnisse oder gar Schaffen neuer Bedürfnisse." (KRIPPENDORF 1975, S. 22)

Was ist unter dem Begriff "Marketing" zu verstehen? Er steht für eine unternehmerische Grundhaltung, einen Betrieb auf den Markt auszurichten und damit marktgerecht zu führen. Im Mittelpunkt stehen die Bedürfnisse der Kunden bzw. der Gäste. Das touristische Marketing definieren wir somit als "die systematische und koordinierte Ausrichtung der Unternehmungspolitik von touristischen Betrieben sowie der privaten und staatlichen Tourismuspolitik der lokalen, regionalen, nationalen und internationalen Ebene auf eine bestmögliche Befriedigung der Bedürfnisse bestimmter Konsumentengruppen unter Erzielung eines angemessenen Gewinnes." (KRIPPENDORF 1971, S. 48) Als praktische Tätigkeit bedeutet Marketing (SHV 1992, S. 25): "Die nachgefragte Leistung, zur richtigen Zeit und am richtigen Ort, zum richtigen Preis, auf dem geeigneten Weg, mit wirksamer Werbung und Verkaufstechnik den richtigen Kunden bieten und damit einen angemessenen Gewinn erzielen."

Aus der breiten Marketing-Literatur wollen wir an dieser Stelle nur einige Hinweise auf die Hauptinstrumente im touristischen Marketing geben:

Leistung
Unter der touristischen Leistung verstehen wir ein zum Konsum angebotenes Bündel materieller und immaterieller Elemente, das dem Gast Befriedigung oder Nutzen stiften soll. Auf dieses Leistungsbündel werden wir in Kapitel 7 näher eingehen.

Preis
Preis und Leistung gehören zwangsläufig zusammen. Reine Preisvergleiche sind im Tourismus mit seiner sehr individuellen Angebots- und Leistungsgestaltung nur selten möglich. Dennoch spielt sich der Wettbewerb oft über den Preis ab, während andere Marketinginstrumente vernachlässigt werden. Gründe, weshalb der Preisgestaltung in der Tourismuspraxis grosse Bedeutung zukommt, ergeben sich
- einerseits aus der relativ hohen Preiselastizität der touristischen Nachfrage (eine allgemein gültige Aussage ist angesichts der heterogenen Bedürfnis- und Kundenstruktur zwar problematisch),
- andererseits aus der leichten und kurzfristigen Variierbarkeit des Preises. Die Reaktion der Touristen auf Preisvariationen erfolgt häufig schneller als auf Leistungsvariationen (KRIPPENDORF 1971, S. 122f.).

Verkaufsweg
Die Verkaufswege stellen die Verbindung zwischen Angebot und Nachfrage her. Jeder touristische Anbieter kann versuchen, seine Leistung direkt an den Mann resp. an die Frau zu bringen, oder er kann den indirekten Weg über Reisemittler wählen. (Vgl. Kapitel 8)

6. Touristische Nachfrage

Verkaufsförderung
Die Zeiten, da die Mehrzahl der touristischen Anbieter auf die Gäste warten konnten, gehören der Vergangenheit an. Es herrscht i.a. die Situation eines touristischen Angebotsüberhangs. Im Rahmen der Verkaufsförderung (Sales Promotion) bieten sich zahlreiche Möglichkeiten an, die Nachfrage zu beeinflussen. In der Praxis häufig anzutreffen ist die Unterscheidung nach Verkaufsförderung am Ort der Leistungserstellung (Aus- und Weiterbildung der Mitarbeiter, Menü-Karten, Prospektständer, Firmenzeitung usw.) und Verkaufsförderung ausserhalb des Ortes der Leistungserstellung (Ausstellungen, Verkaufsreisen, Informationsblätter, Werbegeschenke usw.).

Werbung
Mit Werbung wird versucht, die Leistung, die zu einem bestimmten Preis angeboten wird, bei potentiellen Nachfragern auf Distanz bekannt zu machen. Plakate, Inserate, Kataloge, Prospekte, Fernseh- und Radiospots usw. stehen als Träger von Werbebotschaften zur Verfügung. Dabei soll der Empfänger der Botschaft von den Vorteilen einer Leistung überzeugt werden. Eine kritische Durchsicht der touristischen Werbeimprimate zeigt jedoch, dass in Wort und Bild immer wieder dieselben Cliches verwendet werden, die beliebig austauschbar sind. Sie zielen weniger auf eine Bedarfsdeckung als vielmehr auf eine Bedarfsweckung ab. Eine Traumwelt wird dargestellt, die für wenig Geld auf Zeit erkauft werden kann. Die Erfolge der touristischen Werber belegen aber, dass sich der potentielle Tourist offenbar ab und zu gerne verführen lässt.

Oeffentlichkeitsarbeit
Mit Hilfe der Oeffentlichkeitsarbeit (Public Relations) wird versucht, die Einstellung der Oeffentlichkeit zu einem Betrieb, zu einem Zielgebiet oder zum Tourismus als Ganzes positiv zu beeinflussen. Die touristischen Anbieter machen denn auch von diesem Instrument regen Gebrauch, indem sie persönliche Kontakte und Beziehungen zu Medienvertretern und Meinungsbildnern sorgfältig und systematisch pflegen.

<u>Weitere Bestimmungsfaktoren der Nachfrage</u>
Die Frage, ob bestimmte Bedürfnisse einen Bedarf auslösen und schliesslich konsumwirksam werden, hängt neben den Beeinflussungen durch die

Gesellschaft und die touristischen Anbieter noch von zahlreichen weiteren Einflussfaktoren ab, die für den einzelnen Menschen bzw. für die gesamte touristische Nachfrage relevant sind:

Einkommensverhältnisse
"Nur dasjenige Fremdenverkehrsbedürfnis wird zum touristischen Bedarf und zur touristischen Nachfrage, wofür die Bereitschaft und auch die Mittel zu ihrer Befriedigung bestehen. (KASPAR 1991, S. 45) Nur ein mit einer gewissen Kaufkraft ausgestatteter Beweg-Grund wird zu einer touristischen Nachfrage. Tourismus ist somit erst bei Erreichen einer bestimmten (allerdings individuell unterschiedlichen) Einkommensgrenze möglich. Der für touristische Leistungen aufgewendete Anteil am Volkseinkommen - die sogenannte touristische Konsumquote - hat noch immer steigende Tendenz, in den letzten Jahren zwar etwas abgeschwächt. Der Tourismus ist jedoch nur einer der Nutzniesser steigenden Wohlstandes, obwohl er zur Zeit eine gewisse Vorzugsstellung einnimmt.

Finanziell schwachen Volksschichten stehen in unserer Gesellschaft gegenwärtig drei (touristische) Möglichkeiten offen: Verzicht auf eine Ferienreise, Ausnützung des begrenzten sozialtouristischen Angebotes oder Erfinden neuer und billiger Tourismusformen. (SCHWEIZ. TOURISMUSKONZEPT 1979, S. 51)

Vermögensverhältnisse
Vermögen entsteht weitgehend aus früheren (gesparten) Einkünften und ist für touristische Zwecke ebenso bedeutungsvoll wie das Einkommen. Für das Vermögen gelten weitgehend die gleichen Aussagen wie für das Einkommen.

Währungslage
Die absolute und relative Preishöhe kann durch die Währungslage (Devisenkurse) in ihrer Bedeutung verstärkt oder gedämpft werden. Eine österreichische Studie (SMERAL 1995) zeigt, dass sich die Logiernächte um 6% verringern, wenn sich das währungsbedingte Preisniveau gegenüber den Konkurrenzländern um 10% erhöht. Eine Studie der Konjunkturforschung Basel AG kommt auf eine Verringerung der Logiernächte von 2%.

Konjunktursituation
Angesichts der hohen Zuwachsraten der touristischen Nachfrage in den letzten Jahrzehnten herrschte oftmals die Meinung vor, der Tourismus sei

weitgehend konjunkturunabhängig. Seit Beginn der jüngsten Wirtschaftsrezession dominiert allgemein die Auffassung, dass der Tourismus konjunkturabhängig ist, die Auswirkungen jedoch mit gewissen Verzögerungen eintreten (bei Inländern in der Regel früher als bei Ausländern). Das gegenseitige Abhängigkeitsverhältnis lässt sich aber zahlenmässig nicht genau erfassen. Erwiesen ist einzig, dass die konjunkturbedingten Schwankungen der touristischen Nachfrage geringer sind als in andern Wirtschaftszweigen (z.B. Bauwirtschaft) und dass sich konjunkturelle Rückschläge weniger in Frequenzeinbussen als vielmehr in Umsatzrückgangen äussern: Es wird weniger weit, weniger lang und billiger gereist, aber verreist wird dennoch. Der Grund dürfte weitgehend darin liegen, dass die touristischen Bedürfnisse für breite Bevölkerungskreise heute sogenannte "essentials" (Elementarbedürfnisse) sind.

Bevölkerungswachstum und Bevölkerungsverteilung
Die Erdbevölkerung hat sich in den letzten 35 Jahren nahezu verdoppelt und beträgt z.Z. rund 5.7 Milliarden. Bis ins Jahr 2000 soll sie auf über 6 Milliarden Bewohner ansteigen. Dieser Zuwachs ist jedoch weitestgehend auf die weitere Bevölkerungsexplosion in Entwicklungsländern zurückzuführen. In Industrieländern rechnet man mit stagnierenden oder sogar rückläufigen Bevölkerungszahlen, was nicht ohne Einfluss auf die touristische Nachfrage bleiben wird.

Die Bevölkerungsverteilung spielt als Bestimmungsfaktor der touristischen Nachfrage vermutlich eine grössere Rolle als das Bevölkerungswachstum: während in der Vergangenheit die Industrieländer, aus denen 80% des Welttourismus stammen, das Bevölkerungswachstum stark mitbestimmten, werden es in Zukunft fast ausschliesslich die sogenannten Entwicklungsländer sein. Sie verfügen jedoch nicht über die nötige Kaufkraft für die Teilnahme am touristischen Konsum. Die Bevölkerungsverteilung spielt nicht nur weltweit, sondern auch innerhalb eines Landes eine Rolle für die touristischen Frequenzen. So hat beispielsweise die deutsche REISEANALYSE (1993) gezeigt, dass die Reisefreudigkeit in den einzelnen Bundesländern bis zu 50% voneinander abweichen kann.

Berufsstruktur und Bildungsniveau
Die Berufsstruktur ist weitgehend geprägt durch die seinerzeitige Schulbildung. Verschiedene Untersuchungen weisen darauf hin, dass mit höherem Bildungsniveau die Reisefreudigkeit steigt. Die Tatsache ist nicht nur auf

das mit hoherer Schulbildung generell steigende Einkommen zurückzuführen, sondern auch auf eine vermehrte "geistige Aufgeschlossenheit".

Altersstruktur
Die Verschiebung der Alterspyramide nach oben, die Verlängerung des Ruhestandes und die zunehmende finanzielle Sicherheit im Alter bewirken in gewissen Ländern einen Massenexodus alter Leute, denen man noch vor wenigen Jahren mangelnde Mobilität nachgesagt hat. Die "Grauen Panther" werden als Wirtschaftsfaktor an Bedeutung noch gewinnen. Nach wie vor gilt jedoch die junge Bevölkerung als am reisefreudigsten.

Verkehrsmittel
Der Aufschwung des Tourismus wäre ohne ein gut organisiertes und hochtechnisiertes Verkehrswesen nicht möglich gewesen. Hier einige imposante Entwicklungsreihen des schweizerischen Verkehrswesens (vgl. auch Kapitel 7.3):

- Der Personenwagenbestand je 1000 Einwohner stieg zwischen 1960 und 1993 von 95 auf 446, hat sich also beinahe verfünffacht (BFS 1995a, S. 241).

- Im Linienluftverkehr stiegen die Platzkilometer schweizerischer Unternehmen zwischen 1960 und 1988 von rund 3 Milliarden auf 22 Milliarden, haben sich somit rund versiebenfacht (BFS 1991a, S. 225).

- Die Anzahl Luftseilbahnen nahm zwischen 1960 und 1994 von 146 auf 609, die der Skilifte von rund 200 auf 1145 zu (STV 1995, S. 18f.).

Sozialgesetzgebung
Die beiden gesellschaftlichen Einflussfaktoren Arbeitsplatzsituation und Freizeit werden teilweise durch das freie Ermessen des einzelnen Arbeitgebers bestimmt und können sich je nach seinen Interessen verändern. In der Regel spielt heute jedoch die Sozialgesetzgebung des Staates oder der Berufsverbände (Gesamtarbeitsverträge) eine wichtigere Rolle. Man denke insbesondere an: wöchentliche Höchstarbeitszeit, 5-Tage-Woche, Ferienanspruch und Feriengeld, Krankheits- und Unfallversicherung, Ruhestandsregelung u.a.m.

Gesellschaftsordnung

Die Gesellschaftsordnung westeuropäischer Länder kann mit den Hauptmerkmalen "Demokratie als Staatsform" und "soziale Marktwirtschaft als Wirtschaftsordnung" gekennzeichnet werden. Sie ist eine wesentliche Voraussetzung für die Entwicklung des modernen Tourismus, da sie insbesondere auf Wohlstand, Konsum, Leistung, Bildung, Mobilität und Technik beruht. Das Beispiel des Massentourismus in Spanien zeigt, dass jedoch umgekehrt auch der Tourismus einen starken Einfluss auf die Gesellschaftsordnung und -struktur ausüben kann (KASPAR 1986, S. 29f.).

Nationale Teilpolitiken

Wenn wir an dieser Stelle von politischen Einflussfaktoren sprechen, so denken wir an Tätigkeiten bzw. Entscheide wie beispielsweise die 1983 in Frankreich eingeführte Devisenbeschränkung für Auslandreisende oder die 1985 in der Schweiz eingeführte Vignettenpflicht für Autobahnen. Eine ausführliche Darstellung der freizeit- und tourismusrelevanten Teilpolitiken erfolgt in Teil 3.

Weltpolitik

Die beiden grossen Kriege dieses Jahrhunderts brachten in den Jahren 1914 und 1939 - weltweit gesehen - den noch recht bescheidenen internationalen Tourismus praktisch zum Erliegen. Das Tourismusgewerbe in Mitteleuropa (ausgenommen die Schweiz) war nach dem 2. Weltkrieg praktisch zerstört. Welchen Einfluss politische Unruhen auch heute noch haben können, zeigten die Einbrüche im Zusammenhang mit dem Golfkrieg oder den Unruhen in Ex-Jugoslawien. Vom Näherrücken der Nationen (z.B. EG-Binnenmarkt, Oeffnung Osteuropas) profitiert auch der grenzüberschreitende Tourismus (vereinfachte Pass-/Visaformalitäten, Zollbestimmungen, Devisenbewirtschaftung etc.).

Terrorismus und Krieg

Aktuelle Beispiele zeigen immer wieder, wie sensibel die touristische Nachfrage auf terroristische Anschläge und kriegerische Krisenherde reagiert. Dabei gilt die Grundregel, dass der Perimeter des von einem Nachfragerückgang betroffenen Gebietes umso grösser ist, je weiter weg sich der Nachfragemarkt befindet. Beispielsweise haben die aktuellen kriegerischen Auseinandersetzungen in Ex-Jugoslawien kaum Einfluss auf die Nachfrage aus Grossbritannien, jedoch eine erhebliche auf den amerikanischen Markt für Europareisen.

6.3 Reisemotive und Reiseerwartungen

Aus den touristischen Grundbedürfnissen entstehen - beeinflusst durch die gesellschaftliche, wirtschaftliche, politische und ökologische Situation sowie durch die Marketinganstrengungen der touristischen Anbieter - die eigentlichen Beweg-Gründe, die Reisemotive und Reiseerwartungen.

<u>Reisemotive</u>

Das Motiv wird im Lexikon umschrieben als Beweg-Grund des auf die Verwirklichung eines Zieles gerichteten Verhaltens im Sinne eines das Verhalten auslösenden Antriebes oder einer Vorstellung, die bewusst oder unbewusst sein kann. Spricht man von Motivation, so denkt man an die jeweils relevante Motiv-Kombination bzw. an das Motiv-Bündel, also an jene innerseelischen Prozesse, die dem individuellen Verhalten Richtung und Intensität geben.

Für die touristischen Anbieter ist es ausserordentlich wichtig, diese Handlungsantriebe ihrer Gäste zu kennen, um ihr Angebot entsprechend ausrichten zu können.

In Abbildung 9 sind die touristischen Beweg-Gründe, wie sie von der Forschungsgemeinschaft Urlaub und Reisen (F.U.R. 1995) für Deutschland ermittelt wurden, detailliert wiedergegeben. Fasst man die einzelnen Motive zu Motivgruppen zusammen, lassen sich folgende touristische Motivkategorien unterscheiden:

- Entspannung, Erholung, Gesundheit
- Abwechslung, Erlebnis, Gesellschaft
- Naturerleben, Umweltbewusstsein, Wetter
- Bewegung, Sport
- Eindrücke, Entdeckung, Bildung
- Selbständigkeit

An dieser Motivationslage, die in der Schweiz sehr ähnlich aussieht, hat sich in den letzten Jahren einiges leicht verändert. Unverändert wichtig ist seit Jahren die "psychische Hygiene", die Erholung in einer Welt, die

Abbildung 9
Reisemotive (BRD)

Frage: "Sagen Sie mir bitte, wie wichtig die jeweiligen Dinge für Sie persönlich sind, wenn Sie Urlaub machen."

	besonders wichtig
Entspannung/Erholung/Gesundheit	
Abschalten, ausspannen	59 %
Frische Kraft sammeln	45 %
Zeit füreinander haben (Partner, Bekannte, Familie)	39 %
Sich verwöhnen lassen, sich etwas gönnen, geniessen	31 %
Etwas für die Gesundheit tun	28 %
Viel ruhen, nichts tun, nicht anstrengen	21 %
Abwechslung/Erlebnis/Geselligkeit	
Aus dem Alltag herauskommen, Tapetenwechsel	55 %
Viel Spass und Unterhaltung haben, sich vergnügen, amüsieren	28 %
Viel erleben, Abwechslung haben	27 %
Neue Leute kennenlernen	25 %
Mit anderen Leuten zusammensein, Geselligkeit haben	24 %
Mit Kindern spielen / zusammen sein	18 %
Verwandte, Bekannte, Freunde wiedertreffen	16 %
Natur erleben/Umweltbewusstsein/Wetter	
Natur erleben	34 %
Reinere Luft, sauberes Wasser, aus der verschmutzten Umwelt herauskommen	34 %
In die Sonne kommen, braun werden	23 %
Bewegung/Sport	
Bewegung verschaffen, leichte sportlich/spielerische Aktivitäten	15 %
Aktiv Sport treiben	8 %
Eindrücke/Entdeckung/Bildung	
Ganz neue Eindrücke gewinnen, etwas ganz anderes kennenlernen	28 %
Andere Länder erleben, viel von der Welt sehen	27 %
Viel herumfahren, unterwegs sein	20 %
Den Horizont erweitern, etwas für Kultur und Bildung tun	18 %
Kontakt zu Einheimischen	14 %
Erinnerungen (an Gegend/Ort) auffrischen	14 %
Auf Entdeckung gehen, ein Risiko auf sich nehmen	11 %
Selbständigkeit	
Tun und lassen können was man will, frei sein	39 %

Forschungsgemeinschaft Urlaub und Reisen, Urlaub und Reisen 1995, Hamburg 1995

als Gegenalltag empfunden wird. Eine wachsende Bedeutung kommt den umwelt- und gesundheitsbezogenen Motiven zu. Seit der 70er Jahre ist zudem ein Trend in Richtung aktiver Erholung feststellbar, ebenso nimmt die Bedeutung der Kategorie 'Abwechslung und Geselligkeit" zu. Demgegenüber nimmt der Wunsch nach schlafen, ausruhen, nichts tun ab. In diese Motive lässt sich zweifellos vieles hineininterpretieren, und dementsprechend zahlreich sind die Erklärungs- und Deutungsversuche in der Fachliteratur. Die Wahrheit liegt wahrscheinlich nicht in der einen oder andern dieser Thesen, sondern eher in einer Mixtur der verschiedenen Interpretationen, so wie es auch immer mehrere Motive sind, die den einzelnen Menschen veranlassen zu reisen.

Reiseerwartungen

Reisemotive und Reiseerwartungen sind kaum scharf voneinander zu trennen. Sie beeinflussen sich gegenseitig zu stark. Durchschnittlich nennt ein Tourist zwischen sieben und acht Aspekte, die seine Reisemotivation ausmachen. Entsprechend diffus sind auch die Erwartungen, die an eine Reise gestellt werden. Von Reisen erhofft man sich (KRIPPENDORF 1984, S. 59f.):

- **Erholung und Regeneration:** Wiederherstellung der körperlichen und seelischen Kräfte.
- **Kompensation:** von alltäglichen Zwängen und Entbehrungen sowie gesellschaftliche Integration.
- **Kommunikation:** Kontakte zu andern Menschen als Gegenstück zur Anonymität und Beziehungslosigkeit im Alltag.
- **Horizonterweiterung:** im Sinne von etwas für Kultur und Bildung tun.
- **Freiheit und Selbstbestimmung:** Befreiung von Bindungen, Ausbruch aus dem "Muss", aus Ordnung und Regelung.
- **Selbsterfahrung und Selbstfindung:** verstanden als Chance, den Weg zu sich selbst zu finden.
- **Glück:** verstanden als spannungsfreier, ungestörter Zustand der Ausgeglichenheit bei einer gewissen freien Selbstentfaltung.

Man kann sich die Frage stellen, inwieweit bestimmte Freizeitverhaltensweisen zu Hause im Wohnumfeld die Urlaubserwartungen mitbestimmen. Die Deutsche Reiseanalyse ist dieser Frage nachgegangen. Dabei zeigt es

sich, dass viele Freizeit-Aktivitäten zu Hause bei den Urlaubsüberlegungen eine wichtige Rolle spielen (ZUCKER 1985, S. 10):
- Von den 76%, die zu Hause besonders gern "spazierengehen oder wandern", erwarten 61% entsprechende Möglichkeiten auch am Urlaubsort.
- Von den 69%, die sich zu Hause besonders gern "ausruhen, entspannen oder ausschlafen", möchten dies wiederum 69% auch im Urlaub tun können.
- Von den 54%, die zu Hause besonders gern "mit der Familie zusammen sind", erwarten 70% diese Möglichkeit auch im Urlaub.

Kann der Tourismus diesen vielfältigen und hochgesteckten Erwartungen genügen? Kann während der kurzen Urlaubszeit ein Ausgleich für all das gefunden werden, was wir im Alltag vermissen, was wir verloren haben oder was uns abhanden gekommen ist? "Ferienerwartungen sind Glücksvorstellungen. Die Reise aus dem Alltag als eine Art zweites Leben, in dessen Gefässe man seine wahren Lebenswünsche und Hoffnungen hineinpumpt. Der Karren ist überladen, mit Wünschen und Sehnsüchten überbesetzt", schreibt KRIPPENDORF (1984, S. 17 und 63).

6.4 Touristisches Verhalten

Bedürfnisse, Motive und Erwartungen stimmen nie vollständig mit dem tatsächlichen Verhalten überein. Man wünscht sich ruhige Ferien im Grünen, und begibt sich in einen turbulenten Touristenort; man träumt von der Entdeckung fremder Länder und ist nicht bereit, sich genügend zu informieren; man möchte unbekannten Menschen begegnen und reist voller Vorurteile an. In diesem Kapitel wird das tatsächliche Verhalten der Touristen vor, während und nach einer Ferienreise etwas ausgeleuchtet.

Reiseentscheidung
Reiseentscheidungen basieren zum grössten Teil auf eigenen Erfahrungen (38%). Am zweithäufigsten stützt sich der Tourist auf persönliche Gespräche mit Verwandten und Bekannten (37%). Diese Reihenfolge hat sich erst mit der zunehmenden Reisegewohnheit ergeben. Noch 1982 rangierten die persönlichen Gespräche mit Verwandten und Bekannten mit beinahe 50% weit vor der eigenen Erfahrung (30%). Allen andern Entscheidungshilfen kommt demgegenüber nur untergeordnete Bedeutung zu. Etwas abzuheben

vermögen sich noch die Beratung im Reise-/Verkehrsbüro (18%), die Kataloge der Reiseveranstalter (15%) sowie die Reiseberichte und Reisebücher (8%). Die eigentliche Werbung in Zeitschriften und Zeitungen, im Rundfunk und Fernsehen, auf Plakaten und Ausstellungen hat in den Augen der Touristen für die Entscheidfindung nur eine geringe Bedeutung (4%). (REISEANALYSE 1991, S. 50)

Reisevorbereitung
Nach erfolgtem Reiseentscheid beginnen mit der Reservierung, Anmeldung oder Buchung die eigentlichen Reisevorbereitungen. Die Deutschen nehmen beispielsweise bei ihrer Haupturlaubsreise zu über 40% Dienste von Reise- und Fremdenverkehrsbüros sowie ähnlichen Vermittlerstellen in Anspruch. Somit trifft etwa jeder zweite Tourist seine Reisevorbereitungen selbständig, bucht direkt beim Vermieter, am Fahrkartenschalter oder fährt ins Blaue (REISEANALYSE 1991, S. 76). Die Tendenz zu vermehrten Reisen auf eigene Faust ist zwar immer noch zunehmend, doch nicht mehr so ausgeprägt wie noch vor wenigen Jahren. Der Schweizer ist ein ausgesprochener Individualtourist. Inlandreisen unternimmt er in 9 von 10 Fällen, Auslandreisen in 6 von 10 Fällen ohne fremde Dienste. (SCHMIDHAUSER 1993)

Reiseform
Unter Reise- oder Organisationsform verstehen wir die Art der Reiseorganisation. Reisen, die ohne Reiseveranstalter durchgeführt werden, bezeichnen wir als Individualreisen, unabhängig davon, ob der Tourist bei der Vorbereitung die Hilfe eines Reisebüros in Anspruch nimmt. Demgegenüber versteht man unter Veranstalter- oder Pauschalreisen solche, bei denen bestimmte Leistungen eines Veranstalters in Anspruch genommen werden. In Deutschland sind 44% aller Haupturlaubsreisen Veranstalterreisen. 56% sind somit Individualreisen. (F.U.R. 1995, S. 3)

Reisebegleitung
Die Anzahl der allein Reisenden ist allgemein relativ gering: Sie macht nur 12% aller Reisenden aus. Es herrscht eine ausgesprochene Vorliebe für Kleingruppenreisen vor: Ungefähr 42% verbringen ihre Ferien mit einer Begleitperson, ca. 16% mit zwei und 18% mit drei Begleitpersonen. Relativ selten finden Reisen in eigentlichen Gruppen mit 5 und mehr Personen statt (12%). Allgemein ist ein leichter Trend in Richtung 2-Personenreisen bzw. Alleinreisen feststellbar. In Begleitung von Kindern und Jugendlichen

unter 18 Jahren befinden sich gut ein Drittel aller Touristen. (REISEANALYSE 1991, S. 91f.)

Reisezeitpunkt
Die beliebtesten Reisemonate sind nach wie vor Juli und August. Gut die Hälfte aller deutschen Reisenden verbringen ihre Ferien während dieser beiden Monate. Ausserdem gehören Juni und September zu den Haupturlaubsmonaten. Für zusätzliche Ferien werden dagegen September und Oktober, April und Mai sowie Dezember und Februar bevorzugt. (REISEANALYSE 1991, S. 87f.)

Reisedauer
Die durchschnittliche Reisedauer widerspiegelt unter anderem die Reisegewohnheit eines Volkes oder bestimmter Teile davon: Besteht ein deutlicher Trend zu Zweit- und Drittreisen während eines Jahres, sinkt die durchschnittliche Reisedauer auf vergleichsweise tiefe Werte. In Deutschland zum Beispiel mit einer relativ geringen Reisehäufigkeit, beträgt die mittlere Reisedauer ungefähr 17 Tage in den alten und 13 Tage in den neuen Bundesländern. Ein Drittel aller Reisenden ist zwei Wochen unterwegs, ein weiterer Viertel drei Wochen. (REISEANALYSE 1991, S. 89) Anders bei den Schweizern: Ihre Vorliebe für zwei bis drei Urlaubsreisen pro Jahr drückt sich in einer tieferen durchschnittlichen Reisedauer aus. Sie liegt bei rund 11 Tagen (SCHMIDHAUSER 1993).

Reiseverkehrsmittel
In der Regel benutzt der Tourist während seiner Ferien verschiedene Verkehrsmittel, einschliesslich der touristischen Spezialverkehrsmittel. Uns interessiert an dieser Stelle bloss jenes Verkehrsmittel, mit welchem die weiteste Strecke einer Reise zurückgelegt wird. Mit Abstand wichtigstes Reiseverkehrsmittel ist in Deutschland der Personenwagen (52%) vor dem Flugzeug (27%), dessen Bedeutung noch immer im steigen ist. Die Eisenbahn (9%) verliert weiter an Terrain. In jüngster Zeit hat sich der Bus (ca. 11%) wieder zu einem wichtigen Reiseverkehrsmittel entwickelt. (F.U.R. 1995, S. 3) Bei den Schweizern sind die Prozentanteile ähnlich: 7 von 10 Inland- und mehr als 40% der Auslandreisen wurden 1992 mit dem Auto unternommen. Der Anteil der Bahn liegt bei 25% im Inland und 14% im Ausland. Für gut jede vierte Auslandreise wurde der Luftweg gewählt (SCHMIDHAUSER 1993).

Ferienunterkunft

Die Fülle angebotener Unterkunftsmöglichkeiten (vgl. Kapitel 7.3) wird durch die Touristen je nach Reiseform, Reiseziel und Gästeherkunftsland unterschiedlich genutzt. Bei Veranstalterreisen und bei Reisen in den Mittelmeerraum dominiert z.B. das Hotel. Rund die Hälfte aller Bundesdeutschen übernachtet während ihrer Haupturlaubsreise in gewerblichen Beherbergungsbetrieben (Hotels, Motels, Pensionen, Gasthöfen), je rund 20% in Privatzimmern oder bei Bekannten resp. in gemieteten oder eigenen Ferienwohnungen und 8% im Zelt oder Wohnwagen (REISEANALYSE 1991, S. 83). Demgegenüber wählt der Schweizer bloss in vier von zehn Fällen eine Unterkunft in der Hotellerie. Im Zelt oder im Wohnwagen übernachtet nur etwa jeder zwanzigste. Bedeutend häufiger als die Deutschen mieten Schweizer eine Ferienwohnung oder verbringen ihren Urlaub in der eigenen Zweitwohnung.

Reiseausgaben

Die Kenntnis der Reiseausgaben (Fahrt, Unterkunft, Verpflegung und alle Nebenauslagen) ist in verschiedener Hinsicht bedeutungsvoll. Gerade bei solchen Erhebungen ist die Fehlerquelle jedoch relativ gross: Kaum ein Tourist führt genau Buch über seine Ausgaben, und das Erinnerungsvermögen bei Befragungen ist oftmals schlecht. Die Resultate sind entsprechend vorsichtig zu interpretieren. Den Untersuchungen im Rahmen des Touristischen Marktforschungssystems der Schweiz (TOMAS 1989, S. 67/71) kann entnommen werden, dass 1988/89 die mittleren Tagesausgaben (ohne Reise) für einen Touristen in der Schweiz im Winter 169 Franken und im Sommer 160 Franken betragen. Gemäss einer Wertschöpfungsstudie im Kanton Bern (MÜLLER et.al. 1995) verteilen sich die Ausgaben (ohne Reisekosten) wie folgt: 37% Verpflegung, 21% Unterkunft, 21% Detailhandel, 9% Bergbahnen und 13% Uebriges.

Aktivitäten am Urlaubsort

Urlaubsbedürfnisse und Urlaubsaktivitäten korrelieren zwar stark miteinander, doch ist es nicht möglich, die Aktivitäten direkt den Bedürfnissen zuzuordnen, da sie subjektiv für jeden Touristen etwas anderes bedeuten können. "Der eine macht einen Spaziergang, um sich Bewegung zu verschaffen, der andere, um die Natur zu geniessen, der Dritte, um sich mit seinem Freund dabei zu unterhalten oder um mit seinen Kindern zu spielen, der Vierte, um die fremde Umgebung kennenzulernen oder zu einer

Abbildung 10
Ferienaktivitäten (BRD)

Frage: "Hier steht, was man im Urlaub so alles machen kann. Was trifft auf Sie zu, wenn Sie an Ihre Haupturlaubsreise denken?"

Regenrativ-passive Beschäftigungen
Viel schlafen, ausruhen	56 %
Sich sonnen	56 %
Am Strand/Liegewiese liegen	47 %

Regenerativ-aktive Beschäftigungen
Spaziergänge machen	78 %
Tier-/Naturparks besuchen	25 %
Freizeit-/Vergnügungsparks besuchen	24 %

Gesellig-kommunikative Beschäftigungen
Gespräche mit anderen Menschen führen	69 %
Urlaubsbekanntschaften machen	42 %
Gesellschafts-/Kartenspiele machen	30 %
Mit Kindern spielen, etwas unternehmen	29 %

Bildungsorientierte Beschäftigungen
Ausflüge, Fahrten in die nähere Umgebung machen	73 %
Sehenswürdigkeiten/Museen besichtigen	57 %
Kulturelle Veranstaltungen, Vorträge besuchen	20 %

Sportliche Betätigungen
Schwimmen, baden	66 %
Wanderungen machen	49 %
Bewegungs-/Ballspiele machen	29 %

Eigeninteresse, Hobbies
Briefe und Karten schreiben	61 %
Fotografieren, filmen	54 %
Zeitschriften/Zeitungen lesen	53 %
Bücher lesen	42 %

Sonstige Aktivitäten
Gaststätten besuchen, etwas trinken	64 %
Geschäfte ansehen, Einkaufsbummel machen	64 %

Studienkreis für Tourismus, Reiseanalyse 1992, Starnberg 1993

Sehenswürdigkeit zu gelangen und der Fünfte möchte eventuell alle diese Aspekte gleichzeitig." (LOHMANN 1985, S. 62)

Regenerativ-passive Beschäftigungen stehen bei den Urlaubern aus Deutschland nach wie vor im Vordergrund (vgl. Abbildung 10). Zumindest steht eine regenerativ-aktive Beschäftigung, nämlich das Spazierengehen, an der Spitze aller Freizeitaktivitäten (78%). Vor allem die unter dem Begriff gesellig-kommunikative Beschäftigungen zusammengefaßten Aktivitäten sowie die Eigeninteressen haben im Vergleich zu den letzten Jahren deutlich zugenommen.

In den TOMAS-Untersuchungen wurden die Ferienaktivitäten der Gäste zwar nicht direkt erfragt, die genannten Hauptgründe für den Ferienaufenthalt in der Schweiz weisen aber auch auf die recht unterschiedlichen Aktivitätsprofile von Sommer- und Wintergästen hin (TOMAS 1988/89): Hauptgrund für den Aufenthalt der Wintergäste in den Ferienzentren ist das "Skifahren" (70%), für die Sommergäste das "Wandern/Touren machen" (56%), gefolgt von den Gründen "Erholung und Entspannung" (Winter 65%, Sommer 66%), "Vergnügen und Spass" (Winter 41%, Sommer 43%), "Gesundheit und Fitness" (Winter 23%, Sommer 18%), "Neues erleben oder sehen" (Winter 17%, Sommer 35%).

Verhaltensmuster
Es gibt einige Verhaltensmuster, die vielen Touristen gemeinsam sind, eine Art gemeinsamen Nenner also der im einzelnen sehr unterschiedlichen touristischen Verhaltensweisen. KRIPPENDORF (1984, S. 75f.) hat sie wie folgt beschrieben:
- Wir haben uns im Alltag viele Gewohnheiten, Ansprüche und Verhaltensweisen angeeignet, die sich nicht auf einmal abschütteln lassen, wenn wir wegfahren. Durchtränkt von einem strengen Arbeitsethos, im Beruf auf Disziplin und Pünktlichkeit getrimmt und gänzlich ungeübt in der Kunst, freie Zeit souverän zu nutzen, verfallen wir beim Reisen nahezu zwanghaft in den gewohnten Alltagstrott. Wir nehmen auf Reisen unseren Milieupanzer mit.
- Aus der Ich-bezogenen Motivation ergibt sich ein anderer charakteristischer Zug im Touristenverhalten: Weg von zu Hause zeigt der Tourist in der ihn freisetzenden Umgebung oft ein Sonderverhalten im Vergleich zu seiner alltäglichen Situation. Als eine Art Ausnahmemensch tut der Tourist Dinge, die bei ihm zu Hause, am Arbeitsplatz oder in

der Familie als höchst ungewöhnlich taxiert und mit Sanktionen belegt würden.
- Ein weiteres typisches Merkmal im Verhalten des Touristen ist seine Suche nach Bestätigung der Vorstellungen, die er von seinem Reiseziel hat. Es sind jene Träume und Bilder, die vor allem von der Tourismuswerbung vorgeformt sind. Wir haben sie im Kopf, wenn wir auf die Reise gehen, und wir wollen, dass das Versprechen eingelöst wird. Nur wenige sind wirklich bereit, sich aktiv auf die fremde Umwelt einzustellen und sich vorbehaltlos mit Land und Leuten der bereisten Gebiete auseinanderzusetzen.

Reisezieltreue
Gemäss REISEANALYSE (1991, S.63) waren 1990 rund 44% der westdeutschen Urlauber Erstbesucher, 56% waren schon mehrmals in einem betreffenden Zielgebiet (31% viermal und häufiger). SCHMIDHAUSER (1977, S. 88f.) hat errechnet, dass 50% der Schweizer, die in der Schweiz ihre Ferien verbringen, Stammgäste sind. In den wichtigsten angrenzenden Staaten (Frankreich, Deutschland und Italien) sind bloss rund 40 % der Schweizer Stammgäste. Die Prozentsätze in anderen Staaten liegen deutlich darunter. Als Stammgäste bezeichnet Schmidhauser Touristen, die mindestens drei Ferienaufenthalte innerhalb von 10 Jahren am gleichen Ort (im gleichen Land) verbracht haben.

Reisezufriedenheit
Es ist in der touristischen Meinungsforschung weitgehend bekannt, dass die Zufriedenheit mit den Ferien sehr hoch ist. Laut TOMAS-Befragungen waren im Winter 1988/89 71% der Schweizergäste mit ihren Ferien sehr zufrieden und weitere 27% ziemlich zufrieden, im Sommer 1988 waren es 75% resp. 23% (TOMAS 1989).

Zu dieser hohen Zufriedenheit muss einschränkend festgehalten werden, dass der Tourist psychologisch unter einem gewissen Erfolgszwang steht. Der Urlaub muss es bringen. Die meisten Leute können es sich selbst und den anderen nicht eingestehen, "die glücklichsten Wochen des Jahres" negativ zu beurteilen. "Ausserdem besitzen die meisten Menschen die Fähigkeit, negative Ereignisse in der Rückerinnerung verdrängen zu können oder nicht mehr so schlimm zu finden" (REISEANALYSE 1988, S. 66). Diese Vorbehalte ändern aber nichts an der Tatsache, dass der Mensch beim Reisen etwas mehr Freiheit, auch etwas mehr Natur und Kontakt mit anderen Menschen und mehr Abwechslung als im Alltag erlebt. Alles Dinge, die einen Zugewinn gegenüber dem normalen Leben bedeuten und auch eine Erklärung für die hohe Reisezufriedenheit sind.

Reiseerfahrungen
Was nimmt ein Tourist von seiner Reise mit nach Hause? Sind Souvenirs und Fotos die einzigen bleibenden Erinnerungen? Oder ist er um einige echte Erfahrungen reicher geworden? Zu diesen wichtigen Fragen gibt es praktisch keine Forschungsergebnisse. Zwei Thesen stehen zur Diskussion (KRIPPENDORF 1984, S. 125f.):
- Es ist möglich, dass der Alltag alle Nachwirkungen der Ferien rasch auslöscht. Zur Verarbeitung der Eindrücke bleibt gar keine Zeit.
- Es könnte ebensogut sein, dass Erfahrungen, die man in den Ferien gemacht hat, Lernprozesse in Gang setzen und mit der Zeit, also mit zunehmenden Reiserfahrungen, Einstellungs- und Verhaltensänderungen auftreten, die schliesslich sogar gesellschaftsverändernd wirken.

6.5 Kennziffern zur touristischen Nachfrage

<u>Schätzungen zum weltweiten Tourismusaufkommen</u>

Internationale Organisationen (World Tourism Organisation, Tourismuskomitee der OECD) bemühen sich seit Jahren um eine bessere statistische Erfassung der touristischen Bewegungen innerhalb und zwischen den einzelnen Ländern, aber bisher noch ohne grossen Erfolg. Die Zählmethoden variieren von Land zu Land. Gewisse Reiseformen (zum Beispiel der Binnentourismus oder die Ausflugs- und Wochenendfahrten) werden oft überhaupt nicht erfasst. Aufgrund verschiedener Quellen lassen sich etwa folgende Aussagen (Schätzungen) zum globalen Tourismusaufkommen machen (KRIPPENDORF 1984, S. 42f.): "Weltweit gesehen unternimmt etwa ein Viertel der Gesamtbevölkerung eine oder mehrere Reisen von mindestens 5 Tagen Dauer. Die Freizeitreisen machen mehr als 90% des Gesamttourismus aus, der Rest entfällt auf Geschäftsreisen. Etwa ein Drittel der Weltbevölkerung beteiligt sich mehr oder weniger aktiv am Ausflugsverkehr, wobei die Ferienreisenden und Ausflugsreisenden meistens ein und dieselben Personen sind. Selbstverständlich sind die Prozentzahlen in den Industriländern wesentlich über diesen Durchschnittswerten und jene in den Entwicklungsländern liegen stark darunter."

Die internationalen, also grenzüberschreitenden Reisen, die allerdings nur etwa einen Fünftel aller Ferienreisen (Ausflüge nicht eingerechnet) ausmachen, spielen sich zur grossen Mehrheit unter industrialisierten Ländern ab: Von den 533 Millionen internationalen Ankünften im Jahre 1994 fielen rund 63% auf Europa und weitere 20% auf Amerika. Auf die Entwicklungsländer fallen nur einige wenige Prozente ab. (STV 1995, S. 21).

Reiseströme in der Schweiz (Logiernächtestatistik)

Die statistische Erfassung des Tourismus ist grundsätzlich vor, während oder nach der Reise denkbar. Während der Reise stehen zwei Möglichkeiten im Vordergrund:
- **Grenzmethode:**
  der Touristenstrom wird an der Landesgrenze erfasst
- **Standortmethode:**
  die Touristen werden an ihrem Aufenthaltsort im Landesinnern erfasst
  Die Schweiz bedient sich hauptsächlich der Standortmethode, die durch Befragungen ergänzt wird.

Ankünfte
Die Anzahl Ankünfte (Reisende) ergibt einen ersten Ueberblick über das Tourismusvolumen. Der Aussagegehalt ist jedoch nicht besonders gross und kann ohne zusätzliches Zahlenmaterial leicht zu irreführenden Interpretationen führen. In der Schweiz erfolgt gemäss der Standortmethode die Erhebung der Ankünfte primär bei den Hotel- und Kurbetrieben: Das Bundesamt für Statistik führt monatliche Vollerhebungen aufgrund der polizeilichen Meldescheine durch, die jeder Hotelgast bei seiner Ankunft ausfüllen muss. Dieses Meldewesen klappt praktisch reibungslos und ist entsprechend zuverlässig. In der Parahotellerie liegt der Erfassungsgrad bei den Jugendherbergen, Gruppenunterkünften sowie Zelt- und Wohnwagenplätzen ebenfalls hoch (zwischen 95 und 100 Prozent). Mühe bereitet hingegen nach wie vor die Erhebung der Ankünfte in Chalets und Ferienwohnungen (grosse Anzahl Objekte, keine polizeiliche Meldepflicht).

Aufenthaltsdauer
Aus der durchschnittlichen Aufenthaltsdauer der Gäste können unter anderem Rückschlüsse gezogen werden auf die Gästestruktur (Ferienaufenthalter, Passanten, Geschäftsreisende). Die durchschnittliche Aufenthaltsdauer ist nicht nur von Ort zu Ort, sondern auch von Beherbergungsart zu

Beherbergungsart verschieden. Je nach Angebotsstruktur sind auch deutliche Unterschiede z.B. zwischen verschiedenen Hotels (des gleichen Ortes) feststellbar.

Logiernächte
Reisende werden für die Tourismuswirtschaft erst dann richtig "interessant", wenn sie eine Weile am Ort oder im Land verweilen und entsprechende Uebernachtungen erbringen. Die Standortmethode der schweizerischen Tourismusstatistik bringt es mit sich, dass eine Ankunft erst registriert wird, wenn mit ihr mindestens eine Logiernacht verbunden ist. Eine Unterscheidung zwischen Ferienaufenthaltstourismus und Passanten- oder Ausflugsverkehr ist mit dieser direkten Methode also nicht möglich. Die Logiernächtezahl ist insbesondere auch deshalb von Bedeutung, weil erfahrungsgemäss die Uebernachtungen neben der Reise den grössten Kostenfaktor darstellen. Die Logiernächtestatistik steht somit im Vordergrund des Interesses.

Abbildung 11 vermittelt einen Ueberblick über die Ankünfte, die Aufenthaltsdauer und die Logiernächte in der Schweiz im Jahre 1994.

(Ferien-)Reiseintensität

Zu den wichtigsten Kennziffern der touristischen Nachfrage gehört die sogenannte Ferienreiseintensität. Sie lässt sich nicht aus der offiziellen Statistik herauslesen und wird mittels Haushaltsbefragungen erhoben. Spricht man von Reiseintensität, so muss zwischen der Nettoreiseintensität, der Reisehäufigkeit und der Bruttoreiseintensität unterschieden werden.

Nettoreiseintensität
Unter "Nettoreiseintensität" verstehen wir den prozentualen Anteil jener Personen an der Gesamtbevölkerung oder an bestimmten Bevölkerungsgruppierungen, die im Laufe des untersuchten Zeitraumes (in der Regel 12 Monate) mindestens einmal verreist sind, d.h. eine oder mehrere Reisen im Sinne der für die Umfrage geltenden Arbeitsdefinition unternommen haben. Diese Arbeitsdefinitionen haben sich einander im Laufe der Jahre weitgehend angepasst und verlangen heute in fast allen Ländern, dass die Reise (inkl. Aufenthalt) mindestens 4 x 24 Stunden (5 Tage bzw. 4 Ueber-

Abbildung 11
Logiernächtestatistik und Ferienreiseintensität

LOGIERNÄCHTE

	Ankünfte	Aufenthalts-dauer	Logier-nächte
Hotellerie (1994)	12.4 Mio.	2.7 Tage	33.2 Mio.
Parahotellerie (1993):			
- Chalets/Ferienwohnungen	2.7 Mio.	9.0 Tage	24.5 Mio.
- Campingplätze	2.3 Mio.	3.5 Tage	8.1 Mio.
- Gruppenunterkünfte	2.2 Mio.	3.3 Tage	7.3 Mio.
- Jugendherbergen	0.5 Mio	1.9 Tage	0.9 Mio.
Total	7.7 Mio	5.3 Tage	40.8 Mio
Total	19.9 Mio.	3.7 Tage	73.9 Mio.
- Schweizer	9.2 Mio.	4.1 Tage	37.6 Mio.
- Ausländer	10.7 Mio.	3.4 Tage	36.3 Mio.

FERIENREISEINTENSITÄT

	Jahr	Nettoreise-intensität	Reise-häufigkeit	Bruttorei-seintensität
Schweiz	1990	81 %	2.2	182 %
Deutschland	1994	78 %	1.4	101 %
Holland	1988	74 %	1.3	112 %
Frankreich	1989	61 %		
Grossbritanien	1987	58 %	1.5	86 %
Oesterreich	1987	42 %	1.4	61 %

Bundesamt für Statistik: Hotel- und Kurbetriebe 1994, Bern 1995
STV: Schweizer Tourismus in Zahlen 1994, Bern 1995
Schmidhauser, HP.: Reisemarkt Schweiz 1990/91, St. Gallen 1991

nachtungen) gedauert haben muss und nicht aus geschäftlichen oder dienstlichen Gründen angetreten wurde (SCHMIDHAUSER 1973, S. 145). Aufgrund einer derartigen Arbeitsdefinition steht also die Erfassung der Haupturlaubsreise (Ferienaufenthalt) im Vordergrund. Die Nettoreiseintensität wird nie 100% erreichen, denn es gibt immer Menschen, die aus irgendwelchen Gründen (Unfall, Krankheit, Altersschwäche, Zeitmangel usw.) nicht verreisen wollen oder können. In der Schweiz liegt man mit 81% annähernd am erreichbaren Plafond.

Reisehäufigkeit
Die Reisehäufigkeit gibt die Zahl der Reisen an, die pro Tourist im Laufe des untersuchten Zeitraums im Durchschnitt unternommen wurden. Sie stellt somit ein Mass für die Frequenz des Reisekonsums dar.

Bruttoreiseintensität
Multipliziert man die Nettoreiseintensität mit der Reisehäufigkeit, so erhält man die Bruttoreiseintensität. Darunter versteht man "die zur Gesamtbevölkerung in Beziehung gesetzte Zahl der Reisen, die von den am Tourismus teilnehmenden Personen im Laufe des Untersuchungszeitraumes unternommen wurden" (SCHMIDHAUSER 1973, S. 145f.). Die Bruttoreiseintensität gewinnt vor allem mit der zunehmenden Verbreitung von Zweit- und Drittreisen an Bedeutung. Sie sagt uns, mit wie vielen in sich abgeschlossenen Reisen wir je 100 Einwohner rechnen können. Dabei ist es unerheblich, ob beispielsweise 60 Personen je eine Reise oder 20 Personen je drei Reisen unternommen haben. In beiden Fällen entsteht eine Nachfrage von 60 Reisen (SCHMIDHAUSER 1973, S. 147).

Einige Ferienreiseintensitäten ausgewählter Länder sind in Abbildung 11 wiedergegeben. Bei der Interpretation dieser Zahlen ist darauf zu achten, dass die Untersuchungsmethoden wie auch die Beobachtungszeiträume von Land zu Land abweichen.

Daten zum Kurzzeittourismus (Kurzreisen und Ausflüge)

Statistisch ist der Kurzzeittourismus bis heute nicht separat erfassbar: Sofern im Kurzzeittourismus Uebernachtungen erfolgen, wird der entsprechende Tourist statistisch als "Ferienaufenthalter" registriert. Findet keine Uebernachtung statt, so erfolgt in der Tourismusstatistik keine Erfassung.

Aussagen zum Kurzzeittourismus sind daher nur über Befragungen und Sondererhebungen möglich.

Kurzreisen
Rund 40 Prozent der Bundesbürger Deutschlands unternehmen im Durchschnitt 2,4 Kurzreisen (1-3 Uebernachtungen) pro Jahr (REISEANALYSE 1990, S. 25). Die Kurzreiseintensität und -häufigkeit der Schweizer liegt etwas höher, nämlich bei rund 50% bzw. 5 Kurzreisen pro Jahr (SCHMIDHAUSER 1991, S. 43).

Ausflüge
Untersuchungsergebnisse des St. Galler Tourismusinstitutes zum Ausflugsverkehr zeigen, dass 84% aller Schweizer Haushaltungen im Jahre 1976 mindestens einmal am Tagesausflugsverkehr beteiligt waren. Im Durchschnitt unternahmen die Privathaushalte 17 Ausflüge pro Jahr. (ITV 1978, S. 1). FRIEDRICH et. al. (1979, S. 52f.) gelangen in ihrer Naherholungsuntersuchung (Region Schwarzwasser) zu einer Naherholungsintensität von über 90% und einer Naherholungshäufigkeit von mehr als 20 Ausflügen pro Jahr. Aus der UNIVOX-Umfrage 1994 geht hervor, dass im Erhebungszeitraum von 2 Wochen (Januar 1994) genau die Hälfte der Befragten mindestens einen Ausflug von mehr als 5 Stunden Dauer unternommen hat. Bei einer durchschnittlichen Ausflugshäufigkeit von 1.8 ergab dies hochgerechnet auf die gesamte Bevölkerung der Schweiz rund 5 Mio Ausflüge innerhalb von 14 Tagen. THELIN (1983, S. 26/39) hat für die Stadt Bern errechnet, dass über das Wochenende rund 40% der Einwohner die Stadt verlassen (im Winter zwischen 35 und 45%, im Sommer zwischen 36 und 54%). Rund die Hälfte aller Ausflüge führt dabei über die 60 km Distanz hinaus.

Nichtreisende

In den Industrieländern gibt es nach wie vor einen Teil der Bevölkerung, der am Reisen nicht teil hat. In der Schweiz und in Deutschland fahren rund 20% der Bevölkerung nicht in die Ferien, in anderen Industrieländern liegt diese Quote noch höher (vgl. Abbildung 11). Für die Reiseabstinenz werden in erster Linie finanzielle Gründe genannt, gefolgt von gesundheitlichen oder familiären Gründen sowie mangelndes Reiseinteresse (REISEANALYSE 1990, S. 107).

7. TOURISTISCHES ANGEBOT

Die vielfältigen Reisemotive und Reiseerwartungen, die wir im Kapitel 6.3 dargestellt haben, bedingen eine Entsprechung beim touristischen Angebot: Das Reisemotiv "Entspannung, Erholung, Gesundheit" setzt Ruhe, ein bekömmliches Klima, Sonne und spezielle Dienstleistungen voraus. "Naturerleben, Umweltbewusstsein, Wetter" verlangt eine intakte Natur, sicheres Wetter, reine Luft, sauberes Wasser usw.. "Abwechslung, Erlebnis, Geselligkeit" stellt hohe Anforderungen an Gastronomie, Unterhaltung, Animation usw. Die Erwartungen, die aus dem Reisemotiv "Bewegung, Sport" hervorgehen, zielen auf eine gut ausgebaute touristische Infrastruktur. Nur die beiden letzten Motivkategorien, nämlich "Eindrücke, Entdeckung, Bildung" sowie "Selbständigkeit" stellen vor allem hohe Anforderungen an die eigenen Fähigkeiten und Möglichkeiten. Je nach der individuellen Motivation erhalten einzelne Angebotsbestandteile eine unterschiedliche Bedeutung.

7.1 Elemente des touristischen Angebotes

In der Literatur wird das touristische Angebot vielfach unterteilt in das ursprüngliche Angebot, auch Potential genannt, und das abgeleitete Angebot oder Ausstattung. Die primäre touristische Anziehungskraft geht meistens vom ursprünglichen Angebot aus. Mit anderen Worten steht das abgeleitete touristische Angebot also in einem "nachgeordneten Komplementärverhältnis" zum ursprünglichen Angebot. (GEIGANT 1962, S.39) Demgegenüber kann zwischen den einzelnen Komponenten des abgeleiteten touristischen Angebotes von einem "gleichgeordneten Komplementärverhältnis" gesprochen werden: Der Gast will nicht eine einzelne, isolierte Leistung in Anspruch nehmen, sondern ein ganzes Leistungsbündel.

<u>Ursprüngliches Angebot</u>

Unter dem ursprünglichen Angebot (Potential) verstehen wir all jene Faktoren, die in ihrem Wesensgehalt keinen direkten Bezug zum Tourismus haben, durch ihre Anziehungskraft auf Touristen jedoch zu touristischen Objekten werden. Das ursprüngliche Angebot lässt sich gliedern in die natürlichen Faktoren, in die allgemeinen Faktoren des menschlichen Seins und Tuns und in die allgemeine Infrastruktur.

Natürliche Faktoren
Zu den natürlichen Faktoren zählen wir die geographische Lage, das Klima, die Topographie, das Landschaftsbild, die Tier- und Pflanzenwelt usw. Diese natürlichen Faktoren lassen sich noch weiter untergliedern in die Höhenlage, die Exposition, die Hangneigung etc. Charakteristisches Merkmal natürlicher Angebotsbestandteile ist die Tatsache, dass sie vom Menschen meist nicht geschaffen, sondern nur erschlossen und erhalten werden können. Für die spärlichen Gestaltungsmöglichkeiten sind lange Zeiträume erforderlich. (SPATT 1975, S. 76) Die natürlichen Faktoren stellen gewissermassen das Kapital des Tourismus dar, das sich allerdings in einer wesentlichen Hinsicht vom Unternehmungskapital unterscheidet: "Wie oft muss man es noch wiederholen, dass in einem anderen Wirtschaftszweig Kapital verloren und zurückgewonnen werden kann, im Tourismus jedoch die Grundsubstanz - die Landschaft und das Land - einmal verloren, unwiederbringbar ist" (KAEMPFEN 1972, S. 150).

Allgemeine Faktoren des menschlichen Seins und Tuns
Obwohl "Land und Leute kennenlernen" nicht zu den wichtigsten Ferienmotiven gehört, kommt den allgemeinen Faktoren des menschlichen Seins und Tuns eine grosse Bedeutung zu. Gastfreundschaft, Brauchtum, Sitten, Traditionen, Folklore, Mentalität, Sprache, Wirtschaft, alles, was unter Kultur verstanden werden kann, steigert die Attraktivität einer Feriendestination.

Allgemeine Infrastruktur
Unter der "allgemeinen Infrastruktur" oder "Basisinfrastruktur" verstehen wir nach KASPAR (1991, S. 65) die "Grundausrüstung an gemeinwirtschaftlich benutzbaren Einrichtungen, welche die Entfaltung umfassender wirtschaftlicher und gesellschaftlicher Aktivitäten ermöglicht." Darunter fallen die allgemeinen Verkehrsanlagen (Transport), die Einrichtungen zur Versorgung (Wasser, Energie, Telekommunikation) und jene zur Entsorgung (Abwasser, Kehricht). Nicht zu vergessen sind weitere Einrichtungen des täglichen Bedarfs: Einkaufsmöglichkeiten, Bildung (Schulen), Gesundheitswesen und ähnliches mehr.

Abgeleitetes Angebot

Das abgeleitete Angebot umfasst all jene Objekte und Leistungen, die speziell im Hinblick auf die touristische Bedürfnisbefriedigung entstanden sind bzw. betrieben werden. Dabei denken wir vor allem an die touristische Infra- resp. Suprastruktur, zwei Begriffe, die in der Literatur nicht einheitlich verwendet werden.

Touristische Infrastruktur
Nach KASPAR (1991, S. 65) fällt unter die touristische Infrastruktur vorerst jene durch den Tourismus bedingte zusätzliche, d.h. über das Richtmass für Einheimische hinausgehende allgemeine Infrastruktur. Die jeweiligen Anlagen werden auf die für den Touristenstrom erforderliche Dimension ausgerichtet. Bedeutungsvoller ist für uns indessen die eigentliche touristische Infrastruktur im engeren Sinne. Darunter fallen beispielsweise die touristischen Spezialverkehrsmittel (Skilifte, Luftseilbahnen), die Sport- und Unterhaltungseinrichtungen (Eisbahnen, Tennisplätze, Wanderwege, Skipisten, Kursäle, Spielcasinos), die Kongress- und Tagungszentren sowie die Betreuungs- und Informationsdienste.

Touristische Suprastruktur
Zur touristischen Suprastruktur werden ganz allgemein sämtliche Beherbergungs- und Verpflegungsbetriebe (Hotels, Gasthöfe, Pensionen, Ferienhäuser, Campingplätze, Massenunterkünfte, Restaurants, Tea-Rooms, Bars. usw.) gezählt (vgl. Kapitel 7.3). Diese Aussonderung des Beherbergungs- und Verpflegungssektors geht von der Ueberlegung aus, dass neben dem ursprünglichen Angebot die Unterkunfts- und Verpflegungsmöglichkeiten für den (Ferienaufenthalts-)Touristen von ausschlaggebender Bedeutung sind. Mit dem Aufkommen des Ausflugs- und Wochenendtourismus wurden allerdings gewisse Angebotselemente im Bereich der touristischen Infrastruktur im engeren Sinne (Wanderwege, touristische Spezialverkehrsmittel, etc.) immer wichtiger.

7.2 Tourismusort

Der Tourismusort ist der Kristallisationspunkt des touristischen Geschehens. Von ihm geht die massgebliche Anziehungskraft auf die touristische

Nachfrage aus. Er bietet das gesamte, von einzelnen Touristengruppen nachgefragte Leistungsbündel an. KASPAR (1991, S. 68) unterteilt die Tourismusorte je nach Motivationslage der Gäste in:
- **Tourismusorte im weiteren Sinne** in denen die touristische Leistung nur Mittel zum Zweck darstellt, d.h. um beispielsweise geschäftliche Transaktionen vorzunehmen
- **Tourismusorte im engeren Sinne** oder "Erholungsorte", in denen die Inanspruchnahme der touristischen Leistungen im Vordergrund steht.

Wir verzichten auf diese zusätzliche Gliederung und beschreiben kurz einige Tourismusortstypen nach ihren Funktionen (vgl. KASPAR 1991, S. 69.), wohlbewusst, dass grössere Orte in der Regel gleichzeitig mehrere Funktionen erfüllen.

Kurorte
Spricht man von Erholungsorten, so denkt man vielfach zuerst an Kurorte. Sie weisen besondere natürliche Gegebenheiten (Quellen, Heilmittel, Klima) und entsprechende Einrichtungen für Kuren zur Heilung, Linderung oder Vorbeugung menschlicher Krankheiten auf. Je nach Art der vorhandenen natürlichen Heilfaktoren unterscheidet man zwischen Badekurorten (Bade- und Trinkkuren) und Klimakurorten (Schon- und Reizfaktoren).

In der Schweiz wird heute oft zu Unrecht jeder Erholungsort als Kurort bezeichnet. In anderen Ländern (z.B. in Deutschland) ist hingegen die Bezeichnung "Kurort" durch Vorschriften bezüglich Heil- und Reizfaktoren gesetzlich geschützt.

Ferienerholungsorte
Die Ferienerholungsorte dienen ebenfalls der Erhaltung der physischen und psychischen Kräfte des Menschen. Sie erfüllen dabei die Funktion der allgemeinen Therapie. Im Unterschied zu den Kurorten fehlt ihnen aber die wesenswichtige Komponente der speziellen Therapie. Das Angebot ist auf die vielfältigen Bedürfnisse der Ferienerholung ausgerichtet: Nebst komfortablen Beherbergungs- und Verpflegungseinrichtungen dürfen vor allem die Anlagen zur Ausübung der zahlreichen Aktivitäten nicht fehlen, wobei die "Schlechtwetterprogramme" eine wichtige Rolle spielen. Trotz der erforderlichen technischen Einrichtungen sollten die natürlichen Erho-

lungsräume, der spezifische Ortscharakter, die Ruhe und die frische Luft erhalten bleiben.

Naherholungsorte
Naherholungsorte weisen im Grunde genommen ähnliche Eigenschaften auf wie die Ferienerholungsorte. Insbesondere dienen sie auch der physischen und psychischen Regeneration des Menschen. Der Naherholungstourist stellt spezielle Anforderungen an die Dimensionierung der touristischen Infra- und Suprastruktur. Deshalb werden die entsprechenden Einrichtungen auf die kurzfristigen Spitzenbelastungen ausgerichtet, was zu schlechten durchschnittlichen Auslastungen führt.

Naherholungsorte liegen in relativer Nähe von Agglomerationen. Insbesondere in der kleinräumigen Schweiz ergeben sich jedoch zahlreiche Ueberschneidungen mit Ferienerholungsorten. Dies führt zu teilweise schwerwiegenden Problemen, da das Verhalten vons Nah- und Ferienerholungstouristen nicht miteinander übereinstimmt. Die Entflechtung von Nah- und Ferienerholungsgebieten ist bis heute ein unerreichtes Ziel geblieben.

Verkehrszentren
Die touristische Bedeutung von Verkehrszentren ist überwiegend historisch bedingt: Im Zeitalter der Postkutschen und des Schiffverkehrs bildeten entsprechende Verkehrszentren gewissermassen Relaisstationen des Reiseverkehrs. Mit der wachsenden Mobilität des Menschen verlieren die traditionellen Verkehrsknotenpunkte dauernd an touristischer Wichtigkeit: Ein kurzfristiges Aufsuchen bestimmter Zentren ist heute vielfach ohne Uebernachtung möglich. Demgegenüber zeigt das Beispiel des Kongress- und Ausstellungsbooms in Flughafenstädten die moderne Bedeutung von Verkehrszentren.

Kulturzentren
Orte oder Länder mit herausragenden historischen und religiösen Bauwerken, Museen, Bildungsstätten usw. oder mit besonderen kulturellen Veranstaltungen (Musik-, Theater-, Film- oder Bildungswochen) vermögen wichtige Reiseströme auszulösen.

Verwaltungs- und Wirtschaftszentren
Typische Beispiele von Verwaltungszentren sind die Hauptstädte. Aus den Beziehungen des öffentlichen Verwaltungsapparates gegen aussen, der Zusammenkunft der Parlamentarier und den vielfältigen diplomatischen Kontakten ergibt sich oft eine beachtliche touristische Nachfrage. Die touristische Bedeutung der Wirtschaftszentren ist in den durch die allgemeine Arbeitsteilung hervorgerufenen regen Geschäftsbeziehungen begründet. Sie äussert sich vor allem in Form des Geschäfts- und Kongresstourismus sowie des Ausstellungs- und Messewesens. Verwaltungs- und Wirtschaftszentren haben den grossen Vorteil, dass sich die Frequenzen gleichmässiger über das ganze Jahr verteilen und damit eine bessere Auslastung des Angebotes erreicht wird als beispielsweise in Ferien- oder Naherholungsorten.

7.3 Touristische Betriebe

Tourismus ohne touristische Betriebe wäre nicht denkbar, obwohl sie - wie bereits angetönt wurde - je nach Typ des Tourismusortes oder Reiseform eine unterschiedlich wichtige Rolle spielen. Erst die Summe der unzähligen Klein-, Mittel- und Grossbetriebe macht den Tourismus in der Schweiz zu einem der wichtigsten Wirtschaftszweige.

Gliederungskriterien

Die Vielzahl touristischer Betriebe kann nach unterschiedlichen Kriterien gegliedert werden:
- nach den Abwicklungskomponenten des touristischen Vorganges, also nach Beratungs-, Transport- und Aufenthaltsbetrieben
- nach Leistungsbereichen
- nach Produktionsstufen
- nach den touristischen Hauptbedürfnissen

In diesem Kapitel möchten wir auf der Stufe "Produzent" die touristischen Betriebe näher beschreiben, wobei wir in konsequenter Anwendung des Marketing-Gedankens die Gliederung aufgrund der touristischen Hauptbedürfnisse wählen. Die heterogenen touristischen Bedürfnisse (vgl. Kapitel

6.1) lassen sich zu folgenden Gruppen zusammenfassen (KRIPPENDORF 1971, S. 36f.):

Touristische Nachfrageelemente	Touristische Betriebe
Ortsveränderung	Betriebe des Fern- und Nah-Nahverkehrs
Unterkunft	Hotel, Pension, Appertement, Camping usw.
Verpflegung	Restaurant, Tea-Room, Lebensmittelgeschäft usw.
Unterhaltung	Kino, Theater, Kursaal, Dancing usw.
Sportliche Betätigung	Schimmbäder, Eisbahnen, Verkehrsbetriebe usw.
Erholung von Krankheit	Kurhaus, Sanatorium, Bäderbetriebe usw.
Information/Organisation	Reisebüro, Kur-/Verkehrsverein, Reiseleiter usw.

<u>Beherbergungsbetriebe</u>

Ausgehend vom Bedürfnis, während der Ferien ein "Dach über dem Kopf" zu haben, behandeln wir vorerst die Beherbergungsbetriebe. Dabei gilt es, die vielfältigen Formen auseinanderzuhalten. Ueblicherweise wird eine Zweiteilung in "Hotellerie" und "Parahotellerie" gemacht (vgl. Abb. 12).

Hotellerie

Eigentlicher Vertreter des gastgewerblichen Beherbergungsbetriebes ist das Hotel. Der Schweizer Hotelier-Verein (SHV 1978, S. 5) definiert das Hotel wie folgt: "Das Hotel ist ein Betrieb, der über eine vollständige Einrichtung für den Empfang, den Aufenthalt, die Unterkunft und die Verpflegung seiner Gäste verfügt. Sein Angebot umfasst Vollpension, Halbpension, Zimmer und Frühstück sowie in der Regel auch die Restauration. Er zeichnet sich durch einen angemessenen Standard und Wohnkomfort und durch entsprechende Dienstleistungen aus. Er weist mindestens zehn Gästezimmer auf. Alle Zimmer haben fliessendes Warm- und Kaltwasser".

Neben dem eigentlichen Hotel bestehen in der Praxis zahlreiche Abwandlungen davon, die recht unterschiedlich definiert werden. Wir halten uns auch hier an die Preisordnung des SHV (1978, S. 5f.):

Hotel Garni
Hotelbetrieb, der nur Beherbergung, Frühstück und Getränke, aber keine Pension anbietet; angegliedert kann auch ein Restaurationsbetrieb sein.

Motel
Hotelbetrieb, der pro Zimmer einen Parkplatz zur Verfügung stellt und durch seine Verkehrslage, seine Bauart und seine Nebenbetriebe auf die Bedürfnisse des Autotourismus ausgerichtet ist.

Pension
Betrieb, der sich von den Hotels durch bescheideneren Komfort, einfachere Mahlzeiten und eingeschränkte Dienstleistungen unterscheidet.

Gasthaus (bzw. Gasthof)
Betrieb in ländlicher Gegend, der den Bedürfnissen der Verpflegung dient und mindestens fünf Gästezimmer aufweist.

Die Hotellerie bietet in ihren 6'200 Betrieben rund 275'000 Betten an. An den 33.2 Millionen Hotellogiernächten im Jahre 1994 waren die Schweizer mit 40% und die Ausländer mit 60% beteiligt. Die Belegung der verfügbaren Hotelbetten betrug 1994 35%. (STV 1995, S. 9f.)

Parahotellerie

Unter Parahotellerie versteht KASPAR (1991, S. 84) "all jene Beherbergungs- und Unterkunftsformen, die nicht der traditionellen Hotellerie zugeordnet werden, oder mit andern Worten, die neben (para) der traditionellen Hotellerie bestehen". Die Gründe für die geänderten Anforderungen an Beherbergungsmöglichkeiten punkto Dienstleistungen, Ausstattung und Bewirtschaftung sind vielfältig: z.B. Auflehnung gegenüber Essens- und Kleiderzwang, freiere und unabhängigere Gestaltung des Aufenthaltes, oder Demokratisierung der Tourismusnachfrage (Teilnahme von Bevölkerungsschichten mit tieferem Einkommen).

Abbildung 12
Touristische Beherbergungsformen

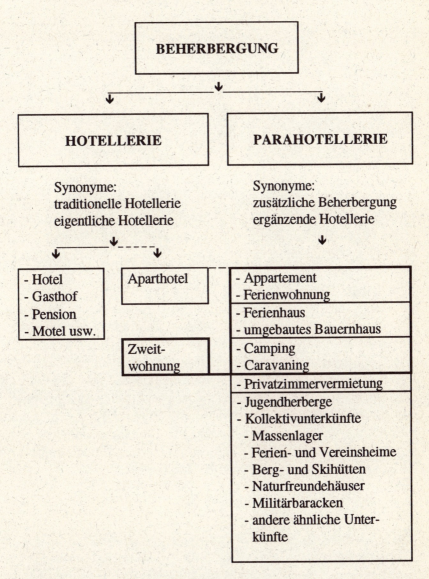

Kaspar, C.: Die Fremdenverkehrslehre im Grundriss, Bern/Stuttgart 1991, S. 80

Wir verzichten hier auf genaue Definitionen der in Abbildung 12 aufgeführten Parahotellerieformen. In der schweizerischen Tourismusstatistik wird aus erhebungstechnischen Gründen eine etwas einfachere Gliederung vorgenommen (STV 1995, S. 13f.):

Parahotellerie (1993)	Betten	Logiernächte	Auslastung
Chalets/Ferienwohungen	360'000	24.5 Mio	19%
Campingplätze	238'000	8.1 Mio	9%
Gruppenunterkünfte	226'000	7.3 Mio	9%
Jugendherbergen	7'300	0.9 Mio	32%
Total	831'300	40.8 Mio	13%

Dazu zu zählen wären auch die touristisch genutzten, aber nicht vermieteten Zweitwohnungen, die in der offiziellen Tourismusstatistik nicht erfasst werden. Laut einer Studie des Schweizer Tourismus-Verbandes (STV 1985, S. 17) stehen in den rund 154'000 Zweitwohnungen etwa 616'000 Betten bereit, die aber nur zu 12% oder während rund 6 Wochen im Jahr ausgelastet sind.

Aparthotels
Seit einiger Zeit sind vermehrt die sogenannten Aparthotels ins Blickfeld des Interesses gerückt. Gemäss Abbildung 12 handelt es sich dabei gewissermassen um eine Mischform zwischen der Hotellerie und der Parahotellerie Der Schweizer Hotelier-Verein (SHV 1978. S. 7) versteht unter einem Aparthotel einen "Hotelbetrieb mit beschränkten Dienstleistungen und der Verpflichtung, die vorhandenen Wohnungen und Zimmer hotelmässig zu nutzen". Die einzelnen Wohnungen oder Zimmer mit Kochgelegenheit werden im Stockwerkeigentum verkauft. Der Eigentümer ist jedoch verpflichtet, seine Wohnung oder das Zimmer während bestimmten Zeiten des Jahres zur hotelmässigen Nutzung freizugeben. Der übliche Hotelservice wird ihm während seiner Anwesenheit auf Wunsch zur Verfügung gestellt.

Rein äusserlich (aus der Sicht des Nachfragers) unterscheidet sich das Aparthotel somit kaum vom traditionellen Hotel. Der Unterschied ist vielmehr "innerlich" (Finanzierung, Verfügbarkeit). Für Gemeinden kann die Frage, ob es sich bei einem Aparthotel nun um ein traditionelles Hotel oder eine Parahotellerieform handelt, beispielsweise für die Erteilung der Baubewilligung von Bedeutung sein. Bei Erfüllung bestimmter Minimalanforderungen hinsichtlich Ausrüstung, Bewirtschaftung usw. herrscht die Auffassung vor, Aparthotels seien den traditionellen Hotels gleichzustellen (FIF 1976).

Verpflegungsbetriebe
Die Erscheinungsformen der Verpflegungsbetriebe sind ebenfalls vielfältig. Dieser Formenreichtum ist wie bei der Beherbergung auf die sehr verschiedenen Anforderungen der heutigen Nachfrage zurückzuführen. Je nach Art der Innenausstattung, der Speisekarte oder des Getränkesortimentes wird z.B. unterschieden nach Restaurants, Tea-Rooms, Bars, Wein- und Bierstuben, Imbissecken, Kiosks, Festwirtschaften, Kantinen, Automatencenters usw. In der Schweiz gab es 1994 rund 26'900 Gastbetriebe; etwa 22% sind Hotelrestaurants, 73% Restaurants, Bars, Tea Rooms etc. und rund 5% sonstige Gastbetriebe (Kantinen usw.) (STV 1995, S.16). Für Verpflegungsbetriebe fehlen gesamtschweizerisch einheitliche Definitionen: Es ist Sache der Kantone, welche Unterscheidung sie vornehmen wollen, wie die verschiedenen Betriebe im einzelnen zu definieren sind, und welche gesetzlichen Anforderungen erfüllt sein müssen.

Betriebe zur Erholung von Krankheiten

Unter die Betriebe zur Erholung von Krankheiten fallen die sogenannten Kur- und Heilbetriebe, also die Thermalbäder und Sanatorien. "Das hervorstehendste Differenzierungsmerkmal gegenüber allen hotelähnlichen oder sonstigen Beherbergungsbetrieben liegt in ihrer hauptsächlichen Betriebsleistung in Form von ärztlicher und pflegerischer Betreuung, einschliesslich der sie kennzeichnenden spezifischen Therapien. Beherbergung und Verpflegung stellen dabei nur subsidiäre Leistungen dar." (KASPAR 1991, S. 84) Betriebe zur Erholung von Krankheiten bieten somit neben den allgemeinen Erholungstherapien spezielle medizinische Behandlungen wie Balneo-, Hydro-, Thermo-, Inhalations- oder Bewegungstherapien an. Diese Kur- und Heilbetriebe haben mit den zunehmenden Zivilisationskrankheiten (Bewegungsarmut, Stresserscheinungen, unangepasste Essgewohnheiten usw.) in den letzten Jahren eine Renaissance erfahren.

Tagungs- und Kongressbetriebe

Obwohl in den letzten Jahren viel vom Kongresstourismus gesprochen worden ist, hat sich bis heute keine einheitliche Definition durchgesetzt. Auch die Arbeitsgemeinschaft Schweizerischer Kongressorte (ASK), in der 18 Städte zusammengeschlossen sind, schreibt nur einen Kongressaal für mindestens 500 Personen vor. Zahlreiche Orte und Städte versuchen in jüngster Zeit, sich im Tagungs- und Kongresswesen zu etablieren. Um das im Mittelpunkt stehende Kongresshaus, das mit kostspieligen technischen Anlagen ausgestattet sein muss, besser auszulasten, werden vielfach Mehrzweckgebäude erstellt.

Unterhaltungsbetriebe

Vielfach verfügen bereits Hotels, Motels und ähnliche Beherbergungsbetriebe über spezifische Einrichtungen. Generell unterscheidet man etwa zwischen Theater, Kinos, Kursälen, Spielbanken, Dancings, Nightclubs, Bars und ähnlichem. Eine genaue Begriffsbestimmung erübrigt sich unseres Erachtens, da einerseits der Begriff allein bereits aussagekräftig ist, andererseits nur gerade Kursäle und Spielbanken gesamtschweizerisch gesetzlich geregelt und entsprechend definiert sind. In allen andern Fällen ist die kantonale Gesetzgebung bezüglich Merkmalen und Abgrenzungen der Betriebe zuständig.

Betriebe zur sportlichen Betätigung

Im Vordergrund stehen hier die touristischen Spezialverkehrsmittel. Bei zahlreichen sportlichen Betätigungen verlangt der Tourist nach Verkehrseinrichtungen (beispielsweise beim Skifahren und Wandern). Die entsprechenden Spezialverkehrsmittel richten ihr Angebot (z.B. Fahrplan) weitgehend auf die touristische Nachfrage aus. Zu den touristischen Spezialverkehrsmitteln zählen wir insbesondere die Luftseilbahnen (Pendel- und Umlaufbetrieb), Ski- und Sessellifte, Drahtseilbahnen und Zahnradbahnen. 1994 gab es in der Schweiz insgesamt 1824 Transportanlagen: 13 Zahnradbahnen, 57 Standseilbahnen, 213 Pendelbahnen, 115 Gondelbahnen, 281 Sesselbahnen und etwa 1'145 Skilifte. Im Winter können über 1.45 Millionen Fahrgäste pro Stunde bergwärts befördert werden. 1993 wurden über 314 Mio. Fahrgäste transportiert. (STV 1995, S. 18)

Der sportlichen Betätigung dienen daneben Betriebe wie Schwimmbäder, Eisbahnen, Curlingplätze, Tennisplätze, Reitanlagen, Fitnesseinrichtungen, Kleinsportanlagen (Kegeln, Boccia), Wanderwege, Skipisten und viele andere mehr. Nicht vergessen werden dürfen Sportgeschäfte, Skischulen, Bergführer und ähnliches.

Allgemeine Verkehrsbetriebe

Bevor überhaupt Leistungen eines touristischen Betriebes in Anspruch genommen werden können, muss der Tourist eine Ortsveränderung vornehmen. Den allgemeinen Verkehrsbetrieben (Eisenbahn, Flugzeuge, Strassenverkehrsmittel, Schiffe) kommt damit touristisch gesehen eine zentrale Bedeutung zu. Vielfach liegt jedoch ihre Hauptgeschäfts- bzw. Haupterwerbstätigkeit ausserhalb des touristischen Bereichs. Einige Zahlen zu den allgemeinen Verkehrsbetrieben in der Schweiz (STV 1995, S. 17f.):

- Dem Touristen steht ein Strassennetz von 71'000 km zur Verfügung, wovon 1'500 km Nationalstrassen.
- Auf den drei interkontinentalen Flughäfen Zürich, Genf und Basel wurden 1994 rund 375'000 Flugbewegungen (Starts und Landungen) mit rund 22 Mio. Passagieren gezählt.
- Mit einer Eisenbahn von rund 5'000 km Streckenlänge besitzt die Schweiz eines der dichtesten Bahnnetze der Welt.
- Die Reisepost bildet mit ihren 689 Linien und einem Streckennetz von 8'600 Kilometern einen wesentlichen Teil des schweizerischen Verkehrssystems.
- 1993 verkehrten 159 konzessionierte Personenschiffe auf den Schweizerseen mit 67'333 Sitzplätzen und 9 Mio beförderten Passagieren.

7.4 Einheimische Bevölkerung

Zum touristischen Angebot gehört im weitesten Sinne auch die einheimische Bevölkerung Erst durch sie erhalten die Tourismusorte und die touristischen Betriebe Leben. Die Wichtigkeit der "Allgemeinen Faktoren des menschlichen Seins und Tuns" innerhalb des ursprünglichen Angebots wurde in Kapitel 7.1 angedeutet. "Die Begegnung von Mensch zu Mensch ist in der Fremdenverkehrspsychologie genauso bedeutsam wie die Einwirkung von Raum, Farbe, Anordnung und nicht zuletzt der Landschaft auf die menschliche Psyche. Erst die Gesamtheit positiver Eindrücke schafft den wirklich zufriedenen Gast." (ZINNBURG 1978, S. 62)

Die einheimische Bevölkerung kann aufgrund der Beziehung, die einzelne Gruppen zum Tourismus haben, etwa wie folgt charakterisiert werden (KRIPPENDORF 1984, S. 99f.):

Angestellte in den touristischen Betrieben
Die erste Gruppe umfasst jene Einheimische, die in dauerndem und direktem Kontakt zu den Touristen stehen, die Angestellten in den touristischen Betrieben also. Touristen sind ihnen willkommen, weil sie Beschäftigung und Einkommen bringen.

Eigentümer der Tourismusunternehmungen
Eine zweite Gruppe von Einheimischen bilden die Eigentümer der Tourismusunternehmungen sowie das indirekt tourismusabhängige einheimische Gewerbe ohne ständigen Kontakt zu den Touristen, z. B. das Baugewerbe. Tourismus ist für sie eine kommerzielle Angelegenheit.

Nebenerwerbstätige in touristischen Betrieben
Eine dritte Gruppe machen jene Bevölkerungsgruppen aus, die zwar direkte und häufige Kontakte mit den Touristen haben, aber nur einen Teil ihres Einkommens aus dem Tourismus beziehen. Ihr Verhältnis zu den Touristen ist schon distanzierter. Man sieht zwar die Vorteile des Tourismus, die Nebenbeschäftigung also, doch werden in dieser Gruppe auch die Nachteile öfter benannt und stärker gewichtet.

Einheimische ohne direkte Beziehung zum Tourismus
Zur grossen vierten Gruppe gehören all jene Einheimische, die den Touristen überhaupt nicht oder nur beiläufig begegnen. Hier sind alle Einstellungen möglich: Befürwortung oder Ablehnung, Nichtwissen und Gleichgültigkeit. Wenn das letztere überwiegt, nennen es die Touristiker "fehlendes Tourismusbewusstsein".

Politiker und politische Meinungsmacher
Die Angehörigen dieser fünften Gruppe möchten vor allem den Wohlstand ihrer Landsleute mehren. Aus diesen wirtschaftlichen Gründen befürworten sie den Tourismus zum grössten Teil.

Tourismusbewusstsein

Wo sich der Tourismus entwickelt, ist die einheimische Bevölkerung beteiligt und gleichzeitig betroffen. Beteiligt ist sie insbesondere an der allgemeinen Wohlstandssteigerung über grössere Einkommen und infrastrukturelle Verbesserungen, betroffen wird sie von der Einschränkung in ihrer Selbstbestimmung, von den Preissteigerungen, vom Heimatverlust, von der Hektik und von den Beeinträchtigungen der Umwelt. Daraus ergibt sich eine zwiespältige Situation, die Jeanne Hersch wie folgt charakterisiert: "Les indigènes font tout pour que les touristes viennent, et ils voudraient tout faire pour les empecher de venir."

In Tourismuskreisen ist oft von einem sinkenden Tourismusbewusstsein die Rede. Es scheint, dass immer mehr Menschen dem Tourismus gegenüber eine kritische Haltung einnehmen und dass sich ein Art Tourismusverdrossenheit in der einheimischen Bevölkerung breit macht. Eine diesbezügliche FIF-Studie (FIF 1995, S. 5f.) differenziert zwischen Tourismusbewusstsein und Tourismusverständnis:

- Im Tourismusbewusstsein kommt eine ganzheitliche Wahrnehmung des Tourismus mit all seinen Vor- und Nachteilen zum Ausdruck. Es wird nach dem Stellenwert des Tourismus in unserem Leben und nach den Werten des Lebens im Tourismus gefragt. Die Konsequenzen aus den ökonomischen, sozialen und ökologischen Zusammenhängen werden auf ihre normative Richtigkeit hinterfragt.

- Demgegenüber konzentriert sich das Tourismusverständnis auf die zweifelsohne bedeutenden wirtschaftlichen Zusammenhänge des Tourismus. Das Tourismusverständnis reflektiert das Wohlwollen (resp. Missfallen), das diesem Wirtschaftszweig entgegengebracht wird. Mit der Stärkung des Tourismusverständnis wird das legitime Ziel verfolgt, für den Tourismus eine positive Stimmung zu schaffen.

Die o.g. FIF-Studie (FIF 1995, S. 57) kommt zum Schluss, dass das Tourismusbewusstsein in der breiten Bevölkerung im Sinne einer ganzheitlich wahrgenommenen und reflektierten touristischen Entwicklung recht gut ausgeprägt ist. Die mit der touristischen Entwicklung verbundene Nutzen für die Lebensqualität wird von einem grossen Teil der einheimischen Bevölkerung anerkannt und gewürdigt. Die Gefahren der touristischen Entwicklung werden nicht nur unterschiedlich, sondern auch differenziert wahrgenommen. Der Anteil jener, die die touristische Entwicklung pauschal ablehnen, ist verschwindend klein. Eine weitere Entwicklung, d.h. eine gewisse touristische Dynamik wird von einer grossen Mehrheit begrüsst, doch muss die Entwicklung noch vermehrt in Einklang mit Mensch und Natur gebracht werden. Dennoch ist das Wohlwollen, das diesem Wirtschaftszweig entgegengebracht wird, nicht gestiegen. (Vgl. Kapitel 13.3)

8. TOURISTISCHE MITTLER

Im Abschnitt "Reisevorbereitung" (Kapitel 6.4) haben wir darauf hingewiesen, dass rund 20% der Schweizer und etwa 40% der Bundesdeutschen ihre Ferien nicht direkt beim Anbieter, sondern über einen touristischen Mittler buchen. Durch den Mittler erhält umgekehrt der touristische Anbieter Gelegenheit, seinen Verkaufsweg - auch Distribution genannt - zu diversifizieren. Die Wahl des Verkaufsweges gehört zu den strategischen, d.h. langfristigen Entscheidungen eines Anbieters, denn ein Wechsel ist kurzfristig in der Regel mit vielen Unsicherheiten behaftet.

8.1 Verkaufswege

Unter dem Verkaufsweg wollen wir eine Kette wirtschaftlich selbständiger Unternehmungen verstehen, über welche ein Produkt eines Anbieters durch Kauf und Verkauf seinem letzten Abnehmer zugeführt wird (KRIPPENDORF 1971, S. 128). Grundsätzlich stehen zwei Verkaufswege zur Verfügung (vgl. Abbildung 13):

Direkter Verkaufsweg

Vom direkten Verkaufsweg spricht man dann, wenn der Anbieter sein Produkt oder seine Dienstleistung direkt dem Letztabnehmer verkauft. Häufig findet sich hier auch die Bezeichnung "einstufiger" Verkaufsweg. Beim direkten Verkaufsweg sollen nicht nur bereits vorhandene Gäste direkt angesprochen, sondern auch nach neuen Gästen Ausschau gehalten werden, und zwar in eigener Regie (SHV 1992, S. 153). Der Tourismus gehört zu den Wirtschaftszweigen, die zu einem grossen Teil ihre Produkte resp. Dienstleistungen auf dem direkten Verkaufsweg abzusetzen versuchen.

Indirekter Verkaufsweg

Beim indirekten Verkaufsweg - auch mehrstufiger Verkaufsweg genannt - schieben sich eine oder mehrere wirtschaftlich selbständige Unternehmungen als Käufer und Wiederverkäufer zwischen den Anbieter und den Letztabnehmer. Streng interpretiert könnte im Tourismus nur dann von einem indirekten Verkaufsweg gesprochen werden, wenn die touristischen Angebote resp. Anrechte darauf von einem Reisebüro auf eigene Rechnung gekauft, also fest übernommen würden. Dies kommt in der Praxis höchstens bei Reiseveranstaltern vor. Da jedoch derart subtile Unterscheidungen in der Praxis kaum verstanden würden, bezeichnen wir jegliche Zusammenarbeit mit einem Reisevermittler oder -veranstalter oder einem sonstigen unabhängigen Mittler als indirekten Verkaufsweg (KRIPPENDORF 1971, S. 129).

Für den indirekten Verkaufsweg sprechen - aus touristischer Sicht - vor allem zwei Punkte: Einerseits fehlt dem Anbieter vielfach die Stärke, um eine zielbewusste eigene Verkaufspolitik zu betreiben. Zusätzlich ist sein Kundenkreis in der Regel weit verstreut. Andererseits bedarf die spezialisierte Dienstleistung des einzelnen Anbieters einer Einordnung in ein "Gesamtsortiment". Der Tourist fragt ein Leistungsbündel und weniger die einzelne Leistung nach. Diesen Vorteilen des indirekten Verkaufswegs steht insbesondere der Nachteil gegenüber, dass - sofern sich der Anbieter nicht entsprechend abzusichern weiss - der Einfluss auf den Absatz der Zwischenhändler meist gering ist oder gar gänzlich fehlt. (NIESCHLAG 1979, S. 289f.)

8.2 Touristische Mittler und ihre Bedeutung

Unter touristischen Mittlern wollen wir alle wirtschaftlich selbständigen Unternehmungen und Organisationen verstehen, die zwischen den Tourismus-Produzenten und den Tourismus-Konsumenten als Letztabnehmer eingeschaltet sind.

<u>Kooperative Tourismusorganisationen</u>

Unter den kooperativen Tourismusorganisationen interessieren uns an dieser Stelle vor allem die Verkehrsbüros als Institutionen von Gebietskörperschaften (Gemeinden, Regionen, Kantone, Länder) sowie Kur- und Verkehrsvereine als privatrechtliche Körperschaften. Darunter fallen auch überbetriebliche Organisationen (Branchenverbände, Interessenvereinigungen).

8. Touristische Mittler

Abbildung 13
Verkaufswege im Tourismus

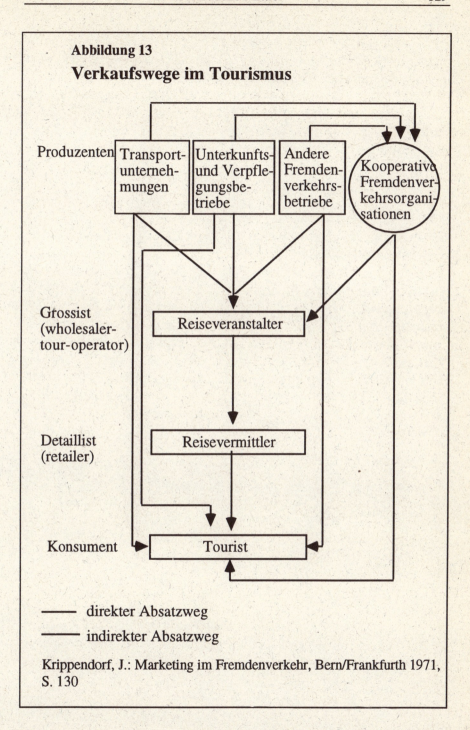

Krippendorf, J.: Marketing im Fremdenverkehr, Bern/Frankfurth 1971, S. 130

Den kooperativen Tourismusorganisationen fallen hauptsächlich Marketingaufgaben für das Reiseziel oder die Gästeherkunftsländer/-orte zu. Wie weit sie selber verkaufen und somit als echte Mittler und nicht nur als Verkaufsanbahner und -vorbereiter auftreten sollen, ist umstritten (vgl. hierzu KRIPPENDORF 1971, S. 132 und 138f.). Weitere Aufgaben dieser Organisationen können sein: Information, Beratung, Organisation von Veranstaltungen, Kombination von Teilleistungen zu Pauschalangeboten.

Reiseveranstalter

Reiseveranstalter, auch Tour Operators oder Wholesalers genannt, stellen verschiedene Dienstleistungen zu einer Einheit, der Reise, zusammen und bieten dieses Dienstleistungspaket (häufig als Pauschalreise bezeichnet) im eigenen Namen dem Publikum an (METZ 1983, S. 24). Die schöpferische Unternehmungsleistung ergibt sich somit aus der Organisation sowie der Kombination verschiedener Einzelleistungen der Verkehrs-, Beherbergungs- und sonstigen Tourismusbetriebe zu einem bedürfnisgerechten "Arrangement". Der Verkauf erfolgt entweder direkt an die Kunden oder über Wiederverkäufer (Reisevermittler). Reine Reiseveranstalter, die lediglich Leistungen kombinieren, ohne sie auch direkt zu verkaufen, sind in der Schweiz eher selten.

Reisevermittler

Reisevermittler (Retailer, gewöhnliche Reisebüros) stehen als Zwischenglied zwischen dem Reisenden und dem Dienstleistungsunternehmen (METZ 1983, S. 24). Sie vermitteln also sowohl ganze Arrangements von Reiseveranstaltern als auch einzelne Dienstleistungen touristischer Anbieter. Ihre hauptsächlichsten Aufgaben können wie folgt zusammengefasst werden:

Information
Auskunftserteilung aller Art, Vermitteln von Prospekten und Katalogen, Durchführung von Werbeveranstaltungen, Beratung der Kunden in bezug auf Einreise-, Zoll- und Devisenbestimmungen, Impfempfehlungen, usw.

Verkauf
Platzreservation, Verkauf von Einzelleistungen (Unterkunft, Reise, Verpflegung, Unterhaltung, etc.), Verkauf von Pauschalarrangements, Beschaffung von Visas, usw.

Zusätzliche Dienstleistungen
Vielfach erbringen die Reisevermittler zusätzliche Serviceleistungen zur Abrundung ihres Angebotes, zum Beispiel Reisegepäck- und Annulationskosten-Versicherungen, Geldwechsel, Abgabe von Fahr- und Stadtplänen, etc.

Sales Representatives

Sales Representatives sind am ehesten mit dem Handelsvertreter der Industrie zu vergleichen. Sales Representatives, am häufigsten für Hotels und Hotelketten eingesetzt, sind Agenten und arbeiten im allgemeinen auf Provisions- oder fixer Basis. Sie werden hauptsächlich mit folgenden Aufgaben betraut (KRIPPENDORF 1971, S. 133):

Marktforschung und Werbung
z.B. periodische Ablieferung von Marktberichten und -analysen, Kontaktpflege mit Massenmedien, Inseratebetreuung.

Verkaufsanbahnung
z.B. Kontaktaufnahme mit Reisebüros, damit ein bestimmtes Angebot in ihr Programm aufgenommen wird.

Verkaufsvermittlung
z.B. selbständige Vornahme von Buchungen oder entsprechende Vermittlung an Reisebüros.

Weitere Mittler

Fragt man einen Touristen, wo er seine Urlaubsreise bzw. bestimmte Teilleistungen davon gebucht habe, so zeigen die Antworten, dass nebst den bereits erwähnten weitere Reisemittler eine wichtige Rolle spielen. Erwähnenswert sind insbesondere Vereine, Clubs, Kirche, Schulen und Zeitungen, die gesamthaft rund einen Drittel der vermittelten Reisen ausmachen. Bei der Durchführung solcher Reisen nehmen jedoch die Organisatoren vielfach Leistungen der kommerziellen Reiseveranstalter in Anspruch.

Bedeutung der touristischen Mittler

Angesichts der Tatsache, dass zwischen den touristischen Anbietern und einem grossen Teil ihrer Absatzmärkte eine ansehnliche Distanz liegt, wäre es naheliegend, dass die Mittler im Tourismus eine wichtige Rolle spielten. So erstaunt es, wie wenig bisher die einzelnen Anbieter die zur Verfügung stehenden Verkaufswege systematisch untersucht und benutzt haben. Dabei sind die Vorteile des Einsatzes von Mittlern nicht von der Hand zu weisen (KRIPPENDORF 1971, S. 134f.):

Für den Touristen
Information und Beratung am oder in der Nähe des Wohnortes, Auswahl- und Vergleichsmöglichkeiten im Rahmen eines Sortimentes, Möglichkeit, alle nachgefragten Teilleistungen auf einmal zu kaufen.

Für den Anbieter
Distanz für Angebot am Wohnort des Kunden fällt weg, weniger Verkaufskontakte erforderlich, Absatz auf breiter Front, grössere Erfahrung der Mittler auf bestimmten Märkten, Einzelangebot tritt in den Rahmen eines Leistungspaketes, Zeit- und Kostenersparnis.

Die rein quantitative Bedeutung der touristischen Mittler haben wir bereits in den beiden Abschnitten "Reiseentscheidung" und "Reisevorbereitung" erwähnt (vgl. Kapitel 6.4). Auch wenn nur rund jeder fünfte Schweizer Tourist und etwas mehr als jeder dritte deutsche Tourist seine Ferien bei einem Reisemittler bucht, ist ihre touristische Bedeutung und damit ihre Verantwortung wegen ihrer breiten Werbe- und Informationstätigkeit dennoch weit grösser.

Angesichts der Tatsache, dass der Tourist immer reiseerfahrener und die Technik in der Reiseinformation und -organisation noch vermehrt Eingang finden wird (Direktbuchung über Bildschirmtext), stellt sich die Frage, ob wir einer "reisebürolosen Gesellschaft" entgegengehen. Obwohl diese Frage eine gewisse Berechtigung hat, sprechen einige Gründe dagegen, so u.a.:

- die Urlaubsreisen, besonders auch Fernreisen, nehmen weiter zu,
- das Informations- und Beratungsbedürfnis der Touristen wächst (Urlaub "nach Mass"),
- der Tourist wird bei der Auswahl der Reiseziele kritischer, möchte also verschiedene Angebote überprüfen,
- auf Verbilligungseffekte der Reise (durch grosse Abschlüsse der Veranstalter) will nicht verzichtet werden,
- die Beliebtheit der "Clubferien-Formel" nimmt weiter zu.

Das Reisebüro kann also seine Chance wahrnehmen, wenn es
- nicht reine "Katalogverteilstelle" ist,
- dem Kunden umfassende und kompetende Beratung bietet (möglichst aufgrund eigener Kenntnisse und Erfahrungen),
- in den Katalogen sowie im persönlichen Gespräch prägnant und ehrlich informiert,
- dem Konsumentenschutz vermehrt Beachtung schenkt,
- sich noch ausgeprägter nach den (individuellen) Kundenbedürfnissen richtet (Bausteinangebot).

8.3 Reiserecht

Seit Juli 1994 ist das Gesetz über Pauschalreisen in Kraft. Vom Gesetz werden "vorfabrizierte" Reisen, die mindestens 24 Stunden dauern oder eine Uebernachtung enthalten sowie Transport, Unterkunft und andere touristische Dienstleistungen einschliessen, erfasst. Folgende Punkte werden im neuen Reiserecht geregelt:

- Katalogverbindlichkeit: Der Katalog ist grundsätzlich verbindlich und kann nicht geändert werden. Weicht der Reiseveranstalter während der Reise von den Katalogangaben ab, wird er schadenersatzpflichtig.
- Personenhaftung: Der Veranstalter haftet unbeschränkt bei Personenschäden. Untersteht die Leistung einem internationalen Abkommen (Flugunfall: Warschauer Abkommen, Schiffsunglück: Athener Abkommen), so kann sich der Veranstalter auf diese berufen.
- Sicherstellung von Kundengeldern: Kundengelder sind für den Fall der Zahlungsunfähigkeit oder des Konkurses des Reiseveranstalters sicher-

zustellen. Zu diesem Zweck hat die Schweizer Reisebranche einen Garantiefonds geschaffen.

Eine wichtige Rolle spielt im Pauschalreisegesetz der Vertrag, der künftig mit dem Prospekt identisch ist oder auch zusätzliche Spezialregelungen für den Kunden enthält. Der Veranstalter oder der Vermittler muss dem Konsumenten vor Vertragsabschluss alle Vertragsbedingungen schriftlich mitteilen. Wesentliche Vertragsänderungen, zum Beispiel eine Preiserhöhung von mehr als zehn Prozent oder eine Verschiebung des Fluges, müssen dem Kunden vor Abreise mitgeteilt werden. Dieser kann die Aenderung annehmen oder ohne Entschädigung vom Vertrag zurücktreten.

Die Konsumenten haben mit dem neuen Pauschalreisegesetz nicht nur Rechte, sondern auch Pflichten: Ein Mangel, der an Ort und Stelle festgestellt wird, muss dem Anbieter direkt über die Reiseleitung oder die örtliche Vertretung möglichst mit Zeugenangaben oder Fotos sofort gemeldet werden. Kann der Schaden nicht behoben oder eine gleichwertige Lösung angeboten werden, wird der Veranstalter schadenersatzpflichtig.

Allfälligen Streitigkeiten werden zuerst einer Ombudsstelle des Reisebüroverbandes unterbreitet. Kommt keine Einigung zustande, kann der Kunde vor Gericht gehen.

III FREIZEIT- UND TOURISMUSPOLITIK

*Zwar wird das gesellschaftliche Verhalten und damit das Weltbild
der Schweizerinnen und Schweizer bereits heute mindestens
ebenso stark von Freizeitwerten geprägt wie
von den Denkkategorien der Arbeitswelt.
Doch so etwas wie ein gemeinsames
Nachdenken über die Freizeit,
ihre Chancen und Gefahren,
gibt es hierzulande nicht
oder nur in Ansätzen.*

Alfred Defago (1990)

ZUM INHALT:

Im dritten Teil dieses Buches geht es um die politische Dimension von Freizeit und Tourismus:

Kapitel 9
befasst sich mit der Frage, inwieweit Freizeit hierzulande bereits zum Gegenstand der Politik geworden ist bzw. in Zukunft werden könnte.

Kapitel 10
setzt sich mit dem Begriff, den Zielsetzungen und Strategien, den Trägern und Instrumenten der schweizerischen Tourismuspolitik auseinander.

Kapitel 11
gibt einen kurzen Ueberblick über die internationalen Organisationen, die sich mit Tourismuspolitik befassen.

9. FREIZEIT ALS GEGENSTAND DER POLITIK

Das folgende Kapitel stellt eine Zusammenfassung der wichtigsten Erkenntnisse eines am Forschungsinstitut für Freizeit und Tourismus (FIF) der Universität Bern durchgeführten Projektes zur Thematik Freizeitpolitik dar. Der Schlussbericht dieses vom Schweizerischen Nationalfonds geförderten Forschungsprojektes wurde 1990 als Heft 27 der Berner Studien zu Freizeit und Tourismus unter dem Titel "Freizeit - Politik - Perspektiven" veröffentlicht (KRAMER 1990).

9.1 Entwicklung, Begriff und Träger der Freizeitpolitik

Freizeit als Sphäre individueller Freiheit und Politik als Bereich der öffentlichen Einflussnahme scheinen prima vista zwei sich ausschliessende Handlungsfelder zu sein. Bei näherer Betrachtung zeigt sich aber, dass Politik auf den Bereich Freizeit schon immer Einfluss genommen hat, ohne dass sie diesen Bereich bewusst zu ihrem erklärten Gegenstand gemacht hätte. So tangiert zum Beispiel die Arbeitszeitpolitik seit ihren Anfängen die Zeitstrukturierung, ebenso wie etwa die Wohnungsbaupolitik, die Verkehrspolitik, die Sozialpolitik, die Kulturpolitik und andere Teilpolitiken Einfluss auf die Zeitverwendung haben.

<u>Phasen der Freizeitpolitik</u>

Erst in der Nachkriegszeit entwickelte sich Freizeit zu einem Politikfeld mit einer gewissen Eigenständigkeit. Dabei lassen sich grob drei Phasen der Entwicklung und des Verständnisses von Freizeitpolitik unterscheiden:

Freizeit als Infrastrukturpolitik

Diese infrastrukturorientierte Phase der Freizeitpolitik setzt bei der Bereitstellung funktionsspezifischer Freizeit-Infrastruktur (Sportanlagen, Spielplätze, Parks, Bibliotheken, Theater, Gemeinschaftszentren etc.) an und geht vor allem auf die Stadtentwicklungspolitik der 50er und 60er Jahre zurück. Erklärtes Ziel einer solchen Politik, die sich in ihren Grundzügen bis in die Gegenwart fortsetzt, ist ein möglichst hoher Versorgungsgrad der Bevölkerung mit Freizeitinfrastruktur.

In diesem Zusammenhang wurde verschiedentlich auch versucht, den Freizeitwert einer Stadt über das Verhältnis von Bewohnern zu Grünflächen/ Parks, Sportanlagen, Badeanstalten, Spielplätzen, Sitzplätzen in Kinos/ Restaurants/Theatern, etc. zu bestimmen beziehungsweise zu verbessern. Dieses Verständnis von Freizeitpolitik führte in den zurückliegenden 20 Jahren zu einer starken Zunahme der Freizeitinfrastruktur, ohne dass dadurch der Wohn- und Freizeitwert der städtischen Zentren wesentlich erhöht und deren Bevölkerungsrückgang hätte gestoppt werden können.

Freizeitpolitik als Querschnittspolitik

Dieses Querschnitts-Verständnis von Freizeitpolitik kam anfangs der 70er Jahre vor allem im Zusammenhang mit der Forderung nach einer Re-Humanisierung der Städte auf. Freizeit wird hier nicht mehr als eigenständiges Politikfeld im Sinne der Freizeitinfrastrukturpolitik verstanden, sondern als Bestandteil (Querschnittsaufgabe) verschiedenster Politikbereiche wie Raumordnungspolitik, Wohnungs- und Stadtbaupolitik, Verkehrspolitik, Familien- und Jugendpolitik, Medien- und Kulturpolitik, Sport- und Gesundheitspolitik, etc. (AGRICOLA 1988, S. 6f.). Freizeitpolitik im Sinne einer bereichsübergreifenden, gesellschaftspolitischen Aufgabe zielt dabei auf eine Verbesserung der Freizeitsituation der Bevölkerung ab, indem sie die Freizeitbedürfnisse und das Wohlbefinden der Menschen in allen relevanten Politikbereichen bewusst mitbedenkt.

Freizeitpolitik als Querschnittsaufgabe ist bis heute kaum über den Aspekt der Stadt(entwicklungs-)politik hinausgekommen. Zumindest gehen aber vielerorts in Gang gekommene Ansätze zur Verbesserung der Wohnlichkeit wie Fussgängerzonen, Wohnstrassen, Gemeinschaftsanlagen, Sanierung von Hinterhöfen, Einsatz von Quartierarbeitern etc. auf diese Phase der Freizeitpolitik zurück. Von einer konzeptionellen Freizeitpolitik sind diese Bestrebungen aber noch weit entfernt. Zum einen handelt es sich hier in aller Regel um Einzelmassnahmen ohne Abstützung auf eine übergeordnete Freizeitkonzeption. Zum anderen konzentrieren sich diese Massnahmen vor allem auf den Wohnbereich und vernachlässigen weitere für die Zeiteinteilung und Zeitverwendung wichtige Bereiche (Arbeit / Arbeitszeit, Bildung, etc.).

Freizeitpolitik als Zeitpolitik

Freizeitpolitik als Teil einer übergeordneten Zeitpolitik ist ein relativ neuer Begriffsansatz und steht in engem Zusammenhang zur Arbeitszeitdiskussion der 80er Jahre, die sich mehr als je zuvor um den Aspekt der Zeitflexibilität und Zeitsouveränität dreht. Zeitflexibilität meint in diesem Zusammenhang, dass die Arbeitszeit bezüglich Dauer und Lage zunehmend weniger festen Zeitmustern unterworfen ist (Stichworte: Teilzeitarbeit, Schicht- und Nachtarbeit, Wochenendarbeit, etc.). Zeitsouveränität umfasst das individuelle Recht, die Arbeitszeit den eigenen Bedürfnissen entsprechend gestalten zu können. (Vgl. hierzu BAILLOD et. al. 1989, S. 52 u. 74f.)

Freizeitpolitik im Sinne der Zeitpolitik strebt eine Zusamenfassung der um Zeiteinteilung und Zeitverwendung bemühten Politiken unter dem Terminus 'Zeitpolitik' an (ZÜHLKE 1987, S. 9). Die Primäre Aufgabe einer solch übergeordneten Zeitpolitik liegt in der Schaffung zeitlich freier Rahmenbedingungen für möglichst weitgehende persönliche Autonomie (ROMEISS-STRACKE 1987, S. 18).

<u>Begriffsbestimmung von Freizeitpolitik</u>

Ausgehend von dem in Kapitel 3.2 dargelegten Verständnis von Freizeit als Zeitkategorie mit einem hohen Grad an individueller Entscheidungs- und Handlungsfreiheit definieren wir Freizeitpolitik wie folgt:

Unter Freizeitpolitik verstehen wir all jene Massnahmen und Bestrebungen von öffentlichen und privaten Trägern, die auf die Verbesserung des Freizeitumfeldes, die Gewährleistung möglichst weitgehender Zeitautonomie sowie die Förderung von Zeitsouveränität für Menschen aller Volksschichten gerichtet sind.

Der Erläuterung bedürfen in diesem Zusammenhang die in der Definition verwendeten Begriffe der "Zeitautonomie" und der "Zeitsouveränität":

Zeitautonomie
umfasst die Chance aller Menschen, über einen möglichst grossen Teil ihrer täglichen, wöchentlichen, jährlichen und gesamten Lebenszeit in weitgehender Selbstbestimmung befinden zu können. Zeitautonomie meint

damit primär den äusseren (gesellschaftlichen) Rahmen für möglichst weitgehende individuelle Lebensgestaltung.

Zeitsouveränität
meint primär die Fähigkeit des einzelnen, mit der ihm gewährten Zeitautonomie subjektiv befriedigend sowie eigen-, sozial- und umweltverantwortlich umgehen zu können. (Vgl. Kapitel 9.3)

In diesem umfassenden Sinne verstanden stellt Freizeitpolitik nicht in erster Linie eine eigenständige Teilpolitik dar, sondern ist vielmehr eine Querschnittsaufgabe, die in verschiedenen Teilbereichen und auf allen Trägerebenen der Politik ansetzt. (Vgl. Kapitel 9.4).

Träger der Freizeitpolitik

Aus der oben dargelegten Definition geht hervor, dass der Begriff Freizeitpolitik Massnahmen und Bestrebungen sowohl von öffentlichen als auch von privaten Trägern miteinschliesst. Dementsprechend lässt sich unterscheiden nach:

Oeffentliche Träger
- Bund: z.B. Bundesamt für Kulturpflege, Bundesamt für Umwelt, Wald und Landschaft, Bundesamt für Bildung und Wissenschaft, Bundesamt für Raumplanung, Bundesamt für Industrie, Gewerbe und Arbeit, Bundesamt für Wohnungswesen, Bundesamt für Verkehr, Eidgenössische Turn- und Sportkommission, Eidgenössische Jugendkommission, Beratende Kommission für Fremdenverkehr des Bundesrates, etc.
- Kantone
- Gemeinden

Private Träger
- Institutionen mit öffentlichem Auftrag: Stiftung Pro Juventute, Stiftung Pro Senectute, Schweizerische Kulturstiftung Pro Helvetia, Schweizerische Radio- und Fernsehgesellschaft, Schweizerische Verkehrszentrale, öffentliche Bibliotheken/Museen/Theater, Volkshochschulen, Gemeinschaftszentren, Jugendtreffpunkte, etc.
- Privatrechtliche Organisationen: politische Vereinigungen, Sozialpartnerverbände, Interessenvereinigungen (Aktionsgemeinschaften, Bürger-

initiativen, uä.), kirchliche Vereinigungen, sportliche / kulturelle / soziale Vereinigungen, etc.
- Private Unternehmungen: Kinos, Spielsalons, Fitnesszentren, Sportgeschäfte, Galerien, Gastwirtschaftsbetriebe, Reiseveranstalter, etc.

9.2 Freizeit im Spiegel von Partei-/Verbandsprogrammen

In einer umfassenden Untersuchung hat KRAMER (1990, S. 43f.) Unterlagen von schweizerischen Parlamentsparteien, von Arbeitgeber- und Arbeitnehmerorganisationen und von Organisationen aus dem Freizeitumfeld auf freizeitrelevante Aspekte hin analysiert. Gemäss dieser Untersuchung spielen freizeitpolitische Ueberlegungen in den Konzepten der betrachteten Organisationen eine untergeordnete Rolle. Soweit vorhanden, finden sich Aussagen zum Lebensfeld Freizeit vor allem im Zusammenhang mit folgenden Teilbereichen der Politik:

Arbeitszeitpolitik
Im Bereich der Arbeitszeitpolitik finden sich verschiedene Ansätze für den Einbezug zeitpolitischer Ueberlegungen. Die Mehrheit der betrachteten Organisationen steht einer individuelleren Regelung der Arbeitszeit grundsätzlich positiv gegenüber, wenn auch mit unterschiedlichen Grundhaltungen. Bürgerliche Parteien und Arbeitgeberorganisationen plädieren in erster Linie für flexiblere Arbeitszeitregelungen aus wirtschaftlichen Gründen und stimmen Arbeitszeitverkürzungen allenfalls im Rahmen des Produktivitätsfortschritts zu. Linksparteien und Gewerkschaften befürworten demgegenüber flexiblere Arbeitszeitregelungen nur im Sinne von mehr Zeitautonomie für den einzelnen. Eine Verkürzung der Arbeitszeit fordern sie primär zum Zwecke der besseren Verteilung von Arbeit sowie zur Hebung der Lebensqualität durch mehr Freizeit.

Kulturpolitik
Unter dem Titel der Kulturpolitik wird die wachsende Bedeutung der Freizeit für die persönliche und kulturelle Entfaltung des Menschen weitgehend anerkannt. Dieser allgemeinen Wertzusprechung folgen aber kaum umfassendere Vorstellungen oder Konzepte für die kulturelle Entwicklung von Mensch und Gesellschaft. Kultur wie auch Freizeit werden primär in die Sphäre des einzelnen verwiesen, der öffentlichen Hand allenfalls

Kompetenz im Sinne der Schaffung von günstigen Rahmenbedingungen für freie kulturelle Entfaltung zugesprochen (insb. bürgerliche Parteien). Linksparteien und Gewerkschaften fordern primär eine verstärkte öffentliche Förderung der Alltagskultur.

Sportpolitik
Als Teilbereich der Freizeit wird insbesondere dem Sport ein hoher gesellschaftspolitischer Stellenwert zugemessen. Sport gilt ganz allgemein als gesundheitsfördernd und wird als sinnvolle Freizeitbeschäftigung anerkannt. Weitgehende Akzeptanz findet die dem schweizerischen Sport zugrunde gelegte Aufgabenteilung zwischen öffentlichen und privaten Trägern. Mit rund einer Milliarde Franken öffentlicher Mittel pro Jahr erfährt der Sport heute bereits eine beachtliche Förderung.

Jugendpolitik
Freizeitkompetenz sprechen sich die betrachteten Politikträger in der Regel im Bereich der Jugend zu. Die der Oeffentlichkeit hier zuerkannte Erziehungsaufgabe rechtfertigt den Ruf nach sinnvoller Freizeitgestaltung bei Jugendlichen. Weitgehend unbestritten ist die Forderung nach Unterstützung von entsprechend tätigen (privaten) Organisationen durch die öffentliche Hand. Im Umfeld der Jugend findet sich mit der Pro Juventute denn auch die einzige gesamtschweizerische Stelle, die sich in einem umfassenderen Sinn für die Förderung von Freizeitaktivitäten und für eine breitere Diskussion um Freizeitbestrebungen engagiert.

Tourismuspolitik
Bezüglich der mobilen Freizeit, dem Tourismus, konzentrieren sich die politischen Aeusserungen vor allem auf wirtschaftspolitische Anliegen (bürgerliche Parteien). Allgemein anerkannt wird die Tatsache, dass eine intakte Landschaft Grundlage des Tourismus schlechthin darstellt.

Verkehrs-/Siedlungspolitik
Teilweise Erwähnung findet Freizeit - wenn auch nur am Rande - im Zusammenhang mit Verkehrs- und Siedlungspolitik im Sinne der Forderung nach ganzheitlicheren Siedlungsformen mit weniger Zwangsmobilität (Linksparteien).

Bildungspolitik
Die wenigen Bezüge zwischen Freizeit und Bildungspolitik betreffen die Forderung nach vermehrter Förderung der Erwachsenenbildung und nach einer Regelung des Bildungsurlaubs (vor allem Gewerkschaften und Linksparteien).

9.3 Legitimation und Ziele einer öffentlichen Freizeitpolitik

<u>Legitimation</u>

Eine Verknüpfung von Freizeit und Politik, von Privatheit und Oeffentlichkeit also, ist ohne eine Diskussion des Freiheitsbegriffes nicht möglich. Wenn wir die im Freizeitbegriff so zentrale 'freie Zeit' realisieren wollen, so setzt dies die Abwehr aller Versuche voraus, diese Zeit aus kommerziellen oder sonstigen Gründen wieder in Beschlag zu nehmen. Anleitung zur Kultivierung der Freizeit darf nicht zur Verplanung und Reglementierung, Animation nicht zur Manipulation werden. Freiheit in der Freizeit muss erlebbar bleiben. Freizeitpolitik darf also unter keinen Umständen bedeuten, den anderen zu einer nur subtileren Form der Fremdbestimmung in der Freizeit zu erziehen. Freizeitpolitik soll soweit wie immer möglich auf dem Prinzip der Freiwilligkeit und Zwangslosigkeit beruhen und freiheitliche Selbstbestimmung für alle beteiligten Menschen gewährleisten. (HOFFMANN 1981, S. 356f.)

Freiheit in der Freizeit meint aber damit keineswegs die Freizeit als ausschliessliche Privatsache, als totaler, uneingeschränkter, verhaltensbeliebiger Freiraum. "Weil der Freiraum des einen an den Freiraum des anderen stösst, weil es auch hier Bevorzugte und Benachteiligte gibt, und weil die kurzfristigen Interessen des einzelnen dem langfristigen Interesse der Gesellschaft zuwiderlaufen können, ist das Aufstellen von Spielregeln, das Formulieren einiger Bedingungen unerlässlich" (KRIPPENDORF 1985, S. 7). Auch im Freizeitbereich ist also Ordnungspolitik notwendig. Ohne das Setzen von Rahmenbedingungen durch den Staat müsste die Freiheit der Freizeit zur Anarchie und zum Chaos geraten. Aus gesellschaftlicher Sicht gilt es daher zu erkennen, dass Freizeit und das mit ihr verknüpfte "Schlüsselwort der Selbstverwirklichung niemals bloss den (egoistischen) Rückzug in einen privatistischen Freiraum bedeutet, sondern die Entwicklung des Menschen als Persönlichkeit und als soziales Wesen beinhaltet" (KRIPPENDORF 1985, S. 6).

Unter Berücksichtigung der erwähnten Grundsätze der Freiwilligkeit, der Zwangslosigkeit und der freiheitlichen Selbstbestimmung lässt sich also eine aktive öffentliche Freizeitpolitik sehr wohl rechtfertigen, ja sie ist ein Erfordernis zur Beantwortung von Fragen, die in einer Zeit des raschen Wandels von gesamtgesellschaftlichem Interesse sind, wie z.B.:

- Welchen Beitrag die Freizeit in einer weniger erwerbsarbeitsorientierten Welt von morgen zur sozialen Identitätsfindung der Menschen leisten kann.
- Wie die Erwerbsarbeit als rahmensetzende Grösse für das Freizeitleben humanisiert werden kann.
- Welche Möglichkeiten zur freizeitgerechteren Gestaltung unseres alltäglichen Wohnumfeldes bestehen.
- In welcher Weise das Niveau des individuellen Freizeitkonsums gehoben und der Spielraum für die persönliche Lebensgestaltung und kulturelle Entfaltung durch ein nichtkommerzielles Freizeitangebot für die verschiedensten Interessen und Niveaustufen erweitert werden kann.
- Wie Eigeninitiative, soziales und politisches Engagement in der Freizeit aufgewertet und belebt werden können.
- Wie der anschwellende Freizeit- und Einkaufsverkehr in geordnete Bahnen zu lenken ist.
- Wie die zunehmende Inanspruchnahme von Natur und Landschaft durch Freizeit und Reisen mit der Forderung nach einer intakten Umwelt in Einklang gebracht werden kann.
- etc.

Rechtfertigen lässt sich eine vermehrte politische Auseinandersetzung mit dem Freizeitbereich aber auch aus finanziellen Gründen. Schon heute werden in der Schweiz aus öffentlichen Mitteln Gelder in Milliardenhöhe für freizeitpolitische Massnahmen ausgegeben, ohne dass dieser Mitteleinsatz bisher unter den Titel Freizeit gestellt und entsprechend koordiniert worden wäre. Man denke insbesondere an die öffentlichen Ausgaben - auf Bundes-, Kantons- und Gemeindeebene - für die Sportförderung, für kulturelle Zwecke (Theater, Museen etc.), für Freizeit- und Erholungseinrichtungen etc.

Ethischer Rahmen

Wie jede andere Politik bedarf auch Freizeitpolitik einer Wertegrundlage. Man könnte diese Grundlage mit Ethik im Sinne von grundsätzlichen Wertvorstellungen bezüglich der Entwicklung von Mensch und Gesellschaft und deren Umgang mit der Natur bezeichnen. Aufgrund der Analyse der Konzepte schweizerischer Parteien und Verbände besteht nach KRAMER (1990, S. 114) politischer Konsens bezüglich der "freien Entfaltung der menschlichen Persönlichkeit im Rahmen einer solidarisch handelnden und nach den Prinzipien der demokratischen Rechtsordnung funktionierenden Gesellschaft, deren Handeln zudem auf die langfristige Erhaltung der natürlichen Lebensgrundlagen ausgerichtet ist". Basierend auf diesem politischen Wertekonsens skizziert KRAMER (1990, S. 114) ein Menschen- und Gesellschaftsbild mit folgenden humanen Grundwerten:

Menschenbild
- ganzheitlich im Sinne eines unteilbaren Menschen mit dem Grundbedürfnis nach durchgehender Lebenssinngebung,
- selbständig im Sinne einer freien, nach Selbstverwirklichung und Entfaltung strebenden Persönlichkeit,
- verantwortungsbewusst im Sinne eines solidarisch handelnden und sich seiner Verantwortung gegenüber seiner Mitwelt bewussten Menschen.

Gesellschaftsbild
- offen im Sinne einer freien, nach demokratischen Prinzipien funktionierenden Gesellschaftsordnung,
- sozialverantwortlich im Sinne der Förderung von materieller, geistiger und politischer Autonomie sowie von Selbstverantwortung,
- umweltverantwortlich im Sinne der Wahrnehmung von gesamtgesellschaftlicher Verantwortung gegenüber der natürlichen Mitwelt.

Im Zusammenhang mit dem genannten Menschen- und Gesellschaftsbild bedarf insbesondere der Begriff der Mitwelt der Erläuterung. Nach MEYER-ABICH (1985, S. 295f.) lassen sich folgende acht ethischen Grundpositionen im menschlichen Verhalten zur übrigen Welt unterscheiden:

1. Jeder nimmt nur auf sich selber Rücksicht.
2. Jeder nimmt ausser auf sich selber auf seine Familie und Bekannten sowie auf ihre unmittelbaren Vorfahren Rücksicht.
3. Jeder nimmt auf sich selber, die ihm Nahestehenden und seine Mitbürger bzw. das Volk, zu dem er gehört, einschliesslich des unmittelbaren Erbes der Vergangenheit Rücksicht.
4. Jeder nimmt auf sich selber, die ihm Nahestehenden, das eigene Volk und die heute lebenden Generationen der ganzen Menschheit Rücksicht.
5. Jeder nimmt auf sich selber, die ihm Nahestehenden, das eigene Volk, die heutige Menschheit, alle Vorfahren und die Nachgeborenen Rücksicht, also auf die Menschheit insgesamt.
6. Jeder nimmt auf die Menschheit insgesamt und alle bewusst empfindenden Lebewesen (Individuen und Arten) Rücksicht.
7. Jeder nimmt auf alles Lebendige (Individuen und Arten) Rücksicht.
8. Jeder nimmt auf alles Rücksicht.

Hinter der ersten der acht genannten ethischen Grundpositionen verbirgt sich ein egozentrisches und hinter der dritten Position ein chauvinistisches Menschenbild. Als anthropozentrisch (den Menschen in den Mittelpunkt stellend) bezeichnet man die Varianten vier und fünf, während die ethischen Positionen sechs bis acht über die Menschheit als Mass aller Dinge hinausgehen und diese sozusagen als Teil eines natürlichen Ganzen verstehen. Im Unterschied zum Begriff "Umwelt", hinter dem sich ein anthropozentrischer Erklärungsansatz verbirgt, beinhaltet der Begriff der "Mitwelt" ein Verständnis vom Menschen und der Gesellschaft als Teil der natürlichen Mitwelt, auf die es um ihrer selbst willen Rücksicht zu nehmen gilt.

Gesamtzielsetzung einer öffentlichen Freizeitpolitik

Auf dem in der Bundesverfassung festgeschriebenen Wohlfahrtsziel (Art. 2; Art. 31 bis Abs. 1; Art. 102 Ziff. 16) und dem verfassungsmässig abgestützten Grundsatz der Rechtsgleichheit (Art. 4) basiert der moderne Wohlfahrts- und Sozialstaat Schweiz, dessen grundlegendes Ziel in der Schaffung der Voraussetzungen für ein menschenwürdiges Leben, für die Entfaltung der Persönlichkeit als Individuum und als Glied der Gemeinschaft liegt (TSCHUDI 1974, S. 131f. und 142).

Aufgrund des neuen Begriffs der Lebensqualität (vgl. Kapitel 3.2), der Wohlfahrt als Befriedigung der Gesamtheit materieller und immaterieller Bedürfnisse umschreibt, werden heute auch die Möglichkeiten der Zeiteinteilung und Zeitverwendung zu den wesentlichen Bestimmungsfaktoren des menschlichen Wohlbefindens gezählt. Zeitautonomie, verstanden als Chance aller Menschen über einen möglichst grossen Teil ihrer täglichen, wöchentlichen, jährlichen und gesamten Lebenszeit in möglichst weitgehender Selbstbestimmung verfügen zu können, kann somit als ein für die Persönlichkeitsentfaltung des industriegesellschaftlichen Menschen unserer Zeit wichtiger Aspekt betrachtet werden.

Unauflöslich verbunden mit dem menschlichen Streben nach Selbstentfaltung und subjektivem Wohlergehen ist die Verantwortung des einzelnen gegenüber sich selbst, seinen Mitmenschen und der Mitwelt. Mit Bezug auf die Forderung nach möglichst weitgehender Zeitautonomie bedeutet dies, dass der einzelne mit seiner Zeit nicht nur eigenbestimmt, sondern auch eigen-, sozial- und umweltverantwortlich umzugehen im Stande ist.

Aus unseren Darlegungen zu Wohlfahrt, Lebensqualität und Zeitautonomie und unter Berücksichtigung des gewählten Freizeitpolitikbegriffes (vgl. Kapitel 9.1) leiten wir folgende Gesamtzielsetzung einer öffentlichen Freizeitpolitik ab:

Freizeitpolitik als Teil einer lebensqualitäts-orientierten Gesellschaftspolitik zielt auf Verbesserung des Freizeitumfeldes und die Gewährleistung möglichst weitgehender Zeitautonomie des Individuums ab und fördert gleichzeitig eine eigen-, sozial- und umweltverantwortliche Zeitgestaltung aller Menschen.

Prinzip der Subsidiarität

Der Grundsatz der Subsidiarität, der primär ein Grundprinzip der Sozialhilfe darstellt, beruht auf der Einsicht, dass bei der Erfüllung gemeinsamer Aufgaben die Selbstverwirklichung des Menschen am besten sichergestellt ist, wenn den kleinen, überschaubaren Lebenskreisen wie Familie, Gemeinde, Kanton, soweit sie dazu fähig sind, der Vorrang zukommt. Sowohl vom Standpunkt einer freiheitlichen wie auch einer föderalistischen Gesellschaftsordnung, wie sie in der Schweiz vertreten wird, wird sich insbesondere eine Freizeitpolitik nach dem ordnungspolitischen Grundprinzip der Subsidiarität richten müssen.

Das Grundprinzip der Subsidiarität und insbesondere auch der mit Freizeit eng verbundene Aspekt der individuellen Freiheit dürfen aber nicht als Vorwand oder Alibi dienen, in Sachen öffentlicher Freizeitpolitik nichts oder nur wenig zu tun und Freizeit dem freien Spiel der (Markt-)Kräfte zu überlassen, wie dies heute weitestgehend noch geschieht. Daran mag das Fehlen von Leitbildern für eine freizeitkulturell geprägte Gesellschaft von morgen oder eben einer umfassenden Rahmenplanung im Bereich der Gesellschaftspolitik mitschuldig sein.

Naturgemäss werden durch den vermehrten Einbezug von Freizeit in die öffentliche Politik die Privatsphäre und auch die private Freizeitpolitik (kommerzieller und nichtkommerzieller Art) tangiert. Dies ändert jedoch nichts an der prinzipiellen Richtigkeit der Feststellung, dass eine aktive öffentliche Freizeitpolitik unter Berücksichtigung der erwähnten Grundsätze der Freiwilligkeit, Zwangslosigkeit und freiheitlichen Selbstbestimmung (vgl. Kapitel 9.2) weder die persönliche Freiheit des einzelnen gefährdet, noch eine freie Entfaltung des privaten Freizeitangebotes verhindert.

Das Prinzip der Subsidiarität steht demnach einer öffentlichen Freizeitpolitik keinesfalls im Wege. Vielmehr legitimiert es die öffentliche Hand, private freizeitpolitische Bestrebungen, die mit der genannten Gesamtzielsetzung in Einklang stehen, zu unterstützen. Wo keine oder nur ungenügende private Bestrebungen solcher Art erkennbar vorhanden sind, muss die öffentliche Hand selbst aktiv werden. Der öffentlichen Freizeitpolitik kommt dabei ein wichtiger sozialer Auftrag zu. Aus sozialpolitischer Sicht muss die öffentliche Freizeitpolitik besondere Rücksicht auf jene Bevölkerungsgruppen nehmen, die aus zeitlichen oder räumlichen Gründen, wegen fehlender Angebote, mangelnder Information oder Bildung bisher über wenig Freiräume in der Zeitgestaltung verfügen. Dazu zählen insbesondere ArbeitnehmerInnen mit geringem Einkommen, in der Ausbildung bzw. Umschulung stehende Personen mit eigenem Haushalt, erwerbstätige Mütter und Alleinerziehende, Kinder und Jugendliche sozialer Randgruppen sowie ein grosser Teil älterer Menschen, die wenig mobil oder finanziell schlecht gestellt sind.

Innerhalb der öffentlichen Freizeitpolitik selbst kommt das Ordnungsprinzip der Subsidiarität gleichfalls zur Anwendung. Das heisst, dass öffentliche Freizeitpolitik primär auf Gemeindeebene und damit möglichst bürgernah ansetzen muss. Dies scheint gerade im Bereich der Freizeit besonders zentral, weil sich hier Privatheit und Oeffentlichkeit in ausgeprägter Art und Weise gegenüberstehen. Daraus leitet sich aber keineswegs ab, dass es auf Kantons- und insbesondere Bundesebene keine wichtigen freizeitpolitischen Aufgabestellungen gäbe. Im Bereich der Kultur-, Sport- und Tourismusförderung, des Bildungs- und Erziehungswesens, der Raum- und Verkehrsplanung, der Arbeits- und Sozialgesetzgebung, etc. haben Kantone und Bund ihre Kompetenz wahrzunehmen und können einen wesentlichen Beitrag zur Schaffung von Rahmenbedingungen für möglichst weitgehende Zeitautonomie und Zeitsouveränität leisten. Voraussetzung hierzu ist, dass freizeitpolitische Ueberlegungen vermehrt in die öffentlichen Planungen, Vorlagen, Verordnungen, Gesetzgebungen, etc. miteinbezogen werden.

Ueberlegungen zur Institutionalisierung von Freizeitpolitik

Rein theoretisch ist auf Bundesebene die Schaffung eines eigenen Bundesamtes für Freizeit zwar denkbar. Aus realpolitischer Sicht hätte ein solcher Vorschlag im heutigen Zeitpunkt aber keine Realisierungschancen. Zudem würde eine solche zentrale Stelle im Widerspruch stehen zur Auffassung von Freizeitpolitik als Querschnittsaufgabe.

Ins Auge zu fassen wäre aber die Schaffung eines ausgesprochen querschnittsbezogenen Gremiums im Sinne einer Beratenden Kommission des Bundesrates in Freizeitfragen. Ein ähnlicher Vorschlag findet sich auch in einer Studie zum Zusammenhang von Freizeit und Bodennutzung, die im Rahmen des Nationalen Forschungsprogrammes "Boden" durchgeführt wurde (BAUD-BOVY 1987, S. 45). Zum Aufgabenkreis einer solchen Kommission müssten gehören:
- Die Beratung des Bundesrates in freizeittangierenden Politikfragen;
- Die Koordination zwischen den an Freizeitbelangen interessierten Bundesstellen, halbstaatlichen sowie privaten Organisationen;
- Die Ausarbeitung von Empfehlungen sowie, als mittelfristige Aufgabe, die Erarbeitung einer schweizerischen Freizeitkonzeption.

In einer solchen Kommission sollten neben den angesprochenen Bundesstellen auch die Sozialpartner-Verbände sowie wichtige Organisationen aus dem Freizeitumfeld vertreten sein. Damit eine solche Kommission ihre ausgesprochen querschnittsbezogene Aufgabe auch wirkungsvoll wahrnehmen könnte, wäre ihr unbedingt eine feste administrative Stelle zuzuordnen. Diese Stelle könnte innerhalb der Bundesverwaltung (z.B. Bundesamt für Kulturpflege) oder bei einer Organisation aus dem Freizeitumfeld angegliedert werden.

Auf kantonaler und insbesondere kommunaler Ebene, wo sich Freizeitpolitik der öffentlichen Hand konkretisiert, wären vermehrt spezielle Stellen zu schaffen, die sich schwergewichtig mit der Koordination von (öffentlichen und privaten) Freizeitbestrebungen befassen und Eigeninitiative im Freizeitbereich anregen. Solchen Einrichtungen kommt im Rahmen unseres Gemeinschaftslebens und insbesondere auch als wichtige Nahtstellen zwischen Privatbereich und Oeffentlichkeit eine in Zukunft nicht hoch genug zu veranschlagende gesellschaftliche Bedeutung zu.

9.4 Freizeitpolitische Handlungsfelder und Postulate

KRAMER (1990, S. 123f.) unterscheidet sieben politische Handlungsfelder, die für den Freizeitbereich besonders relevant sind. Er ordnet diesen Handlungsfeldern jeweils zwei Postulate im Sinne von freizeitpolitischen Zielsetzungen zu und führt diese anschliessend anhand von konkreten Handlungsansätzen für verschiedene Trägerebenen aus (Politikverantwortliche im Bereich der öffentlichen Hand sowie im Bereich Sozialpartnerschaft und einzelne Bürgerinnen und Bürger). Im folgenden werden die freizeitpolitischen Postulate sowie eine kurze Begründung derselben wiedergegeben:

<u>Handlungsfeld Raumordnung - Wohnwelt</u>

Postulat1:
Abbau der räumlichen Trennung von Wohn- und Arbeitsraum

Mit der Forderung nach Abbau der räumlichen Trennung von Lebensbereichen ist nicht in erster Linie eine Rückkehr zur ursprünglichen Hauswirtschaft gemeint, sondern ein Näherrücken und auch Durchmischen von

Wohn- und Arbeitsstätten. Menschen sollen nach Möglichkeit wieder dort wohnen und leben können, wo sie arbeiten, d.h. in derselben Stadt oder Gemeinde. Dabei geht es nicht zuletzt um einen Abbau der durch die räumliche Trennung von Lebensfunktionen erzwungenen Pendler-, Einkaufs- und Freizeitmobilität.

Postulat 2:
Verbesserung der Freizeitbedingungen im Wohnbereich

Am greifbarsten treffen sich die Handlungsfelder Freizeit und Politik im alltäglichen Wohnbereich, wo der moderne Mensch rund zwei Drittel seiner Freizeit verbringt. Freizeit findet hier in erster Linie in der Wohnung, in den Gemeinschaftsräumen, in den Haus- und Schrebergärten, in den Vor- und Hinterhöfen, auf den (Wohn-)Strassen und öffentlichen Plätzen, in den Quartierbeizen und -treffs und nicht nur in den Sportanlagen und in den grossen Kulturstätten statt. Diese Art von dezentralisierter, umfassender "Freizeit-Infrastruktur" zu ermöglichen, gehört mit zu den wichtigsten freizeitpolitischen Aufgaben.

<u>Handlungsfeld Verkehr - Umwelt</u>

Postulat 3:
Verkehrsberuhigung zugunsten von mehr Wohn- und Lebensqualität

Die Automobilität und die mit ihr angestrebte individuelle Freiheit - gerade auch in der Freizeit - kehrt sich mit zunehmender Motorisierung mehr und mehr zu einer der Wohn-, Lebens- und Umweltqualität abträglichen Grösse. Verkehrsberuhigung insgesamt und eine umweltverantwortliche Benutzung der Verkehrsmittel zu Freizeitzwecken im speziellen gehören mit zu den wichtigsten Anliegen der Freizeitpolitik als Teil einer lebensqualitätsorientierten Gesellschaftspolitik.

Postulat 4:
Schonender Umgang mit Erholungs- und Naturlandschaften

Natur und Landschaft bilden gewissermassen die natürliche Bühne für eine Vielzahl von Freizeit- und Erholungsaktivitäten - vom Wandern über das Angeln, Tauchen, Surfen, Skifahren, Bergsteigen bis zum Segel-, Delta- und Gleitschirmfliegen. Diese natürliche Bühne gilt es im Interesse der

Freizeit selbst zu erhalten und zugleich vor zerstörerischen Einflüssen durch die Freizeit und die in ihr ausgeübten Aktivitäten zu schützen.

<u>Handlungsfeld Arbeit - Arbeitszeit</u>

Postulat 5:
Humanisierung und Neubewertung der Arbeit

Postulat 6:
Förderung von Arbeitsformen mit mehr Zeitautonomie

Erwerbsarbeit und auch unentgeltlich geleistete Subsistenz- und Sozialarbeit (vgl. Kapitel 2.2) sind und bleiben wichtige Aeusserungen menschlichen Daseins. Aber nur wer in seiner Arbeit Zufriedenheit, Entfaltungsmöglichkeiten und soziale Anerkennung findet, wird Freizeit nicht bloss als Flucht aus der Arbeitswelt oder als Kompensation für ein unerfülltes (Arbeits-)Leben benötigen. Jede vernünftige Freizeitpolitik wird daher auch im Bereich der Arbeit ansetzen müssen. Gefordert sind humanere Arbeitsbedingungen mit grösseren individuellen Entscheidungs- und Handlungsspielräumen (auch in der Gestaltung der Arbeitszeit) sowie ein neues Verständnis von Arbeit (und Freizeit).

<u>Handlungsfeld Bildung - Kultur</u>

Postulat 7:
Verbesserung der Bildungsvoraussetzungen für eine zeitautonomere Lebensgestaltung

Postulat 8:
Gewährleistung von Rahmenbedingungen für ein vielfältiges kulturelles Leben

Auf dem Weg zu einer hochtechnisierten und zugleich weniger erwerbsarbeits-orientierten Gesellschaft von morgen kommt dem Bildungs- und Kulturbereich eine immer wichtigere Bedeutung zu. Bildung und Kultur erachten wir als Grundlage für eine Weiterentwicklung und Entfaltung des Menschen als soziales Wesen. Beide Bereiche zusammen stellen wichtige Hoffnungsträger für eine lebendige Zukunft mit mehr Freiräumen für alle dar.

Handlungsfeld Selbsthilfe - Soziales Leben

Postulat 9:
Aufwertung und Belebung von Eigeninitiative

Postulat 10:
Förderung von Kommunikationsfähigkeit und öffentlichem Engagement in der Freizeit

Die Forderung nach mehr Zeitautonomie, nach grösseren individuellen Entscheidungs- und Handlungsspielräumen im Leben ganz allgemein erfordert letzlich auch grössere soziale Verantwortung vom einzelnen Menschen. Nur wenn es gelingt, der starken Tendenz zu Privatismus und Egoismus, aber auch zu Isolation und Vereinsamung Gegengewichte im Sinne von mehr Eigeninitiative, mehr Solidarität, Gemeinsamkeit und Sozialkontakt mit anderen Menschen entgegenzusetzen, nur dann beinhaltet grössere Zeitautonomie auch eine echte Chance für eine humanere Gesellschaft.

Handlungsfeld Sport - Tourismus

Postulat 11:
Weiterentwicklung des gesundheits-, gemeinschafts- und umweltorientierten Sports

Die Bedeutung des Sports für Gesundheit und Gemeinschaft ist heute und in Zukunft hoch zu veranschlagen. Aus gesellschaftpolitischer Sicht muss dabei dem Breitensport klare Priorität eingeräumt werden. Neben der Leistungsorientierung sollen gerade im Breitensport vermehrt auch spielerische, gesellige und ökologische Elemente miteinbezogen werden.

Postulat 12:
Förderung einer sozial- und umweltverantwortlichen Tourismusentwicklung

In der Schweiz stellt der Tourismus einen bedeutenden Wirtschaftsfaktor dar und spielt insbesondere im Berggebiet eine wichtige Rolle als Arbeits- und Einkommensquelle. Gleichzeitig geht aber vom modernen Tourismus der Massen eine Gefahr für Kultur und Umwelt der bereisten Gebiete aus. Langfristiges tourismuspolitisches Ziel muss deshalb sein, unsere Erholungsgebiete als Lebens-, Wirtschafts- und Naturraum zu erhalten.

9. Freizeit als Gegenstand der Politik

Handlungsfeld Jugend - Alter

Postulat 13:
Schaffung günstiger Rahmenbedingungen für eine vielfältige Freizeitgestaltung von Kindern und Jugendlichen

Postulat 14:
Förderung eines aktiven Lebens im Alter

Kinder und Jugendliche als Hoffnungsträger für eine lebendige menschliche Gesellschaft von morgen verlangen ebenso wie die wachsende Zahl älterer Menschen spezielle freizeitpolitische Beachtung. Weil die einen noch nicht in den Erwerbsprozess eingespannt und die anderen bereits ausgespannt sind, spielt hier eine aktive, eigen-, sozial- und umweltverantwortliche Zeitgestaltung eine besonders wichtige Rolle. Sowohl für Jugendliche wie auch für ältere Menschen braucht es dazu einen entsprechenden gesellschaftlichen Rahmen. Diesen zu schaffen, gehört zu den verantwortungsvollsten Aufgaben einer zukunftsorientierten Freizeitpolitik.

10. SCHWEIZERISCHE TOURISMUSPOLITIK

10.1 Begriff und Entwicklung der Tourismuspolitik

<u>Begriff</u>

KRAPF (1961, S. 8) definierte die Tourismuspolitik als "Handeln organisierter Gemeinschaften im Fremdenverkehr zur Förderung seiner Ertragsfähigkeit und seiner ausserwirtschaftlichen Ziele". Eine allgemeine, d.h. nicht nur wirtschaftlich orientierte Begriffsumschreibung finden wir bei KASPAR (1991, S. 139):

"Unter Tourismuspolitik verstehen wir die bewusste Förderung und Gestaltung des Tourismus durch Einflussnahme auf die touristisch relevanten Gegebenheiten seitens von Gemeinschaften."

KRIPPENDORF (1976, S. 443) unterscheidet zudem zwischen direkter und indirekter Tourismuspolitik:

Direkte Tourismuspolitik oder Tourismuspolitik im engeren Sinn umfasst alle tourismusspezifischen Aktionen die hauptsächlich oder ausschliesslich aus dem Tourismus heraus begründet werden.

Indirekte Tourismuspolitik oder Tourismuspolitik im weiteren Sinne umfasst all jene Massnahmen, die nicht in erster Linie den Tourismus zum Gegenstand haben, diesen aber - über blosse Einzelprobleme hinausgehend - als Wirtschaftszweig massgeblich tangieren. Indirekte Tourismuspolitik kann somit Konjunkturpolitik, Währungspolitik, regionale Strukturpolitik, Verkehrspolitik, Bodenpolitik, Umweltpolitik, Kulturpolitik und anderes mehr sein.

<u>Entwicklung der schweizerischen Tourismuspolitik</u>

In Anlehnung an KASPAR (1991, S. 156f.) lassen sich fünf Entwicklungsperioden der schweizerischen Tourismuspolitik unterscheiden:

Periode des touristischen Laisser-faire
Zeitpunkt: Bis gegen Ende des 19. Jahrhunderts
völliges Fehlen tourismuspolitischer Ansätze

10. Schweizerische Tourismuspolitik

Periode der Organisation des Tourismus
Zeitpunkt: Ende des 19. Jahrhunderts
Ursache: starkes Anwachsen der Hotelkapazitäten
Folgen: 1882 Gründung Schweizer Hotelier-Verein
1886 Gründung Union Helvetia
1889 Zusammenschluss Privatbahn-Organisationen
1891 Zusammenschluss Schweiz. Wirteverband
1893 Zusammenschluss der Verkehrsvereine
1900 Zusammenschluss der Kursaalgesellschaften

Periode des Interventionismus
Zeitpunkt: ab Anfangs 20. Jahrhundert
Ursache: 1. Weltkrieg
Folgen: 1915 Verordnung des Bundesrates betreffend Schutz der Hotellerie (Hotelbauverbot, Stundung von Zinsen)
1917 Gründung der nationalen Vereinigung Schweizerische Zentralstelle für Reiseverkehr (heute Schweiz Tourismus)
1921 Konstituierung der Schweiz. Hotel-Treuhand-Gesellschaft (heute Schweiz. Gesellschaft für Hotelkredit)

Periode des Abbaus staatlicher Zwangseingriffe und verstärkter Selbsthilfe
Zeitpunkt: ab 50er Jahre
Ursache: Aufschwung nach 2. Weltkrieg
Folgen: 1952 Aufhebung des Hotelbauverbotes sowie der Sonderbauvorschriften bei Sanierungen
1954 Reprivatisierung des Hotelkredits und Ausbau des Bürgschaftsgedankens

Periode gezielter ordnungs- und strukturpolitischer Eingriffe
Zeitpunkt: ab Mitte 60er Jahre
Ursache: verstärkte internationale Konkurrenz und Sättigungserscheinungen
Folgen: 1964 1. Tourismusförderungsgesetz im Kanton Bern
1975 (ab) Regionale Entwicklungskonzepte im Berggebiet
1979 Schweizerisches Tourismuskonzept

1989 Leitbild und 2. Tourismusförderungsgesetz im Kanton Bern
1990 (ab) 2. Generation Regionaler Entwicklungskonzepte
1992 Schlechtwetterentschädigung für die Tourismusbranche
1992 Beschneiungsanlagen: Neuausrichtung der Bundespolitik
1993 Aufhebung des Spielbankenverbotes
1994 Gesetz über Pauschalreisen
1995 Neustrukturierung Schweiz Tourismus
1996 Sondersatz Mehrwertsteuer Hotellerie

10.2 Ziele der Tourismuspolitik

Grundlage der Schweizerischen Tourismuspolitik bildet das SCHWEIZERISCHE TOURISMUSKONZEPT aus dem Jahre 1979. Das Konzept baut auf einem ganzheitlichen Bezugsrahmen auf und deckt die tourismuspolitisch bedeutsamen Aspekte im Gesellschafts-, Wirtschafts- und Umweltbereich ab. Die im Konzept enthaltenen tourismuspolitischen Ziele wurden aus folgenden übergeordneten Zielen abgeleitet und sollen zu deren Verwirklichung einen Teilbeitrag leisten:

Gesellschaftsbereich
- Förderung der Freizeit als Voraussetzung menschlicher Selbstverwirklichung
- Verbesserung der körperlich-seelischen Gesundheit des Menschen
- Gerechtere Verteilung der Einkommen und der freien Zeit - Verbesserung der Lebensbedingungen im In- und Ausland
- Förderung der Verständigung und Zusammenarbeit zwischen den Völkern.

Wirtschaftsbereich
- Erhaltung der Vollbeschäftigung
- Steigerung des wirtschaftlichen Wachstums
- Ausgleich der Zahlungsbilanz
- Verwirklichung eines möglichst stabilen Preisniveaus.

Umweltbereich
- Sicherung eines stabilen ökologischen Gleichgewichts
- Gewährleistung einer schonenden und geordneten Nutzung der Umwelt
- Erhaltung harmonischer Landschaftsräume - Sparsamer Verbrauch beschränkter Güter.

Das Gesamtziel der schweizerischen Tourismuspolitik wird wie folgt umschrieben(SCHWEIZ. TOURISMUSKONZEPT S. 58):

"Gewährleistung einer optimalen Befriedigung der vielfältigen touristischen Bedürfnisse für Menschen aller Volksschichten im Rahmen leistungsfähiger touristischer Einrichtungen und einer intakten Umwelt. Dabei sind die Interessen der ortsansässigen Bevölkerung zu berücksichtigen."

In Abbildung 14 sind die im Konzept enthaltenen tourismuspolitischen Ziele zusammengefasst und hierarchisch wiedergegeben. Im Tourismuskonzept werden die Oberziele in zwei weiteren Zielstufen (Zwischenziele / Unterziele) konkretisiert. Dieses breitgefächerte Zielsystem bildet den Ausgangspunkt für eine ganzheitliche, d.h. auf gesellschaftliche, wirtschaftliche und ökologische Gegebenheiten bzw. Wünschbarkeiten ausgerichtete Tourismuspolitik von Behörden und touristischen Organisationen.

Das Schweizerische Tourismuskonzept ist in erster Linie ein Zielkonzept. Es dient folgenden Zwecken (SCHWEIZ. TOURISMUSKONZEPT 1979, S. 14f.):
- **Orientierungshilfe** für Behörden und Private
- **Koordinationsinstrument** für den Vollzug tourismusrelevanter Sachgeschäfte auf Bundesebene (seit 1981 verbindlich)
- **Regierungsinstrument** für den Bundesrat (Lenkung der touristischen Entwicklung nach eigenen Vorstellungen)

Das Tourismuskonzept hat ganz wesentlich zur Schaffung einer "unité de doctrine" innerhalb der schweizerischen Tourismuspolitik beigetragen. Es wird denn auch von allen wichtigen touristischen Organisationen der Schweiz anerkannt. Dieser hohe Akzeptanzgrad war aber nur deshalb zu erreichen, weil bestehende Zielkonflikte nicht ausdiskutiert und keine Zielprioritäten gesetzt wurden.

Abbildung 14
Ziele der schweizerischen Tourismuspolitik

GESAMTZIEL
Gewährleistung einer optimalen Befriedigung der touristischen Bedürfnisse für Menschen aller Volksschichten im Rahmen leistungsfähiger touristischen Einrichtungen und einer intakten Umwelt unter Berücksichtigung der Interessen der ansässigen Bevölkerung

- Freizeit Gesundheit
- Verteilungsgerechtigkeit
- Vollbeschäftigung
- Zahlungsbilanzgleichgewicht
- ökologische Stabilität
- harmonische Landschaften

Gesellschaftziel
Schaffung bestmöglicher gesellschaftlicher Voraussetzungen für Touristen und Einheimische

Wirtschaftsziel
Förderung einer wettbewerbsfähigen und leistungsstarken Tourismuswirtschaft

Umweltziel
Sicherung der Erholungsqualität der Natur- und Kulturlandschaft

- Verständigung Zusammenarbeit
- Verbesserung der Lebensbedingungen
- Wachstum
- Preisstabilität
- schonende + geordnete Nutzung
- sparsamer Verbrauch beschränkter Güter

SELBSTVERWIRKLICHUNGSZIEL
Ermöglichung eines optimalen touristischen Reise- und Aufenthaltserlebnisses

PRODUKTIONSZIEL
Optimierung der Struktur und Nutzung des touristischen Produktionsapparates

SICHERUNGSZIEL
Langfristige Erhaltung intakter und geeigneter Landschaft für die verschiedenartigen Flächenansprüche des Tourismus

POPULARISIERUNGSZIEL
Beteiligung möglichst breiter Volksschichten am Tourismus

ENTWICKLUNGSZIEL
Sicherung einer geordneten touristischen Entwicklung

SCHONUNGSZIEL
Landschaftsschonende und umweltgerechte touristische Erschliessung und Nutzung

LEBENSQUALITÄTSZIEL
Verbesserung der Lebensqualität in den Tourismusgebieten

MARKTZIEL
Optimierung der internationalen Marktstellung des schweizerischen Tourismus

Schweizerisches Tourismuskonzept, Bern 1979, S. 60f.

Ziele und Wirklichkeit

Eine Gegenüberstellung von Zielen gemäss dem Schweizerischen Tourismuskonzept und der realen touristischen Entwicklung bringt ganz erhebliche Diskrepanzen zu Tage (vgl. hierzu KRIPPENDORF 1983). So wird z.B. im SCHWEIZ. TOURISMUSKONZEPT (1979, S. 72) eine "gegenseitige Abstimmung der einzelnen Angebotselemente" gefordert. In Wirklichkeit ist in den 80er Jahren aber die Parahotellerie viel schneller als die Hotellerie gewachsen, nahmen die Zweitwohnungen schneller zu als die Ferienwohnungen und die Kapazitäten der Transportanlagen sind (vor allem im Zuge der Erneuerung) rapid angestiegen. Oder: Im Konzept (S. 78) wird die "Festlegung der örtlich verschiedenen optimalen Ausbaugrenzen, ausgerichtet auf den jeweiligen beschränkenden Faktor" gefordert. In Tat und Wahrheit hat bisher kaum eine Tourismusgemeinde ihre Ausbaugrenzen verbindlich festgelegt. Die Beispiele vom Graben zwischen Zielen und Wirklichkeit liessen sich fortführen.

KRIPPENDORF (1983, S. 50f.) ortet folgende sechs Ursachen, die dem Graben zwischen Zielen und Wirklichkeit der touristischen Entwicklung in der Schweiz zu Grunde liegen:

Unverbindlichkeit der Ziele
In unserem marktwirtschaftlichen, liberalen System haben Konzepte, Leitbilder u.a. für die einzelnen privaten Wirtschaftssubjekte bloss den Charakter von Orientierungshilfen, nicht aber von verbindlichen Weisungen.

Vorrang der wirtschaftlichen Betrachtung
Während allzu langer Zeit waren Forschung, Theorie, berufliche Ausbildung und Politik im Tourismus ausschliesslich wirtschaftlich orientiert. Gesellschaftliche Probleme und Umweltprobleme, die der Tourismus aufwirft, figurieren unter ferner liefen.

Dominanz der kurzfristigen Gewinnoptik
Wie in anderen Branchen steht auch im Tourismus das kurzfristige Gewinn- und Umsatzstreben der Unternehmen im Vordergrund, wobei meistens - und dies gilt sogar für die überbetrieblichen Tourismusinstitutionen

wie Verkehrsvereine usw. - das Rentabilitätsdenken mit Umsatz- und Mengendenken verwechselt wird.

Zersplitterung der Träger
Die Krux des Tourismus ist es, dass er in verschiedene Bereiche zerfällt, wie beispielsweise die touristischen Transportunternehmungen oder die Hotellerie, die in erster Linie ihre eigenen Interessen wahrnehmen.

Interessenkongruenz zwischen Behörde und (Bau-)Gewerbe
Es besteht eine weitgehende Interessenkongruenz zwischen den Behörden und dem Gewerbe, v.a. dem Baugewerbe, und dies auf allen politischen Ebenen. Die Behörden in Tourismusgemeinden rekrutieren sich häufig aus Gewerbekreisen. Volkswirtschaftliches Wachstum wird mit Wachstum des Bauhaupt- und Baunebengewerbes gleichgestellt.

Unbekannte und unzweckmässig angewandte Steuerungsinstrumente
Zahlreiche vorhandene Lenkungsinstrumente sind insbesondere bei den Gemeindebehörden viel zu wenig bekannt, oder sie werden nicht oder unzweckmässig angewendet.

Aus allen diesen Gründen wird verständlich, weshalb Tourismuspolitik in ihrer heutigen Form auf allen Ebenen überwiegend Feuerwehrpolitik ist, deren hauptsächliche Sorge darin besteht, Fehlentwicklungen und Engpässe, die bereits eingetreten sind, zu bekämpfen und zu beseitigen.

10.3 Strategien der Tourismuspolitik

Die im Schweizerischen Tourismuskonzept dargelegten Strategien sollen die Zielvorstellungen konkretisieren und als Richtschnur für Massnahmen des Bundes und anderer Entscheidungsträger dienen (SCHWEIZ. TOURISMUSKONZEPT 1979, S. 85f.):

Ideelle Strategien
1. Persönlich bereichernde und gesellschaftlich wünschenswerte Begegnungschancen des Tourismus wahrnehmen.
2. Kulturelle Eigenart in touristischen Gebieten und Orten bewusst fördern.

Institutionelle Strategien
3. Ortsansässige Bevölkerung über touristische Entwicklungsvorstellungen und Erschliessungsvorhaben rechtzeitig informieren, interessieren und im Rahmen der rechtsstaatlichen Möglichkeiten mitwirken lassen.
4. Beteiligung möglichst vieler Ortsansässiger am Nutzen der touristischen Entwicklung begünstigen.
5. Touristischen Konsumentenschutz ausbauen.

Wachstumstrategien
6. Verstädterte oder urbane grosse Tourismusorte bettenmässig nicht mehr vergrössern, hingegen das Angebot qualitativ verbessern und besser nutzen.
7. Mittelgrosse Tourismusorte mit eigenständigem ländlichem Charakter als Alternative zu den alpinen Städten anstreben.
8. Retortenorte lediglich in Ausnahmefällen (und unter ganz bestimmten Bedingungen) aufbauen.
9. Ländlichen Tourismus als ergänzenden Erwerbszweig im Landwirtschaftsgebiet bzw. im Bauerndorf fördern.
10. Kosten für touristische Dienstleistungen minimieren, um Preise stabil zu halten.
11. Struktur des Angebots verbessern.
12. Kurzfristig zusätzliche Auslandsnachfrage auslösen.
13. Binnennachfrage ankurbeln.

Marketingstrategien
14. Auf lokaler und regionaler Ebene gemeinsame Geschäftspolitik anstreben.
15. Touristisches Angebot attraktiv gestalten.
16. Gastfreundliche und unauffällige touristische Dienstleistungen produzieren.
17. Angemessene und überschaubare Preise verrechnen.
18. Touristische Marktforschung ausbauen.
19. Touristische Werbung qualitativ verbessern.

Erschliessungsstrategien
20. Geplante Entwicklung in kleinen Schritten mit mässigem Tempo realisieren; periodisch gesammelte Erfahrungen in die Erschliessungsplanung rückkoppeln und Zielerfolge überprüfen.
21. Wirtschaftliche und räumliche Planung nicht trennen.
22. Externe Kosten in die Investitions- und Betriebsrechnung touristischer Erschliessungsvorhaben einbeziehen.
23. Touristische Entwicklung auf das zur Verfügung stehende Arbeitskräftepotential im Tourismusort und im Pendlereinzugsbereich ausrichten.
24. Aufbau neuer Ferienorte für den Aufenthaltstourismus nur bei vorhandener naturräumlicher Eignung für Winter- und Sommertourismus vorantreiben.
25. Touristische Einrichtungen selektiv und konzentriert ausbauen.
26. Direkte, rasche und leistungsfähige Verbindungen zwischen Quellgebieten und Tourismusgebieten fördern.
27. Verkehrssystem in Tourismusgebieten auf den mittleren Wochenend- und Ferienverkehr ausrichten.

Entlastungsstrategien
28. Bauten und Anlagen in Tourismusgebieten in das Landschafts- und Ortsbild einpassen sowie die ortsübliche Bauweise berücksichtigen.
29. Angestrebte Grösse von Tourismusorten vorsorglich festlegen.
30. Tourismusorte als geschlossene Siedlungen bauen.
31. Touristische Bauzonen für Ferienhäuser oder Zweitwohnungen verkleinern.
32. Oberhalb der Waldgrenze in der Regel keine touristischen Siedlungen aufbauen.
33. Zufahrtsstrassen im Tourismusgebiet entlasten.
34. Privatverkehr im Ferienort ordnen.
35. Umpolen auf den öffentlichen Verkehr in grösseren Ferienorten.
36. In Tourismusgebieten ein ausgewogenes Verhältnis zwischen mechanisch erschlossenen, touristisch intensiv genutzten Räumen und Freihalteräumen schaffen.
37. Möglichst motorlose Freizeit- und Erholungsgebiete schaffen.
38. Touristische Schiffahrt auf den einheimischen Gewässern einschränken.

39. Transitverkehr möglichst auf die Bahn verschieben und in den Erholungsgebieten kanalisieren.
40. Freizeit- und Erholungswert innerhalb und in der Nähe des Wohn- und Arbeitgebietes erhöhen.

Das aus den 70er Jahren stammende Schweizerische Tourismuskonzept befindet sich zur Zeit in Überarbeitung und soll den neuen touristischen Gegebenheiten angepasst werden. In einem Gutachten zu den "Grundlagen für den Tourismusbericht an die Eidgenössischen Räte" schlägt MÜLLER (1995, S. 19f.) folgende zehn bundesstaatliche angebotsseitige Impulse zur Verbesserung des Schweizer Tourismus vor:

1. Tourismusbericht
Regelmässige (alle 2 Jahre) Veröffentlichung eines tourismuspolitischen Lageberichts, der über die bisherigen statistischen Zahlen hinaus wirtschaftliche, gesellschaftliche und ökologische Entwicklungen aufzeigt und kommentiert; primäres Zielpublikum: Politiker auf kantonaler und nationaler Ebene.

2. Stärkung des regionalen Destinationsmanagements
Finanzielle Unterstützung von regionalen Kooperationsbestrebungen. Insbesondere soll die Erarbeitung entsprechender Kooperationskonzepte stark subventioniert werden. Es werden finanzielle Anreize angeboten zur Umsetzung von vorgelegten Aktionsplänen zur wirksamen Verbesserung der regionalen Kooperation. Die Angebotsberatung der SVZ bereitet entsprechende Strukturen vor (vgl. MÜLLER/STETTLER 1993, S. 59f.).

3. Verbesserung der Gesamtqualität
Aktive Mithilfe bei der Entwicklung von tourismusspezifischen Qualitätssicherungssystemen (z.B. Anpassung der ISO-Normen 9000 auf touristische Dienstleistungsbetriebe) und Qualifizierungs-Bestrebungen. (Vgl. Kapitel 13.4)

4. Innovationsanreize
Aus einem touristischen Innovationsfonds werden jährlich 10 Millionen Franken an nachhaltige (d.h. zukunftsträchtige, umweltverantwortliche und sozialverträgliche) Innovationsvorhaben im Tourismus ausgeschüttet;

Aeufnung z.T. über den Verkauf von Transportkapazitäten - Zertifikate (vgl. Ziff. 6).

5. Schaffung verkehrsfreier Zonen
Erarbeitung eines Masterplans zur Schaffung verkehrsfreier (Flanier-) Zonen in Tourismusorten. Jährlich wird die entsprechende Planung in zwei Tourismusorten zu 50 Prozent vom Bund unterstützt und namhafte Beiträge für die Realisierung in Aussicht gestellt. (Ähnlich Förderungsprogramm im Bundesland Bayern)

6. Zertifizierung des Wachstums der touristischen Transportkapazitäten
Martkwirtschaftliche Beeinflussung des Transportkapazitätenwachstums: Das maximale jährliche Wachstum der Kapazitäten (gemessen in Personen-Stunden-Kilometern) der touristischen Transportanlagen wird auf 1 Prozent festgelegt. Zusätzliche Transportkapazitäten müssen in Form von Zertifikaten erkauft werden. Der Erlös aus dem Verkauf der Zertifikate wird zur Äufnung des Innovationsfonds genutzt. Die Berechtigung zum Ausbau von Transportkapazitäten kann auch durch entsprechende Stillegungen anderer Transportanlagen erworben werden.

7. Mehrwertsteuer Export-Sondersatz
Nochmalige Prüfung der Anwendung des für Exportbranchen vorgesehenen Mehrwertsteuer-Sondersatzes auf die Hotellerie. Gegebenenfalls könnten auch differenzierte Anwendungsmodelle diskutiert werden, beispielsweise eine unterschiedliche Berechnung für ausländische und inländische Hotelgäste oder ein 2%-Mehrwertsteueransatz für Hotelbetriebe mit einem Logiernächteanteil ausländischer Gäste von über 50 Prozent.

8. Tourismuskoffer
Ideelle und finanzielle Unterstützung der Schaffung eines allgemein verwendbaren "Tourismuskoffers" (ähnlich Verkehrsverein Graubünden) zum Einsatz in Schulklassen unterschiedlicher Stufen als offizielles Lehrmittel.

9. Bundesgesetz über den Tourismus
Zusammenfassung der tourismusrelevanten bundesstaatlichen Interventionsbereiche im engeren Sinn in einem Tourismusgesetz. Dabei sind der

Leistungsauftrag an Schweiz Tourismus ebenso Teil dieses Gesetzes wie die neuen angebotsseitigen Förderungs- und Lenkungsbestrebungen.

10. Amt für Tourismus
Verstärkung der bundesstaatlichen Impulsgeberfunktion für die touristische Entwicklung. Damit ist ein grösserer Koordinations- und Interventionsaufwand verbunden. Der bisherige Dienst für Tourismus beim BIGA muss aufgewertet und in ein Amt für Tourismus umgewandelt werden.

Bei diesen 10 Vorschlägen handelt es sich ausschliesslich um bundesstaatliche Impulsbereiche, mit denen auf effiziente Art und Weise eine Verbesserung der Wettbewerbsfähigkeit erreicht werden kann. Interventions- resp. Förderbereiche, die sinnvollerweise von Kantonen und Gemeinden wahrgenommen werden, wie beispielsweise die Stärkung des öffentlichen Regionalverkehrs oder das raumplanerische Ausscheiden von touristischen Förderbereichen für den Skisport, werden nicht thematisiert.

10.4 Träger der Tourismuspolitik

Als Träger der Tourismuspolitik treten für sich oder gemeinsam der Staat (staatliche Stellen und Unternehmungen), öffentlich-rechtliche Körperschaften sowie privat-rechtliche Organisationen (Berufsverbände, Interessenvereinigungen, wirtschaftliche Unternehmungen) auf. Nachfolgend werden die wichtigsten Träger der Tourismuspolitik auf nationaler, kantonaler und lokaler Ebene kurz beschrieben (vgl. MEIERHOFER 1995).

<u>Nationale Ebene</u>

<u>Staatliche Institutionen</u>

Dienst für Tourismus des Bundesamtes für Industrie, Gewerbe und Arbeit (BIGA)
Der Dienst für Tourismus ist die Zentralstelle für Tourismus der Bundesverwaltung. Dem Dienst für Tourismus kommen folgende wichtige Aufgaben zu:
- Vollzug der allgemeinen touristischen Geschäfte des Bundes

- Stellungnahmen zu touristischen Teilkonzepten im Rahmen regionaler Entwicklungskonzepte
- Aufsichtsbehörde der Schweiz. Verkehrszentrale
- Sekretariat der beratenden Kommission für Fremdenverkehr
- Vertretung der Schweiz in intergouvernementalen Organisationen des Tourismus

Dienststelle "Seilbahnkonzessionen und Skilifte" des Bundesamtes für Verkehr
Die Konzessionierung von Luftseilbahnen untersteht dem Postregal und obliegt dem Bundesamt für Verkehr. Für den Bau und Betrieb von Skiliften haben die Kantone Vorschriften zu erlassen, die der Bewilligung des Bundes bedürfen.

Sektion Tourismus des Bundesamtes für Statistik
Die schweizerische Tourismusstatistik wurde durch Beschluss der Bundesversammlung vom 12.4.1933 eingeführt und gleichzeitig das damalige Eidg. Statistische Amt mit der Durchführung betraut. Vorerst wurden nur Ankünfte und Uebernachtungen in Hotel- und Kurbetrieben erfasst. Im Laufe der Jahre erfolgte dann stufenweise eine Ausdehnung auf alle andern Beherbergungsformen (insbesondere ab 1965 auf Chalets, Ferienwohnungen und Privatzimmer). Indessen ist auch heute noch keine vollständige Erhebung möglich.

Beratende Kommission für Tourismus
Die beratende Kommission für Tourismus wurde 1973 als Koordinationsorgan für touristische Fragen innerhalb der Bundesverwaltung geschaffen und ist als Stabsstelle direkt dem Bundesrat verantwortlich. Die Kommission setzt sich aus Vertretern einzelner Departemente und von halbstaatlichen Tourismusinstitutionen sowie Vertretern aus Wissenschaft, Wirtschaft und Politik zusammen.

Parlamentarische Gruppe für Tourismus und Verkehr
Der Parlamentarischen Gruppe gehören rund 2/3 der Parlamentsmitglieder an. Hauptzweck der Gruppe ist die Information der Mitglieder der eidgenössischen Räte über Probleme des Tourismus und Verkehrs (Vorträge, Podiumsgespräche, Studienreisen etc.).

Schweizerische Bundesbahnen und Schweizer Reisepost als staatliche Unternehmungen
Sowohl die SBB als auch die Reisepost sind mit ihrem weitverzweigten Verteilungsnetz und einer Reihe tourismusrelevanter Dienste zu den bedeutenden Trägern tourismuspolitischer Massnahmen zu zählen.

<u>Oeffentlich-rechtliche Körperschaften</u>

Schweiz Tourismus
1955 wurde die Swcheizerische Vekehrszentrale (SVZ) als Körperschaft des öffentlichen Rechts errichtet. 1995 erfolgte eine Neustrukturierung und Umbenennung in Schweiz Tourismus. Die Finanzierung erfolgt überwiegend aus Bundesgeldern. Zu den zentralen Aufgaben von Schweiz Tourismus gehören:

- Verfolgung der Entwicklung der Märkte und Beratung der Anbieter bei der Gestaltung marktgerechter Dienstleistungen
- Erarbeitung und Verbreitung von Werbebotschaften
- Nutzung oder Schaffung werbewirksamer Ereignisse und Betreuung der Medien
- Information über das touristische Angebot
- Hilfestellung für die touristischen Anbieter beim Vertrieb
- Unterstützung der Marktbearbeitung
- Koordination des Marktauftrittes und Zusammenarbeit mit anderen am Image des Landes interessierten Organisationen und Unternehmungen

Schweizerische Gesellschaft für Hotelkredit (SGH)
Die SGH wurde 1967 aufgrund des Bundesgesetzes über die Förderung des Hotel- und Kurortskredites (1966) als Genossenschaft des öffentlichen Rechts errichtet. Die SGH arbeitete bisher überwiegend mit Bundesmitteln, soll jedoch in Zukunft privatisiert werden. Die SGH kann für Erneuerung/Neubau/Erwerb von Beherbergungs- und weiteren Kurortseinrichtungen Darlehen zu Sonderkonditionen - insbesondere für das Entwicklungsberggebiet - verbürgen oder gewähren.

<u>Privat-rechtliche Organisationen</u>

Schweizer Tourismus-Verband (STV)
Der Schweizer Tourismus-Verband wurde 1932 als privatrechtlicher Verein mit Sitz in Bern gegründet. Seine rund 600 Mitglieder setzen sich

aus praktisch allen interessierten Tourismusbereichen zusammen. Der Bund subventioniert die STV-Dokumentations- und Beratungsstelle. Der Verband bezweckt die Förderung des schweizerischen Tourismus und eine langfristige Verbesserung des Angebotes der Schweiz insbesondere durch:
- Wahrung der Interessen der Tourismuswirtschaft
- Mitsprache bei allen tourismuspolitischen Entscheiden (tourismuspolitischer Dachverband)
- Informations- und Beratungstätigkeit im Bereich Angebotsgestaltung
- Mithilfe bei touristischer Planung
- regelmässige Publikationen

Schweizer Hotelier-Verein (SHV)
Der Schweizer Hotelier-Verein wurde 1882 mit Sitz in Bern gegründet. 1994 waren dem SHV 2'591 Hotelbetriebe (42% aller Betriebe) angeschlossen. Rund zwei Drittel der Bettenkapazität und drei Viertel aller Hotellogiernächte entfallen auf SHV-Betriebe. Der SHV vertritt die Anliegen und Interessen des Berufsverbandes bei Behörden, Wirtschaftsorganisationen und in der Oeffentlichkeit. Zu seinem Aufgabenkreis zählen weiter:
- Behandlung von wirtschaftlichen, technischen, organisatorischen, arbeitsrechtlichen und sozialen Fragen
- Beratung und Unterstützung der Sektionen und Mitglieder in allen beruflichen Angelegenheiten
- Aus- und Weiterbildung der in der Hotellerie und im Gastgewerbe beschäftigten Personen auf allen Stufen
- Herausgabe der Wochenzeitung "hotel+touristik revue"

Schweizer Reisekasse (Reka)
Die Schweizer Reisekasse wurde 1939 gegründet und bezweckt als Organisation (Genossenschaft) des Sozialtourismus die Förderung und Erleichterung von Ferien und Reisen insbesondere in der Schweiz. Rund 300'000 Familien sind Reka-Mitglieder. Die durchschnittliche Verbilligung der mit Reka-Checks bezahlten Dienstleistungen (6'700 Checkannahmestellen wie Transportunternehmungen, Hotels, Ferienwohnungen, Tankstellen, Reisebüros usw.) beträgt rund 17%. Der Check-Umsatz beläuft sich auf über 300 Millionen Franken. Zudem verfügt die Reka über mehr als 1'500 Ferienwohnungen im In- und Ausland (teils in eigenen Feriendörfern).

Weitere privat-rechtliche Organisationen
- GASTROSUISSE/Schweizer Wirteverband
- Union Helvetia (UH): Schweizerischer Zentralverband der Hotel- und Restaurantangestellten
- Schweizerischer Reisebüro-Verband (SRV): Zusammenschluss qualifizierter, in der Schweiz niedergelassener Reisebüros
- Verband Schweizer Tourismus-Direktoren und -Direktorinnen (VSTD)
- Schweizerischer Skischulverband (SSV)
- Schweizer Jugendherbergen
- Schweizer Bergführerverband
- Schweizer Verband der Seilbahnunternehmungen (SVS)
- Verband Schweizer Badekurorte (VSB)
- Verand Schweizerischer Camping (VSC)
- Verband öffentlicher Verkehr (VöV): Dachverband konzessionierter Transportunternehmen
- usw.

Kantons- und Gemeindeebene

Staatliche Institutionen

Hochschulinstitute für Tourismus
1941 wurden gleichzeitig an der Universität Bern das Forschungsinstitut für Fremdenverkehr (FIF) und an der Hochschule St. Gallen das Institut für Fremdenverkehr und Verkehrswirtschaft (IFV) gegründet. Das FIF befasst sich seit einigen Jahren auch mit Freizeitfragen allgemein. Entsprechend dieser Erweiterung des Forschungsfeldes wurde das FIF 1986 umgetauft in Forschungsinstitut für Freizeit und Tourismus (FIF), das IFV 1991 in Institut für Tourismus und Verkehrswirtschaft (ITV). Die wichtigsten Tätigkeitsbereiche des FIF sind:
- Wissenschaftliche Erforschung und Bearbeitung aller die Freizeit und den Tourismus betreffenden Fragen
- Aufbau und Betreuung einer öffentlich zugänglichen Dokumentation zu allen einschlägigen Fragen von Freizeit und Tourismus
- Behandlung von Freizeit und Tourismus im Rahmen der Vorlesungen und Uebungen an der Universität Bern
- Ausübung praktischer Beratungs- und Gutachtertätigkeit

Seit einigen Jahren gibt es auch an der Universität Lausanne einen Lehrstuhl für Tourismus. Daneben gibt es Tourismus-Fachschulen mit mehrjährigen Lehrgängen in Sierre, Luzern, Zürich und Samedan. Dazu kommen verschiedene Hotelfachschulen (wobei die EHL von Lausanne Weltruf erlangt hat) sowie die Reisebüro-Fachschule von Aarau. Zudem gibt es eine vom BIGA anerkannte Höhere Fachprüfung für den/die eidg. dipl. Tourismus-Experte/Expertin.

Kantonale Stellen für Tourismus
Auf kantonaler Ebene werden tourismuspolitische Anliegen durch bestehende Departemente der Kantonsverwaltungen (i.d.R. Wirtschafts- oder Volkswirtschaftsdepartement) wahrgenommen. In einzelnen Kantonen (Bern, Wallis, Graubünden, Tessin, St. Gallen) gibt es spezielle Amtsstellen resp. Abteilungen für Tourismus.

Kommunale Stellen für Tourismus
Auf lokaler Ebene sind es die Exekutiven der Gemeinden (Gemeinderäte, Gemeindeverwaltungen) sowie spezielle Kommissionen, die sich mit tourismuspolitischen Fragen befassen.

<u>Privat-rechtliche Organisationen</u>

Kantonale Verkehrsvereine/-verbände
In den wichtigsten Tourismuskantonen bestehen kantonale Verkehrsbüros, -vereine oder -verbände.

Regionale Verkehrsverbände
Auf regionaler Ebene gibt es die Konferenz der regionalen Verkehrsdirektoren, ein Zusammenschluss der insgesamt elf von der Schweizerischen Verkehrszentrale anerkannten touristischen Hauptregionen (Graubünden, Ostschweiz/Liechtenstein, Zürich, Zentralschweiz, Nordwestschweiz, Berner Oberland, Freiburg/Neuenburg/Jura/Berner Jura, Genferseegebiet, Wallis, Tessin, Berner Mittelland).

Lokale Kur- und Verkehrsvereine
Auf lokaler Ebene gibt es in der Schweiz rund 200 Verkehrs- oder Kur- und Verkehrsvereine, deren Aufgabe die Wahrung der jeweiligen lokalen Interessen ist. Dachorganisation der lokalen Verkehrsvereine ist der 1893 gegründete Verband Schweizerischer Verkehrsvereine (VSV).

Interessenverbände auf kantonaler/regionaler/lokaler Ebene
Sektionen der verschiedenen touristischen Interessenverbände (vgl. privatrechtliche Organisationen auf nationaler Ebene).

Touristische Unternehmungen
Bahnen, Gastgewerbe, Parahotellerie, Reiseveranstalter, usw.

Leistungs-Markt-Bereiche

Aufgrund einer FIF-Untersuchung über die Marketing-Arbeit der Verkehrsvereine (MÜLLER/STETTLER 1993a) drängt sich eine neue Aufgabenteilung zwischen den zahlreichen Trägern touristischer Leistungen auf. Dabei wäre die Sicht der Gäste, die ein ganzes Leistungsbündel nachfragen, ins Zentrum zu stellen. Abbildung 15 gibt einen Ueberblick über eine mögliche Gesamtstruktur im touristischen Marketing Schweiz, die sich stark an regionalen respektive neigungstouristischen Leistungs-Markt-Bereichen (LMB) orientiert. Unter LMB sind Geschäftsbereiche zu verstehen mit

- einer eigenständigen Attraktivität (d.h. mit relativen Wettbewerbsvorteilen und umfassenden Gästenutzen)
- einem eigenständigen Nachfrage-Markt
- einer eigenständigen Führbarkeit (als Proft-Center)
- einer eigenständigen Konkurrenz
- einer relativ hohen Stabilität im Zeitverlauf.

Ziel ist es, diese LMB als eigentliche Marken (Brands) zu profilieren und bekanntzumachen. Die LMB werden aufgrund von geographischen (für den Gast als homogen empfundenen Regionen) oder neigungstouristischen (ähnliche touristische Primärbedürfnisse) Kriterien festgelegt, wobei man von einer Mindestgrösse von einer Million Logiernächte ausgehen sollte.

Abbildung 15
Gesamtstruktur touristisches Marketing Schweiz

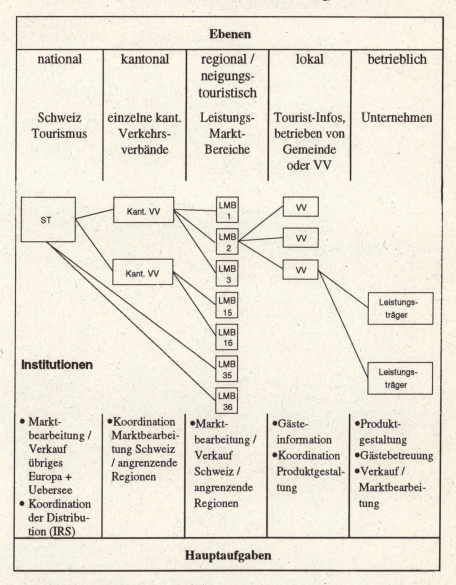

Müller, H.R., Stettler, J.: Marketing-Arbeit der Verkehrsvereine, Bern 1993, S, 58

10.5 Instrumente der Tourismuspolitik

Die folgende Zusammenstellung des tourismusrelevanten Insturmentariums auf Bundesebene erhebt keinen Anspruch auf Vollständigkeit. Sie verdeutlicht aber, wie komplex die tourismuspolitische Materie ist, und dass Tourismuspolitik eine ausgesprochene Querschnittsaufgabe darstellt. In Anlehnung an die Unterscheidung zwischen direkter und indirekter Tourismuspolitik (vgl. Kapitel 10.1) differenzieren wir im folgenden nach direkten (primär auf den Tourismus ausgerichteten) und indirekten (den Tourismus in wesentlichen Bereichen tangierenden) Instrumenten.

Direkte Instrumente

Hotel- und Kurortskredite:
Grundlage: Bundesgesetz über die Förderung des Hotel- und Kurortskredites (1966; revidiert 1987)
Zweck: Förderung der Hotellerie
Träger: Schweizerische Gesellschaft für Hotelkredit (vgl. Kap. 10.4)
Aktuell: Privatisierung der Schweiz. Gesellschaft für Hotelkredit

Konzessionierung von Luftseilbahnen:
Grundlage: Bundeverordnung über die Konzessionierung von Luftseilbahnen (1978; rev. 1986)
Zweck: Kontrolle der Seilbahnentwicklung als touristische Leitindustrie (insbes. im Berggebiet)
Aktuell: Konzentration zusätzlicher Erschliessung auf Entwicklungsräume; Beschränkung der mechanischen Erschliessung des Hochgebirges auf wenige Gebiete mit überdurchschnittlicher Eignung; Förderung einer zweckmässigen Erschliessungsplanung; Sicherung eines landschaftsschonenden Baus und Betriebs; Ausrichtung auf Marktmöglichkeiten; Förderung wirtschaftlich gesunder Transportunternehmen.

Touristische Werbung:
Grundlage: Bundesbeschluss über die Schweizerische Verkehrszentrale SVZ (1955), ab 1995 Schweiz Tourismus

Zweck:	Vierstufige touristische Werbung (Unternehmen, Ort, Region, Land) mit Auftrag an Schweiz Tourismus bezüglich "Landeswerbung"
Träger:	Schweiz Tourismus (vgl. Kapitel 10.4)

Gesamtarbeitsvertrag des Gastgewerbes
Grundlage:	Bundesbeschluss über die Allgemeinverbindlichkeit des Landes-Gesamtarbeitsvertrages des Gastgewerbes (1976; div. Revisionen)
Zweck:	Allgemeine Durchsetzung wichtiger Regelungen in den Bereichen Entlöhnung, Arbeitszeit und Arbeitsversicherungen

Schlechtwetterentschädigung:
Grundlage:	Arbeitslosen-Versicherungsgesetz Kurzarbeitsregelung (Revision 91/Inkraftsetzung 1.1.92)
Zweck:	Ausgleich von Lohnausfällen (insbesondere als Folge von Schneemangel) für touristisches Personal
Aktuell:	Gewährung bei ungewöhnlichem Wetterverlauf, der den Betrieb stillegt oder erheblich einschränkt

Touristische Berufsbildung:
Grundlage:	Bundesverordnung über Mindestvorschriften für die Anerkennung von Höheren Fachschulen für Tourismus (1986) bzw. von Gastgewerblichen Fachschulen (1987); Reglement der Höheren Fachprüfung für eidg. dipl. Tourismus-ExpertInnen (1988)
Zweck:	Förderung der touristischen Ausbildung

Spielbetrieb in Kursälen:
Grundlage:	Bundesverfassung Art. 35 und Bundesverordnung über den Spielbetrieb in Kursälen (1929; div. Revisionen)
Zweck:	Gesamtschweizerisches Verbot von Spielbanken; Kantonale Zuständigkeit für Unterhaltungsspiele bis Fr. 5.- Einsatzbetrag
Aktuell:	Aufhebung des Spielbankenverbots (Volksabstimmung 1993); neue Bundesverordnung in Vorbereitung

Tourismusstatistik:
Grundlage: Bundesverordnung über die Durchführung der schweizerischen Fremdenverkehrsstatistik (1923; revidiert 1974)
Zweck: Gewinnung statistischer Unterlagen über Umfang, Entwicklung und Struktur von Tourismusangebot und -nachfrage auf nationaler, regionaler und lokaler Ebene (Vollerhebung im Bereich der Hotellerie)
Aktuell: Redimensionierung der Tourismusstatistik; Neuorganisation der Parahotelleriestatistik, Anpassung der Tourismusstatistik an EG-Standard

Mitarbeit in internationalen Organisationen:
Grundlage: Bundesbeschluss über die Statuten der Weltorganisation für Tourismus WTO (1975)
Zweck: Vorbereitung des WTO-Beitritts der Schweiz

Unterstützung Schweizer Tourismus-Verband (STV):
Grundlage: Bundesratsbeschluss über die Informations- und Beratungsstelle des STV (1976)
Zweck: Unterstützung der Informations- und Beratungstätigkeit des STV durch Bundesgelder

Indirekte Instrumente

<u>Ausländerpolitik</u>

Fremdarbeiterregelung:
Grundlage: Bundesgesetz und Bundesverordnung über die Begrenzung der Zahl der erwerbstätigen Ausländer (1931; div. Revisionen)
Zweck: Stabilisierung des Ausländeranteils in der Schweiz
Aktuell: EG-Verhandlungen betreffend Ausländerregelung; Ablösung des Saisonniers-Statuts durch neue Modelle

Grundstückserwerb durch Ausländer
Grundlage: Bundesbeschluss über die Bewilligungspflicht für den Erwerb von Grundstücken durch Personen im Ausland (1961: Lex von Moos; 1972: Lex Celio; 1973: Lex Furgler; 1985: Lex Friedrich)

Zweck:	Verhinderung der Ueberfremdung des einheimischen Bodens (insb. aus Spekulationsmotiven) über ein System von Bewilligungskontingenten
Aktuell:	EG-Verhandlungen betreffend Gleichbehandlung aller ausländischer Arbeitskräfte beim Erwerb von Grundstücken; 1995: Ablehnung einer Volksinitiative zur Lockerung der Lex-Friedrich (vgl. MÜLLER 1995a)

Regionalpolitik

Investitionshilfe für Berggebiet (IHG):
Grundlage:	Bundesgesetz und Bundesverordnung über die Investitionshilfe für Berggebiete (1974/75; Revision 1991)
Zweck:	Verbesserung der Existenzbedingungen im Berggebiet
Aktuell:	2. Generation Regionaler Entwicklungskonzepte (als Voraussetzung für IHG-Gelder) in Erarbeitung

Raumplanungspolitik

Raumplanungsgesetzgebung:
Grundlage:	Bundesverfassung Art. 24; Bundesgesetz über die Raumplanung (1979); neue Raumplanungsverordnung (1989)
Zweck:	Haushälterische und geordnete Nutzung des Bodens
Aktuell:	Spezielle Regelungen im Bereich der kantonalen Richt-/Nutzungsplanung und der kommunalen Zonenplanung/Bauordnung bezüglich Tourismusgebieten (Ferienwohnungszonen, Hotelzonen, Zonen für Einheimische etc.); zahlreiche Golfplatzprojekte in Planung

Umweltpolitik

Natur- und Heimatschutz:
Grundlage:	Bundesgesetz und Bundesverordnung über den Natur- und Heimatschutz (1966; revidiert 1987/1991)
Zweck:	Schutz heimatlicher Landschafts- und Ortsbilder, geschichtlicher Stätten und Natur-/Kulturdenkmäler
Aktuell:	umfassender Biotopschutz: Hochmoor- und Flachmoorverordnung (vgl. FIF 1995)

Gewässerschutz:
Grundlage: Bundesgesetz über den Schutz der Gewässer gegen Verunreinigung (1971; in Revision)
Zweck: umfassender Gewässerschutz
Aktuell: Diskussion um Restwassermengen sowie finanzielle Ausgleichszahlungen an Gemeinden, die auf eine Nutzung der Wasserkraft ihrer Fliessgewässer verzichten

Fischereiwesen:
Grundlage: Bundesgesetz über die Fischerei (1973)
Zweck: Bewilligungspflicht für technische Eingriffe bei Gewässern (z.B. Verbauungen, Uferrodungen, Wasserentnahme etc.)
Aktuell: Wasserbeschaffung für Beschneiungsanlagen

Forstwesen:
Grundlage: Waldgesetz (1993)
Zweck: Gewährleistung der Schutz-, Wohlfahrts- und Nutzfunktion des Waldes
Aktuell: Rodungsbewilligungen und Aufforstungsvorschriften bei touristischen Projekten (insb. Skisport)

Umweltschutz:
Grundlage: Bundesgesetz über den Umweltschutz (1983); Lärmschutzverordnung (1986); Luftreinhalteverordnung (1987) Verordnung über die Umweltverträglichkeitsprüfung (1989)
Zweck: Umfassender Schutz der Umwelt vor und für den Menschen
Aktuell: Umweltverträglichkeitsprüfung für touristische Grossprojekte (inkl. Beschneiungsanlagen ab 5 Hektaren)

<u>Verkehrspolitik</u>

Fuss- und Wanderwege:
Grundlage: Bundesgesetz über Fuss- und Wanderwege (1985)
Zweck: Planung, Anlage und Erhaltung zusammenhängender Fuss und Wanderwege, die vorwiegend der Erholung dienen

Oeffentlicher/privater Verkehr:
Grundlage: diverse Gesetzgebungen im Bereich des öffentlichen Verkehrs und des Strassenbaus
Zweck: Förderung des öffentlichen Verkehrs und Ausbau des Nationalstrassennetzes

Rechtswesen

Reisevertrag
Grundlage: Gesetz über Pauschalreisen (1994)
Zweck: Vom Gesetz werden "vorfabrizierte" Reisen, die mindestens 24 Stunden dauern oder eine Uebernachtung enthalten sowie Transport, Unterkunft und andere touristische Dienstleistungen einschliessen, erfasst. Das Gesetz regelt insbesondere die Katalogverbindlichkeit, die unbeschränkte Haftung bei Personenschäden sowie die Sicherstellung von Kundengeldern im Falle der Zahlungsunfähigkeit oder des Konkurses des Reiseveranstalters.(Vgl. Kapitel 8)

11. INTERNATIONALE TOURISMUSPOLITIK

Weltweit beschäftigen sich heute rund 165 internationale Organisationen mit Tourismus, viele davon allerdings meist im Rahmen umfassenderer Aufgaben (KELLER 1983, S. 3). Im folgenden unterscheiden wir zwischen gourvernementalen (staatlichen) und nicht-gouvernementalen Organisationen (vgl. MEIERHOFER 1995).

11.1 Gouvernementale Organisationen

World Tourism Organization (WTO)
Die WTO befasst sich seit 1976 ausschliesslich und koordinierend mit Tourismusfragen. Der WTO (Sitz in Madrid) gehören 104 Staaten und 165 private Mitglieder an. Sie ist vorläufig noch nicht Mitglied des Systems der UNO, wird aber von der Staatengemeinschaft als federführende intergouvernementale Organisation des Tourismus anerkannt. Enge Beziehungen bestehen insbesondere zum Entwicklungsprogramm der Vereinten Nationen (UNDP): Die WTO ist "ausführende Agentur" des UNDP für touristische Entwicklungsprojekte. Zunehmend werden auch Beziehungen mit Spezialorganisationen der UNO eingegangen, die in den Bereichen Gesellschaft (z.B. UNESCO), Umwelt (z.B. UNEP) oder Wirtschaft (z.B. ILO) für den Tourismus Rahmenbedingungen setzen. Zudem ist die WTO mit zahlreichen privaten internationalen Organisationen verbunden. Hauptaufgaben der WTO sind:
- Erarbeitung von Grundlagen (Studien und Statistiken)
- Konsensfindung (Tagungen und Seminare)
- Projektarbeiten (Experteneinsätze, Projektberatung, Schulung)

Tourismuskomitee der OECD:
Im Tourismuskomitee der OECD (Sitz in Paris) sind 23 westliche Industrieländer vertreten. Diese Länder vereinen rund 80 Prozent des touristischen Weltmarktes auf sich und sind mehrheitlich auch in der WTO vertreten - einschliesslich der Schweiz. Das Tourismuskomitee bemühte sich bisher insbesondere um:
- Abbau der Grenzformalitäten
- Erleichterung des internationalen Motorfahrzeugverkehrs
- Erleichterung der internationalen Werbung
- Abschaffung der Devisenrestriktionen
- Erarbeitung von Statistiken und Berichten

EG-Ministerrat für Tourismus:
Die in den EG-Mitgliedstaaten zuständigen Minister für Tourismus sind im Tourismusrat der Europäischen Gemeinschaft zusammengeschlossen. Zu den Zielen einer koordinierten EG-Tourismuspolitik gehören:
- Bessere zeitliche und räumliche Verteilung der Reiseströme
- Schaffung von Standards (Statistik, EDV, Klassifikation, Reservationssysteme etc.)
- Koordinierter Einsatz von Werbegeldern (Gemeinschaftswerbung für Europa als Reiseziel)
- Verbesserung der touristischen Infrastruktur
- Lancierung touristischer Projekte und Aktionen (z.B. Europäisches Jahr des Tourismus 1990; vgl. hierzu MÜLLER et. al. 1990).

Internationale Alpenschutzkonferenz
1989 einberufene Konferenz der sieben Alpenstaaten zum Schutze des Alpenraumes. Zweck: Erarbeitung einer verbindlichen Alpenschutzkonvention bezüglich Naturschutz und Landschaftspflege, Verkehr, Berglandwirtschaft, Tourismus, und Raumplanung.

11.2 Nicht-gouvernementale Organisationen

International Air Transport Association (IATA)
Zusammenschluss der Liniengesellschaften des Luftverkehrs (Sitz: Montreal). De facto ein Preiskartell. Bedeutsam für internationalen Tourismus.

European Travel Commission (ETC)
Vereinigung von 23 europäischen, nationalen Tourismuswerbestellen (Sitz: Dublin). Zweck: Förderung von Werbung/Public Relation (insb. USA).

Bureau International du Tourisme Social (BITS)
Organisation zur Interessenvertretung des Sozialtourismus gegenüber Behörden und Drittpersonen (Sitz: Brüssel).

Internationale Vereinigung wiss. Fremdenverkehrsexperten (AIEST)
345 Mitglieder aus 40 Staaten (Sitz: St. Gallen). Zweck: Förderung der wissenschaftlichen Tätigkeit, Unterstützung der Forschung, Durchführung von Kongressen, Herausgabe der "Zeitschrift für Fremdenverkehr".

European Union of Tourist Officers (EUTO)
Europäischer Verband für Tourismusfachleute. Rund 2'000 Mitglieder in 10 Ländern (Sitz: Amstelveen). Zweck: Grundlagenforschung, Aus- und Weiterbildung, gegenseitige Hilfe/Unterstützung, Erfahrungsaustausch.

Arbeitsgemeinschaft 'Tourismus mit Einsicht' (TME)
Internationaler Zusammenschluss von 28 Initiativgruppen und Organisationen aus dem entwicklungspolitischen, kirchlichen, wissenschaftlichen, umwelt- und jugendpolitischen Bereich (Sitz: München). Zweck: Förderung und Umsetzung eines sozial- und umweltverantwortlichen (sanften) Tourismus. Die Arbeitsgemeinschaft wurde 1992 aufgelöst.

Internationale Alpenschutzkommission (CIPRA)
1952 gegründete Gruppe privater Organisationen, die sich mit Fragen des Natur- und Landschaftsschutzes, der Landschaftspflege und der Raumordnung speziell in den Alpenländern beschäftigt (Sitz: Vaduz).

Internationale Berufsverbände
- Fédération Universelle des Associations Internationale de l'Hôtellerie (AIH, Paris)
- Internationale Organisation Gastgewerblicher Landesverbände (HORECA, Zürich)
- Association européenne des directeurs d'écoles hôtelières (EUHOFA, Lausanne)
- World Association of Travel Agencies (WATA, Genf)
- etc.

IV FREIZEIT- UND TOURISMUS-PERSPEKTIVEN

Es ist nicht gleichgültig, wie wir uns die Zukunft vorstellen, denn alles was ist, wurde zuerst einmal gedacht!

Aus: *Schweiz morgen,*
Bericht der Eidgenössischen Expertenkommission
an den Bundesrat
1991

ZUM INHALT

Im vierten und letzten Teil dieser Grundlagen befassen wir uns mit der Zukunftsdimension von Freizeit und Tourismus:

Kapitel 12
behandelt verschiedene Prognosemethoden, zeigt Veränderungen im Umfeld von Freizeit und Reisen auf und leitet daraus Trends im Freizeit- und Reiseverhalten ab.

Kapitel 13
beschreibt verschiedene Ansätze der Tourismuskritik, umreisst die Grundzüge des sanften Tourismus sowie einer nachhaltigen touristischen Entwicklung, zeigt verschiedene Methoden des Total Quality Managements auf und schliesst mit der Frage nach der Problematik des Um-Handelns.

Kapitel 14
setzt sich mit dem Faktor Zeit ganz allgemein auseinander und zeigt Zeitvisionen für morgen auf.

12. FREIZEIT- UND TOURISMUSTRENDS

Freizeit und Tourismus sind nicht eine Welt für sich, die eigenen Gesetzen gehorcht. Vielmehr sind beide Bereiche in ein vielfältiges Netz sozio-ökonomischer Bedingungen und Beziehungen eingebunden und werden von daher beeinflusst (vgl. hierzu Kapitel 3.3 / Abbildung 4). Eine differenzierte Analyse möglicher Entwicklungen von Freizeit und Tourismus ist deshalb nur unter Berücksichtigung der sich abzeichnenden gesamtgesellschaftlichen Veränderungen und Herausforderungen möglich.

Im Sinne einer theoretischen Grundlage legen wir zuerst verschiedene Methoden der Zukunftsbetrachtung dar. Anschliessend befassen wir uns mit Veränderungen und neuen Herausforderungen im gesamtgesellschaftlichen Umfeld und leiten daraus Entwicklungstrends für die Freizeit und das Reiseverhalten ab.

12.1 Prognosemethoden

Bevor wir auf verschiedene methodische Ansätze der Zukunftsbetrachtung näher eingehen, soll ein grundsätzlicher Hinweis auf die Unzulänglichkeit der Prognistik nicht fehlen. Einerseits ist die Prognosemethtodik bisher noch relativ wenig weit entwickelt, andererseits ist es die der Realität eigene Komplexität, die eine vollständige Erfassung heutiger Gegebenheiten und zukünftiger Entwicklungen - trotz Einsatz modernster Computertechnologien - nur begrenzt möglich macht. Selbst dort, wo brauchbare Methoden vorliegen, sind diese nur beschränkt einsetzbar, weil uns die Kenntnisse der komplexen Zusammenhänge ökologischer, ökonomischer und sozialer Art noch weitgehend fehlen.

Von der Methodik her lassen sich grundsätzlich zwei Prognoseansätze unterscheiden:

<u>Trendprognosen</u>
Dieser Prognoseansatz hat die Herleitung wahrscheinlicher Zukunftsentwicklungen zum Ziel. Innerhalb des Trendansatzes lassen sich vereinfacht wiederum zwei Prognoserichtungen unterscheiden:

Quantitativ-mathematische Trendverfahren
Hierzu zählen Prognoseverfahren, die auf der Grundlage von Erfahrungsdaten mit Hilfe mathematischer Modelle zukünftige Entwicklungen herzuleiten versuchen. Zu den bekanntesten Verfahren dieser Art gehören:
- **Lineare Trendextrapolation:** lineare Verlängerung von Erfahrungswerten
- **Regressionsanalyse:** Projektion von Erfahrungswerten im funktionalen Zusammenhang mit einer oder mehreren, die zu prognostizierende Grösse bestimmenden Variablen; z.B. mit Hilfe der Methode der kleinsten Quadrate.

Qualitativ-intuitive Trendverfahren
Im Unterschied zu den mathematischen Methoden, die auf analytischen Verfahren der Informationsgewinnung beruhen, basieren diese Prognosemethoden auf intuitiven Verfahren der Informationsgewinnung. Diese Verfahren erlauben zudem auch den Einbezug von qualitativen Aspekten in die Zukunftsbetrachtung. Die bekannteste qualitativ-intuitive Trendmethode stellt die Expertenbefragung dar:
- **Einstufige Expertenbefragung:** ein oder mehrere Experten werden unabhängig voneinander oder zu einer Diskussionsrunde zusammengefasst zum gleichen Prognosegegenstand nach ihrer Meinung befragt.
- **Mehrstufige Expertenbefragung:** Hierzu zählt insbesondere die Delphi-Methode: Einer anonymen Gruppe von Experten werden schriftlich Fragen über bestimmte zukünftige Entwicklungen gestellt. Die Antworten der Experten werden von einem Projektteam zusammengefasst und i.d.R. schon in der ersten Runde statistisch ausgewertet. In der zweiten Runde werden die Ergebnisse der ersten Runde allen Mitgliedern der Expertengruppe wieder zugestellt, verbunden mit der Aufforderung, eine erneute Prognose unter Berücksichtigung dieser Resultate vorzunehmen. Antworten, die dabei stark vom Durchschnitt abweichen, müssen von den Experten zudem begründet werden. Weitere Befragungsrunden sind möglich. (Vgl. hierzu MÜLLER et. al. 1991, S. 7f.).

Szenariomethode

Nach APEL et. al. (1983, S. 3) versteht man unter einem Szenario "ein gedachtes Entwicklungsbild, zu dem der Entwicklungsrahmen, also die äusseren Bedingungen, ebenso gehört wie die interne Entwicklungshaltung der Akteure und die Auswirkungen im betrachteten System". Im Unterschied zu den Trendverfahren, welche gestützt auf die bisherige Entwicklung eine möglichst wahrscheinliche Zukunft vorauszusagen versuchen, befasst sich die Szenariomethode also mit verschiedenen denkbaren Zukunftsentwicklungen. Zu den besonderen Merkmalen der Szenariomethode gehören:
- Vernetzte Darstellung zukünftiger Zustände
- Konsistente und plausible Herleitung von Zukunftsbildern
- Keine Festlegung von Eintreffenswahrscheinlichkeiten

Ziel von Prognosen

Unabhängig von der Methode befassen sich alle Prognosen mit ein und dem selben Forschungsgegenstand, nämlich der Zukunft. Prognosen erlauben uns künftige Entwicklungen und sich daraus ergebende Chancen und Probleme vorauszudenken, sinnvolle Ziele zu setzen und entsprechende Massnahmen rechtzeitig einzuleiten. Prognosen stellen somit in erster Linie Entscheidgrundlagen für zukünftiges Handeln dar.

Wichtig scheint dabei die Feststellung, dass Prognosen trotz der Theorie der "self-fullfilling prophecy" sich in der Regel nicht von selbst erfüllen. Bezüglich zukünftiger Entwicklung gibt es, abgesehen von naturbestimmten Abläufen und Evolutionen, keine schicksalshaften Eigengesetzlichkeiten, die unabänderlich und unweigerlich früher oder später zu einer bestimmten Zukunft führen. Vielmehr kommt es zu einem grossen Teil auf die jeweils handelnden Menschen selbst an, welche zukünftigen Entwicklungen Realität werden. Mit besonderer Deutlichkeit kommt dies zum Beispiel in den aktuellen gesellschaftlichen, wirtschaftlichen und politischen Umwälzungen in Ost- und Westeuropa zum Ausdruck. Die Zukunft bringt letztlich immer das, was die Mehrheit der beteiligten Menschen als wünschbar erachtet und worauf sie deshalb auch darauf hinwirkt.

Ist mann/frau sich dieser relativen Macht bezüglich der Gestaltbarkeit der Zukunft bewusst, stellt sich als primäre Frage diejenige nach dem "know what", nach dem Wissen also, welchen zukünftigen Zustand es anzustreben gilt. Diese Vorstellungen - oder besser Zielsetzungen - über eine wünschbare zukünftige Entwicklung setzen Entscheidungen (z.B. einen geschäftspolitischen Entscheid in der Unternehmung oder einen gesellschaftspolitischen Entscheid in der Oeffentlichkeit) voraus. Und für solche Entscheidungen liefern Prognosen eine wichtige Grundlage. Dabei gilt es nicht so sehr, das Eintreffen von beschränkt gültigen Prognosen abzuwarten, sondern sich als Mitträger von Entscheiden für oder eventuell gegen das Eintreten prognostizierter Ereignisse (Prognosen werden oft auch zum Zwecke des Nicht-Eintretens gestellt) zu engagieren. Mit andern Worten: "Was wir wollen, ist nicht die wahrscheinliche Zukunft erraten, aber die wünschbare Zukunft vorbereiten und vielleicht sogar weiter gehen und versuchen, die wünschbare Zukunft wahrscheinlich zu machen" (Jacques de Bourbon-Busset).

12.2 Veränderungen im sozio-ökonomischen Umfeld

Zahlreiche Veränderungen im näheren und weiteren Umfeld von Freizeit und Reisen vollziehen sich heute besonders turbulent. Nicht nur der neue Konsument ist quicklebendig geworden, auch die ganze Gesellschaft hat sich immer stärker fragmentiert, politische Grenzen werden aufgelöst, ja ganze Mauern abgebrochen, und auch die vermeintliche ökologische Stabilität wird immer instabiler. Obwohl wir immer mehr wissen über unsere Welten, sie erforschen, ergründen und ausgraben, werden die Zusammenhänge immer komplexer und unverständlicher. Zudem stecken wir alle mitten in diesem rasch ablaufenden Prozess des Wandels drin, was eine Zukunftsbetrachtung nicht einfacher macht.

<u>Gesamtgesellschaftliche Herausforderungen der 90er Jahre</u>

Im folgenden versuchen wir einige Entwicklungen im sozio-ökonomische Umfeld von Freizeit und Reisen, die zugleich gesamtgesellschaftliche Herausforderungen der Zukunft darstellen, zu umreissen (vgl. hierzu MÜLLER 1991):

Die politische Herausforderung
Unsere Zeit wird geprägt von der Aufbruchstimmung, in der sich Europa befindet. Alle osteuropäischen Staaten suchen nach einem Weg zu einer vermehrt marktwirtschaftlichen Ordnung und zu einer Oeffnung gegen aussen. Dabei wird nicht zuletzt auch der grenzüberschreitende Personenverkehr vereinfacht.

Und weil vor allem in den ehemaligen Ostblockstaaten ein riesiger Reise-Nachholbedarf besteht, wird dieser Prozess zu grossen zusätzlichen Reiseströmen führen. Gemäss einer Studie des "European Travel Data Center" stieg der Verkehr zwischen Ost- und Westeuropa im Jahre 1990 um 130%!

Die wirtschaftliche Herausforderung (EG-Binnenmarkt)
Europa befindet sich nicht nur politisch, sondern auch wirtschaftlich im Aufbruch. Die Realisierung des EG-Binnenmarktes schreitet unaufhaltsam voran und dürfte einen neuen Wachstumsschub auslösen.

Mit der zu erwartenden Verbesserung der individuellen Wohlstandsverhältnisse wird auch - generell betrachtet - das verfügbare Freizeitgeld als wichtige touristische Rahmenbedingung zunehmen. Dies wird aber nicht bei allen Einkommensbezügern gleichermassen der Fall sein: Nur die "Ferienhungrigen" (50 - 70%) werden mehr von ihrem Einkommen für Ferien und Reisen einsetzen. Wachsen wird vor allem die Gruppe der "Ferienersetzer" (20 - 30%), die weniger für Reisen und Ferien ausgeben möchte, weil sie in der Freizeit andere Konsumwünsche befriedigt. Schliesslich wird es auch immer mehr "Ferienmüde" (10 - 20%) mit weniger Feriengeld geben, weil sie reise- und mobilitätsmüde geworden sind - vielleicht auch, weil sich die Angebote ohnehin viel zu stark angeglichen haben. (Vgl. hierzu MÜLLER et. al. 1990a, S. 25)

Die ökologische Herausforderung
Ozonloch, Treibhauseffekt, Landschaftsverschandelung, Lärmbelästigung, Wasserverschmutzung, Bodenvergiftung, Energiekrise, Rohstoffausbeutung, Abfalldilemma, Waldsterben usw. sind Schlagworte, die uns mit unserem Industrialisierungsgrad und unserem Wohlstand ganz speziell betreffen. Die Umweltdiskussion verschärft sich von zwei Seiten her:

Oekologische Belastungsgrenzen sind vielerorts schon heute annähernd erreicht. Die Folgen werden in den nächsten Jahen mehr und mehr seh- und spürbar werden. Andererseits hat gerade in den letzten Jahren in breiten Bevölkerungsschichten ein Prozess der Umweltsensibilisierung eingesetzt.

Wie Untersuchungen (REISEANALYSE 1989, UNIVOX 1993) zeigen, werden auch Feriengäste immer umweltsensibler. Sie nehmen Umweltschäden insbesondere dann wahr, wenn dadurch ihr "Freizeit- und Ferienglück" in Frage gestellt wird. Also: Die sich zuspitzenden Umweltprobleme einerseits und das steigende Umweltbewusstsein andererseits rufen nach sanfteren Freizeit- und Reiseformen und nach einem konsequenten Oeko-Management in der Freizeit- und Tourismusbranche.

Die demographische Herausforderung
Sehen wir einmal davon ab, dass über Flüchtlingsströme die Bevölkerungsstrukturen der hochindustrialisierten Länder stark beeinflusst werden könnten, kann oder muss auch in Europa von stagnierenden Bevölkerungszahlen ausgegangen werden. Hingegen wird sich die demographische Zusammensetzung der Bevölkerung stark verändern: Während sich der Anteil der Jugendlichen in den nächsten Jahren drastisch verkleinern wird, steigt der Anteil der älteren Bevölkerung um bis zu einem Prozent pro Jahr. Immer weniger Jugendliche, jedoch immer mehr aktive Jungsenioren mit viel Zeit und Geld werden den Freizeit- und Reisemarkt, aber auch unser Gesellschaftsbild als Ganzes bestimmen.

Auch die Haushaltsgrössen werden immer kleiner. Die Zahl der Kleinfamilien- und Einpersonenhaushalte wird anwachsen. Der Trend zur allgemeinen Individualisierung der Gesellschaft führt zusammen mit einer zunehmend automatisierten und computerisierten Arbeitswelt zu einem wachsenden Kommunikationsbedürfnis in der Freizeit und auf Reisen.

Der Wertewandel als Herausforderung
Der Wertewandel verläuft ebenfalls recht turbulent. Er wird geprägt durch eine hedonistische Grundhaltung (Lust, Genuss, Ausleben), die gleichzeitig aber auch mit einer gewissen Zukunftsverantwortung gepaart ist: Eine zunehmend konsumkritische Haltung, ein zunehmendes Umwelt-, Gesundheits- und Körperbewusstsein, eine zunehmende Bedeutung von spirituellen Werten und vieles andere mehr machen sich immer stärker bemerkbar.

Die stark leistungsorientierten "Workaholics" verlieren an Bedeutung zugunsten von Menschen mit einer ganzheitlichen Lebensorientierung.

Dieser Wandel der persönlichen Werte und Einstellungen dürfte sich nicht zuletzt auch auf das Freizeit- und Reiseverhalten auswirken, im Sinne von mehr Lust auf Lernerfahrungen, Einfachheit und Umweltverantwortung. Dieser Wertewandel lässt sich bereits heute besonders ausgeprägt bei der jüngeren Generation beobachten.

Die auto-mobile Herausforderung
Die Tatsache, dass ein ständig grösser werdender Anteil der erwachsenen Bevölkerung Auto fahren kann, sowie die Inidividualisierung in der Gesellschaft ganz allgemein führen in allen westeuropäischen Ländern - trotz ernsthafter Oeko-Diskussionen - zu einem steigenden Motorisierungsgrad. Die Mobilitätsbereitschaft und damit auch das Bedürfnis nach vermehrter Mobilität in der Freizeit wird ebenfalls weiter zunehmen.

Dies führt bei voraussichtlich nur geringen Anpassungen der Verkehrsinfrastruktur und weiterhin schlecht koordinierten Schulferienordnungen im europäischen Raum ungewollt aber unweigerlich zu noch grösseren Verkehrsproblemen, zu eigentlichen Verkehrsinfarkten, gerade auch im Bereich des Freizeitverkehrs. Trotzdem ist bei einem Grossteil der Bevölkerung eine Aenderung im Mobilitätsverhalten kaum zu erwarten, auch wenn der Anteil der "Mobilitätsmüden" leicht ansteigen dürfte.

Die Massenfreizeit als Herausforderung
Die Freizeit wird für Erwerbstätige insgesamt noch leicht zunehmen, vor allem durch zusätzliche freie Tage und durch längere (unbezahlte) Urlaube junger Menschen. Die Dauer der täglichen Arbeitszeiten dürfte hingegen in etwa gleich bleiben. Es scheint, dass unsere Gesellschaft nebst dem Massenwohlstand und dem Massentourismus auch von einer Art Massenfreizeit geprägt werden wird. Wie gehen wir künftig mit dieser Massenfreizeit um?

Für immer mehr Menschen wird die Freizeitverwendung zum Problem. Für immer mehr wird sie zur süchtigen Medienzeit, zur fortgesetzten Konsumzeit mit dem Dreiklang "Shopping, Kino, Essengehen" oder zur nimmermüden Aktivzeit (OPASCHOWSKI 1991, S. 6f.). Nur wenigen gelingt es, Freizeit vermehrt auch als Sozialzeit, als Kulturzeit oder als Eigenzeit zu verstehen. Mit anderen Worten: Die Arbeitsgesellschaft von gestern läuft Gefahr, zur Massen-Freizeitgesellschaft von morgen mit den Ausprägung Medien-, Konsum- und Aktivzeit zu werden. Aufzuwerten - auch während der Ferien - wäre die Freizeit als Sozial-, als Kultur- und als Eigenzeit.

<u>Zwei kontrastierende gesellschaftliche Entwicklungsmuster</u>

Vor dem Hintergrund der sich abzeichnenden Herausforderungen der 90er Jahre sind im Sinne von Szenarien verschiedene gesellschaftliche Entwicklungsmuster denkbar. Im folgenden werden zwei konträre gesellschaftliche Entwicklungsbilder aufgezeigt, die im Rahmen des Expertenberichtes "Schweiz morgen" zuhanden des Bundesrates entwickelt wurden (BFK 1991, S. 28f.):

Die "voll-mobile-Single-Gesellschaft"
Die Tendenz zur Individualisierung verstärkt sich weiter in Richtung einer Gesellschaft von Menschen, die nur an ihrem Privatwohl und ihrer "Selbstverwirklichung" interessiert sind: Selbstverliebt, tolerant im Sinn von gleichgültig, konsumorientiert, nach dem Motto "alles ist käuflich" - eben auch die an den Staat und private Anbieter delegierten sozialen Dienste. Politisches Engagement bleibt auf die "Betroffenheitsdemokratie" beschränkt.

Diese "voll-mobile-Single-Gesellschaft" ist kaum standortgebunden und entsprechend wenig auf lokale Gemeinschaft bezogen, verbraucht viel Wohnraum und reist über immer grössere Strecken. Einer konkurrenzfähigen Mehrheit steht eine wachsende Minderheit von Personen mit mangelhafter Ausbildung, von älteren Menschen und Behinderten gegenüber, die zwar finanziell noch unterstützt, sozial aber ausgegrenzt wird. Die wachsende Zahl der Pflegebedürftigen wird professionell "versorgt". Die Frage, welchen sozialen Aufwand welche gesellschaftlichen Gruppen zu erbringen bzw. zu bezahlen bereit sind, wird zum zentralen politischen Konflikt.

Die "verpflichtende Lebensgemeinschaft"
Die Tendenz zur Individualisierung löst zunehmend Unbehagen aus, so dass sich Gegentendenzen in Richtung einer Aufwertung der verpflichtenden Gemeinschaft verstärken. Individuen finden sich wieder vermehrt bereit, soziale Verantwortung zu übernehmen. Lebensgemeinschaften traditioneller oder alternativer Art nehmen an Bedeutung zu. Mit dem kollektiven Verantwortungsgefühl verstärken sich aber auch die soziale Kontrolle und Intoleranz gegenüber "unrichtigem" Verhalten, etwa im ökologischen Bereich.

Die immateriellen Elemente der Lebensqualität gewinnen an Bedeutung und mit ihnen die Bereitschaft, im sozialen und politischen Bereich mitzuwirken. In der sich herausbildenden Werteskala werden politische und soziale Dienstleistungen ein wesentliche Teile der "Lebensarbeit". Beide Geschlechter haben zunehmend eine ganzheitliche Lebensauffassung, in der sich Berufsarbeit und Subsistenzarbeit ergänzen. Die starke Beziehung zur Wohnumwelt und zur Nachbarschaft bringt neue Formen der Eigentumsförderung mit sich, die Mobilität nimmt ab und verlagert sich auf den öffentlichen Verkehr. Das Quartier wird zur zentralen Bezugseinheit, politisch wie sozial. In seinem Rahmen entwickeln sich intergenerationell gespannte kleine Netze und mit ihnen verbundene soziale Dienstleistungen.

12.3 Veränderungen in den Freizeitverhaltensmustern

In Anlehnung an eine breit angelegte Untersuchung des Instituts für Freizeitwirtschaft in München (IFW 1987, S. 155f.) werden sich die zehn wichtigsten Freizeitverhaltensmuster in den 90er Jahren tendenziell wie folgt verändern (die Pfeilrichtung gibt die zukünftige Entwicklung an):

1. Körperliche Bewegung, sportlich-spielerische Betätigung →
2. Ruhe, Alleinsein, Selbstverwirklichung ↗
3. Geselligkeit, soziale Kommunikation ↗
4. Soziale Selbstdarstellung ↘
5. Vergnügen, Zerstreuung ↘
6. Geistige Auseinandersetzung, Bildung ↑
7. Mobilität, Suchen neuer Umweltreize ↑
8. Beteiligung am Wettkampf, Leistung →

9. Spielerischer, nicht zweckgerichteter Zeitvertrieb ↗
10. Sinnliche Eindrücke, Wohlbefinden ↗

Gestützt auf die Ergebnisse dieser und weiterer Untersuchungen zu den Freizeitinteressen (vgl. Kapitel 3.4 / Abbildung 5) lässt sich sagen, dass vor allem die Mobilität und das Suchen nach neuen Umweltreizen, die geistige und kulturelle Auseinandersetzung sowie die Suche nach Geselligkeit und sozialer Kommunikation zu den Gewinnern unter den Freizeitverhaltensmustern gehören werden. Demgegenüber dürfte die Bedeutung von Freizeit und Reisen als Feld der sozialen Selbstdarstellung sowie des reinen Vergnügens und Zerstreuens abnehmen.

12.4 Veränderungen im Reiseverhalten

Reisetrends

Die dargelegten Herausforderungen im gesamtgesellschaftlichen Umfeld von Freizeit und Reisen sowie die Veränderungen in den Freizeitverhaltensmustern prägen auch das Ferienverhalten von morgen ganz wesentlich mit. In Anlehnung an OPASCHOWSKI (1991, S. 16f.) lassen sich daraus für die 90er Jahre folgende Reisetrends ableiten:

1. Trend zum Urlaubserleben in intakter Landschaft
2. Trend zum Urlaubsverhalten zwischen Entspannungsbedürfnis und Unternehmungslust
3. Trend zu Individualisierung der Reiseformen
4. Trend zu anspruchsvolleren Reiseangeboten
5. Trend zum zweiten Zuhause
6. Trend zu sonnigen Reisezielen
7. Trend zu kürzeren Reisen
8. Trend zu mobilierem Reiseverhalten
9. Trend zu spontaneren Reiseentscheidungen
10. Trend zur Urlaubsgestaltung mit Clubatmosphäre

Im Sinne einer Präzisierung und Ergänzung sei hier auf drei weitere Punkte bezüglich der zukünftigen Entwicklung des Ferienverhaltens hingewiesen (vgl. hierzu MÜLLER et. al. 1990a, S. 22f.):

Veränderte Reisemotive

Die passiven Reisemotive - Sonne, Sand und See - sowie die drei aktiven Motiv-S - Spiel, Spass und Sport - werden auch in naher Zukunft noch dominieren, auch wenn immer mehr Gäste sich der schädigenden Wirkung von allzu langem Sonnenbaden bewusst werden. Ein rasch wachsendes Gesundheitsbewusstsein schlägt aber insbesondere mit Bezug auf die Ernährung, die spielerisch-sportlichen Tätigkeiten und die Umweltansprüche (Wasser, Luft, Lärm etc.) vermehrt auf die Ferienwelt durch. Stark an Bedeutung gewinnen zudem die Lernmotive: Der Anteil unter der reisenden Bevölkerung, der während der Ferien vor allem etwas für Kultur und Bildung tun möchte (Reisen als Chance der Horizonterweiterung), nimmt rasch zu.

Veränderte Reisezielpräferenzen

Die Popularität von Reisezielen am Mittelmeer wird zwar weiterhin hoch sein, jedoch durch Umweltprobleme gedämpft. Hingegen werden vor allem Bergferien und (Kultur-)Städtereisen populärer. Mit fortschreitender Europäisierung und höherem Mobilitätsgrad kann auch davon ausgegangen werden, dass vermehrt Leute, die bisher ihren Urlaub im eigenen Land verbrachten, die Landesgrenzen überschreiten werden. Dies gilt insbesondere für Osteuropäer, die eben erst die Reisefreiheit erhalten haben, aber auch für andere euopäische Länder wie Spanien, Belgien, England, Frankreich, etc.

Veränderte Reisezeitpräferenzen

In den letzten drei Jahrzehnten hat sich die touristische Entwicklung des Alpenraums vor allem am Wintertourismus orientiert. Die touristische Nachfrage und klimatische Ein- und Aussichten erzwingen nun aber ein Umdenken: Der Bergsommer kommt wieder in Mode (vgl. hierzu MÜLLER et. al. 1991, S. 14). Die Begründungen sind insbesondere in den Veränderungen der altersmässigen Zusammensetzung der potentiellen Gäste deren Reisemotive, in den ökologischen Problemen, im sinkenden Preis-Leistungsveältniss der Mittelmeerdestinationen sowie in der sprichwörtlichen Attraktivität des Alpenraums zu suchen. Diese wiedererlangte Popularität des Bergsommers beinhaltet sowohl Chancen (vor allem wirtschaftlicher Art) als auch Gefahren (vor allem ökologischer und sozialer

Art). Zu den veränderten Reisezeitpräferenzen gehört schliesslich auch der vielzitierte Trend zu Kurzreisen.

Zukünftige Entwicklung von Gästesegmenten

Felizitas ROMEISS-STRACKE (1989, S. 28f.) hat in einer Untersuchung vier bezüglich ihrer Lebensstile grundsätzlich verschiedene Gästegruppen mit entsprechenden Freizeit- und Urlaubsverhaltensmustern herausgefiltert und deren zukünftige Entwicklung wie folgt analysiert:

Die aktiven Geniesser
Golfspielen, Segeln, Tennis, Reiten, Squash, Krafttraining, Sauna, Einkaufen, Gut-Essen-Gehen, Top-Unterhaltung, Kontakte, Sehen und Gesehen werden, Flirten, Lieben, Kurzreisen.
Anteil heute: ca. 30-40% der deutschen Bevölkerung.
Trend: leicht steigend.

Die Trendsensiblen
Natur- und Kulturerfahrung, New Age, Psychotrip, Selbsterfahrung, Abenteuer und Grenzerleben, Aussteigen auf Zeit, Körperbewusstsein, gesunde Ernährung, Gruppenerlebnis, Langzeiturlaub.
Anteil heute: ca. 20% der deutschen Bevölkerung.
Trend: stark zunehmend.

Die Familiären
Spazieren, Baden, Ballspielen, Radfahren, Bootfahren, Besichtigungen, Führungen, leichte und ungezwungene Bewegung in der Gruppe, Ausflüge, gemeinsame "grosse Ferien".
Anteil heute: ca. 20% der deutschen Bevölkerung.
Trend: stagnierend bis leicht abnehmend.

Die Nur-Erholer
Schlafen, gut und schmackhaft Essen, Spazierenfahren, Sonnen, Baden, nett behandelt werden, nette Leute treffen, etwas für die Gesundheit tun, Zweiwochenurlaub.
Anteil heute: ca. 30% der deutschen Bevölkerung.
Trend: stark abnehmend.

13. TOURISMUSKRITIK - TOURISMUSENTWICKLUNG

13.1 Tourismuskritik

Die Kritik am Tourismus ist so alt wie der Tourismus selbst. MÜLLER 1994a (S. 34f.) umreisst den Stand der Tourismuskritik mit folgenden sieben Thesen:

1. Die Tourismuskritik steckt in einer Orientierungskrise
Die Tourismuskritik kann zeitlich und inhaltlich in die folgenden fünf Grundströmungen unterteilt werden (vgl. KELLER 1984):
- Die elitäre oder schwarze Tourismuskritik wendet sich gegen den Tourismus breiter Bevölkerungsschichten (vgl. NEBEL 1950)
- Die ideologische oder rote Tourismuskritik stellt den Tourismus als Flucht aus dem industriellen Alltag dar (vgl. ENZENSBERGER 1958, WAGNER 1978)
- Die ökologische oder grüne Tourismuskritik konzentriert sich auf die direkten und indirekten Auswirkungen des Tourismus auf die natürliche Umwelt (vgl. KRIPPENDORF 1975, WEISS 1981)
- Die Kritik am Ferntourismus kritisiert den Tourismus mit seinen vielfältigen Auswirkungen als neue Form des Kolonialismus (vgl. RENSCHLER 1985, MAURER et al. 1992)
- Die Kritik der Bereisten bringt das Unbehagen vor allem gegenüber der rasanten quantitativen touristischen Entwicklung aus der Sicht der Zielgebiete zum Ausdruck (vgl. KRIPPENDORF 1984, S. 128f.; MÄDER 1985, S.103f.; HUBER et al. 1990, S. 13f.; FERRANTE 1994, 217f.).

Es scheint, dass mit diesen fünf Grundströmungen der Tourismuskritik alle zu kritisierenden Aspekte aufgezeigt wurden. Auch wenn bestimmte Anliegen nicht oft genug vorgebracht werden können, darf sich die Tourismuskritik nicht in Wiederholungen erschöpfen. Sie muss sich neu orientieren.

2. Die TouristikerInnen haben die Kritik gehört und gelernt, mit ihr umzugehen
Reiseveranstalter und touristische Anbieter in den Zielgebieten mussten sich - wohl oder übel - im Verlaufe der Zeit mit allen Schattierungen der Tourismuskritik auseinandersetzen. In dieser Auseinandersetzung wurden beidseitig rein ideologisch geprägte Standpunkte entlarvt und Einsichten

gewonnen. Auch wenn man sich heute noch oft auf Gemeinplätzen bewegt, darf behauptet werden, dass viele TouristikerInnen ihre ursprünglich abwehrende Haltung gegenüber der Tourismuskritik abgelegt haben. Sie stellen sich der Kritik, akzeptieren sie in einzelnen Punkten, suchen aktiv eine Zusammenarbeit mit KritikerInnen und verlangen konstruktive Verbesserungsvorschläge.

3. Die TourismuskritikerInnen haben sich als fleissige Berater etabliert

Die offener und konstruktiver gewordene Auseinandersetzung mit der Tourismuskritik hat dazu geführt, dass die TourismuskritikerInnen immer mehr mit der Tourismusbranche zusammenarbeiten, vorerst als ProduzentInnen von kritischem Prospektmaterial, dann als Lehrkräfte in der Aus- und Weiterbildung und schliesslich als BeraterInnen in einzelnen Unternehmensbereichen. (Ein Phänomen übrigens, das aus der 68er-Bewegung bestens bekannt ist.) So eröffnete sich ein breites Profilierungsfeld für anpassungsfähige TourismuskritikerInnen, auch für solche, die müde geworden sind. Denn stetige Tourismuskritik wirkt zermürbend - beidseitig.

4. Die kritisierten Tatbestände haben sich als neue Profilierungsfelder für TouristikerInnen entpuppt

Im Verlaufe der Angleichungsprozesse unter den touristischen Anbietern haben sensible UnternehmerInnen jüngstens auch gemerkt, dass die Tourismuskritik neue Profilierungsfelder bietet. Ein umweltverantwortliches Image als Reiseveranstalter oder Hotelier, als Ferienort oder Tourismusverband bringt viel Anerkennung und erhöhte Absatzchancen. "Ethik rentiert", hat kürzlich eine Zeitung getitelt. Es darf deshalb nicht erstaunen, dass beispielsweise Wolf Michael Iwand als Umweltbeauftragter in der Öffentlichkeit innert kürzester Zeit zum bestens bekannten TUI-Vertreter geworden ist. Seine Auftritte in den Medien und an Veranstaltungen sind beste Werbung für den Reiseveranstalter.

5. Die TourismuskritikerInnen müssen ihre eigenen Werthaltungen reflektieren und offenlegen

Wenn TourismuskritikerInnen zukünftig wieder vermehrt Ernst genommen werden wollen - und dies wäre zu hoffen -, so müssen sie ihre eigenen Werthaltungen und Standpunkte offenlegen. Blosse Ideologien haben ebenso ausgedient wie reine Schlagworte à la "Sanfter Tourismus" oder "Umweltverträgliche Entwicklung". Vor allem die grüne Tourismuskritik muss zu einem ethischen Diskurs finden, denn die Auseinandersetzung mit der Ökologie eröffnet uns zwar einen Einblick in die phantastische Welt der Wechselwirkungen. Eine Antwort, wie wir uns in einem konkreten Fall zu verhalten haben, wird sie uns aber immer schuldig bleiben.

6. Die TouristikerInnen müssen den Aussagen Taten folgen lassen
Die Antworten der touristischen Anbieter auf die Tourismuskritik tönen zwar verständnisvoll und - weil aus PR-geschultem Mund - oft auch überzeugend, doch blieb bis anhin vieles im Aussagebereich stecken. An den Taten, nicht nur an den Worten, sollte man zukünftig erkennen, ob die Ernst zu nehmende Tourismuskritik Ernst genommen worden ist und ob daraus einsichtige Handlungsweisen entstanden sind.

7. Die Tourismuskritik muss sich vermehrt auf die Glaubwürdigkeit der TouristikerInnen konzentrieren
Damit hat sich ein neues Aufgabenfeld für TourismuskritikerInnen ergeben, nämlich darauf zu achten, ob die Aussagen und Versprechungen der touristischen Anbieter einerseits glaubwürdig sind und andererseits ein überzeugender Wille besteht, sie nachhaltig umzusetzen. Eine äusserst schwierige, aber faszinierende Aufgabe. (MÜLLER 1994, S. 34f.)

13.2 Sanfter Tourismus

Der Futurologe JUNGK (1980) schuf mit seiner Gegenüberstellung der touristischen Verhaltensweisen in "Hartes Reisen - Sanftes Reisen" einen einprägsamen Begriff für eine neue touristische Philosophie, die die hauptsächlichen Kritikpunkte (vgl. Kapitel 13.1) aufnimmt und die in einem engen Fachkreis bereits Mitte der 70er Jahre diskutiert wurde (vgl. KRIPPENDORF 1975, S. 87f.) Sie liegt auch dem SCHWEIZ. TOURISMUSKONZEPT (1979) mit seinem ganzheitlichen, d.h. auf gesellschaftliche, wirtschaftliche und ökologische Aspekte ausgerichteten Zielsystem zugrunde (vgl. Kapitel 10.2). Zu einer Intensivierung der Fachdiskussion zum Themenkreis "Sanfter Tourismus" ist es aber erst in den 80er Jahren gekommen, vor allem als Folge des zunehmenden Unbehagens gegenüber der rasanten quantitativen Tourismusentwicklung und der damit verbundene Verunsicherung in verschiedenen Kreisen, gerade auch bei der Bevölkerung in den touristischen Zielgebieten. (Vgl. KIRSTGES 1995, S. 10f.)

Begriff und Zielsetzungen

Der Begriff "Sanfter Tourismus" ist oft missverstanden worden. Noch heute dominiert in breiten Kreisen diesbezüglich die Vorstellung vom körnerfressenden Alternativtouristen, der mit seinem grünen Rucksäcklein durch die Wälder streift. Hinter der Idee des sanften, harmonisierten oder auch angepassten Tourismus steckt aber ein weit umfassenderes Begriffsverständnis: Mit dem Begriff "sanfter Tourismus" wird eine eigentliche Bewegung im Sinne einer neuen touristischen Geisteshaltung oder Ethik verstanden. Im Unterschied zur bisherigen sog. "harten Tourismusentwicklung" nach vorwiegend wirtschaftlichen und technischen Zweckmässigkeiten beinhaltet die Idee einer "sanften Tourismusentwicklung" den gleichgewichtigen Einbezug der Forderungen nach wirtschaftlicher Ergiebigkeit, nach intakter Umwelt sowie nach Berücksichtigung der Bedürfnisse aller beteiligter Menschen, insbesondere auch der einheimischen Bevölkerung.

Der anzustrebende Zustand ist jener einer Tourismusentwicklung im Gleichgewicht: Alle vier Ziele - intakte Landschaft, intakte Soziokultur der Einheimischen, optimale Erholung der Gäste und wirtschaftliche Wertschöpfung - stehen gleichberechtigt nebeneinander. Umwelt- und sozialverantwortlicher oder sanfter Tourismus heisst, dieses "magische Viereck" zu harmonisieren und in dem Sinne zu optimieren, dass bei möglichst geringen negativen Auswirkungen (insbesondere auf die Landschaft) die positiven Beziehungen zwischen allen Grössen maximiert werden. Alle vier Grössen stehen gleichwertig nebeneinander; sie sind Ziele und Voraussetzungen in einem. Gegenüber dem heutigen Zustand bedeutet dieses Konzept vor allem eine Aufwertung der Umweltinteressen und eine relative Abwertung der rein wirtschaftlichen Interessen.

Eine Quantifizierung der angestrebten harmonisierten touristischen Entwicklung mittels Kennziffern findet sich bei SEILER (1989). Er hat im Rahmen seiner Dissertation die folgenden sieben Schlüsselgrössen (mit entsprechenden Richtwerten) für die Erfassung einer sanften Tourismusentwicklung in Ferienorten herausgearbeitet:

Landschaft
Mass für die Landschaftsschonung: überbaute Bauzone x 100 durch Bauzone insgesamt (Wert von über 90% gilt als positiv).

Landwirtschaft
Entwicklung der Landbearbeitung: Prozentuale Veränderung der landwirtschaftlichen Nutzfläche in den letzten fünf Jahren (Wert von über 0 gilt als positiv).

Beherberung und Transport
Uebereinstimmung Bahnen-Betten: Transportkapazität aller touristischen Bahnen (Personen-Höhenmeter pro Stunde) durch gesamtes Bettenangebot (Wert von 280-340 Personen-Höhenmeter pro Stunde und Bett gilt als positiv).

Verhältnis zwischen Parahotellerie und Hotellerie: Betten in der Parahotellerie durch Betten in der Hotellerie (Wert von kleiner als 2,5 gilt als positiv).

Auslastung
Winterauslastung der Bahnen: beförderte Personen x 100 durch Transportkapazität aller touristischen Bahnen (Wert von über 35% gilt als positiv).

Selbstbestimmung
Ferienwohnungen im Besitz Ortsansässiger: Ferien- und Zweitwohnungen im Besitz von Ortsansässigen x 100 durch Ferien- und Zweitwohnungen insgesamt (Wert von über 55% gilt als positiv).

Kulturelle Identität
Grad der Bereitsheit: Betten insgesamt durch ganzjährig Ortsansässige (Wert von unter 2.7 gilt als positiv).

Thesen für eine sanfte Tourismusentwicklung

Im Verlaufe der letzten Jahre wurden anlässlich von Tagungen und Kongressen sowie in verschiedenen wissenschaftlichen Publikationen zahlreiche Forderungskataloge formuliert, wie ein anderer, ein umwelt- und sozialverantwortlicher, ein sanfter Tourismus aussehen müsste (vgl. hierzu KRIPPENDORF 1975, S. 84f.; KRIPPENDORF 1984, S. 176f.; KRIPPENDORF et. al. 1986, S. 80f.; CIPRA 1984; BIERENWANG 1985; TOBLACH 1985).

Nachfolgend übernehmen wir den Thesenkatalog der Arbeitsgemeinschaft 'Tourismus mit Einsicht' (TME 1991). Die 30 TME-Thesen für einen sozial- und umweltverantwortlichen Tourismus geben etwa das wieder, was man heute als "konsensfähige Theorie" bezeichnen könnte:

Wir als Verantwortliche in Tourismusgebieten

1. Wir wollen die touristische Entwicklung selbst kontrollieren und aktiv steuern, damit unsere Heimat als Lebens-, Wirtschafts- und Naturraum erhalten bleibt.

2. Selbstbestimmte Tourismusentwicklung bedeutet für uns, dass die einheimische Bevölkerung vor Ort bei allen wichtigen Angelegenheiten mitentscheidet und mitbeteiligt wird: Tourismusentwicklung von, mit und für die örtliche Bevölkerung.

3. Wir streben gleichermassen eine wirtschaftlich ergiebige, sozialverantwortliche und umweltverträgliche Tourismusentwicklung an.

4. Wir legen die touristischen Ausbauziele in unseren Orten verbindlich fest und beschränken uns dabei auf das Wünschbare, nicht auf das Machbare. Wir nehmen dabei auch zeitweilige Engpässe bewusst in Kauf.

5. Wir wollen die Kontrolle über unseren Grund und Boden behalten. Zu diesem Zweck betreiben wir eine aktive Raumordnungs- und Bodenpolitik, beschränken unser Baugebiet, verzichten auf den Bodenverkauf an Auswärtige und setzen uns für eine vorrangige Nutzung der bestehenden Bausubstanz ein.

6. Wir verfolgen eine zurückhaltende Erschliessungspolitik. Wir wollen insbesondere beim Bau neuer oder bei der Erweiterung bestehender In-

frastrukturanlagen und bei touristischen Transporteinrichtungen vorsichtig sein und die Ausbauziele strikt beachten.

7. Wir wollen die Natur und Landschaft wirksam schützen. Neben dem haushälterischen Umgang mit dem Boden und der zurückhaltenden Erschliessung errichten wir auch grossräumige Schutzzonen, die besonders wertvolle Landschaften bewahren sollen.

8. Wir wollen der Gefahr einer einseitigen Wirtschaftsentwicklung und einer zu starken Abhängigkeit vom Tourismus begegnen. Wir setzen uns für eine Stärkung der Landwirtschaft und des Kleingewerbes und für eine Verbesserung der Partnerschaft mit dem Tourismus ein.

9. Wir wollen die Tourismusentwicklung konsequent auf die natürliche und kulturelle Eigenart unserer Region ausrichten. Wir wollen, dass unsere einheimische Kultur eigenständig und lebendig bleibt. Wir pflegen und fördern unsere Architektur, unser Handwerk, unsere Kunst, unsere Sprache, unsere Bräuche, unsere Gastronomie.

10. Wir wollen alle Betroffenen - die einheimische Bevölkerung, die Tourismus-Unternehmer, die Politiker und die Touristen - laufend informieren und sie für ein sozial- und umweltverantwortliches Verhalten gewinnen.

Wir als Reiseunternehmen

1. Wir verstehen uns als ein nach kommerziellen Grundsätzen geführtes Unternehmen, das die Reisebedürfnisse seiner Kunden bestmöglich befriedigen und angemessene wirtschaftliche Ergebnisse erzielen will. Dieses Ziel werden wir dauerhaft nur dann erreichen, wenn es uns gelingt, Tourismusformen zu finden, die gleichzeitig wirtschaftlich ergiebig, sozialverantwortlich und umweltverträglich sind.

2. Wir sehen unsere Kunden als lebensfrohe Menschen, die ihre Ferien als die "schönsten Wochen des Jahres" geniessen wollen. Wir wissen aber auch, dass die Zahl der vielseitig interessierten, rücksichtsvollen und umweltbewussten Reisenden immer grösser wird. Wir wollen solche Eigen-

schaften und Haltungen ansprechen und fördern, ohne dabei "Gäste-Erziehung" zu betreiben.

3. Wir wollen auf die Interessen der einheimischen Bevölkerung, auf ihre Eigenständigkeit und ihren Wunsch nach Selbstbestimmung Rücksicht nehmen. Wir respektieren daher die einheimischen Gesetze, Sitten und Bräuche und die kulturelle Eigenart.

4. Wir wollen mit den Leistungsträgern und der einheimischen Bevölkerung in den Zielgebieten partnerschaftlich zusammenarbeiten. Wir setzen uns für faire Geschäftsbedingungen ein, die für alle Partner grösstmöglichen Nutzen bringen.

5. Unser Streben nach Qualifizierung des Reisens soll auch in einer sorgfältigen Auswahl und permanenten Schulung unserer Mitarbeiter und Mitarbeiterinnen auf allen Stufen sowie in der gewissenhaften Weiterentwicklung und ständigen Kontrolle unserer Reiseangebote zum Ausdruck kommen.

6. Wir wollen über unsere Kataloge, Reiseinformationen und Reiseleiter unsere Kunden sachlich und umfassend informieren und Interesse dafür wekken, ein bereistes Land in seiner Gesamtheit zu erfahren. Ganz besonders achten wir auf eine respektvolle Beschreibung der Bevölkerung in den Zielgebieten.

7. Wir übertragen unseren Reiseleitern und Animateuren besondere Verantwortung und unternehmen auch entsprechende Anstrengungen zugunsten einer umfassenden Aus- und Fortbildung.

8. Wir verzichten auf Reisen, Ausflüge und Expeditionen zu abgeschlossenen, von unserer westlichen Zivilisation kaum berührten ethnischen Gruppen.

9. Wir unterstellen alle unsere eigenen Tätigkeiten sowie jene unserer Geschäftspartner den gleichen strengen Qualitätsmassstäben eines sozial- und umweltverantwortlichen Tourismus.

10. Wir sind bereit, uns im Rahmen unserer Berufsverbände für die Formulierung einer gemeinsamen "Ethik des Reiseunternehmens" und für deren Einhaltung einzusetzen.

Ich als Tourist

1. Ich habe das Ausspannen nötig und auch redlich verdient. Ich weiss aber auch, dass ich (und nicht nur ich) mehr davon habe, wenn ich meine Freizeit nicht gedankenlos konsumiere.

2. Ich als Tourist will mich auf der Reise selbst kritisch beobachten und zurückhaltend auftreten. Ich will geniessen, ohne andere zu verletzen oder ihnen Schaden zuzufügen.

3. Ich akzeptiere meine Rolle als Tourist, als einer von vielen, und versuche nicht, mich ständig von anderen Touristen abzusetzen. Ich suche den Kontakt zu den Mitreisenden.

4. Ich als Tourist will auf meinen Ausflügen und Reisen mehr über das Land und seine Menschen erfahren. Ich will mich der gastgebenden Bevölkerung anpassen und nicht als "König Gast" das Umgekehrte verlangen.

5. Ich will das Neue und Unbekannte auch selbst ausprobieren und davon lernen: die anderen Gepflogenheiten, das andere Essen zum Beispiel, die anderen Lebensformen, den anderen Lebensrhythmus.

6. Was für mich Freizeit und Vergnügen ist, bedeutet für die gastgebenden Menschen Belastung und Arbeit. Unser Geld ist deren Brot. Ich will mich davor hüten, diese ungleiche Situation auszunützen.

7. Ich bin bereit, auch gegenüber der bereisten Umwelt ein Stück Verantwortung zu übernehmen: Ich gebe mich zum Beispiel mit dem zufrieden, was vorhanden ist, und benütze umweltfreundliche Verkehrsmittel.

8. Ich will mir mehr Zeit nehmen und mich der allgemeinen Reisehektik entgegenstellen: Mehr Zeit zum Beobachten, mehr Zeit für Begegnungen, mehr Zeit füreinander.

9. Ich kaufe kritisch und hinterfrage die verführerischen Reisesversprechen. Ich wähle jene Angebote, von denen ich weiss, dass sie der gastgebenden Bevölkerung den grösstmöglichen Nutzen bringen.

10. Ich bleibe auch hin und wieder bewusst zu Hause, anstatt immer einfach wegzufahren. In meiner näheren Umgebung gibt es noch viel Interessantes zu entdecken. Umso grösser wird meine Freude auf die nächste Reise sein.

Eine einprägsame Charakterisierung des neuen, sanften Touristen findet sich in der Tonbildschau "Die Ferienmenschen" zum gleichnamigen Buch von Jost Krippendorf (FIF 1986):
- Der neue Tourist ist ein einsichtiger Tourist
- Der neue Tourist ist ein konsumkritischer Tourist
- Der neue Tourist ist ein genügsamer und anpassungswilliger Tourist
- Der neue Tourist ist ein rücksichtsvoller Tourist
- Der neue Tourist ist ein innengeleiteter Tourist
- Der neue Tourist ist ein selbstbeschränkt reisender Tourist
- Der neue Tourist ist ein experimentierfreudiger, kreativer Tourist
- Der neue Tourist ist ein lernbereiter Tourist

13.3 Nachhaltige touristische Entwicklung

Nachhaltigkeit ist ein in der Forstwirtschaft im 19. Jahrhundert entwickelter Begriff, maximal soviel Holz aus Wäldern zu entnehmen, wie insgesamt wieder nachwächst. Der Begriff der Nachhaltigkeit wurde auf andere Ressourcenbereiche übertragen und erlebte insbesondere im Zusammenhang mit der Umweltkonferenz von Rio de Janeiro eine Renaissance. Seit kurzem wird dieser Begriff auch auf den Tourismus appliziert. Unter einer nachhaltigen Tourismusentwicklung wird das umwelt- und sozialverantwortliche Gestalten, Lenken und Entwickeln des Tourismus als zweckorientertes System verstanden.

Im Zentrum einer nachhaltigen touristischen Entwicklung steht eine magische Fünfeck-Pyramide (vgl. Abbildung 15). Die Grundeckpunkte des Zielsystems sind (MÜLLER 1993):

Abbildung 16

Magische Fünfeck-Pyramide einer nachhaltigen touristischen Entwicklung

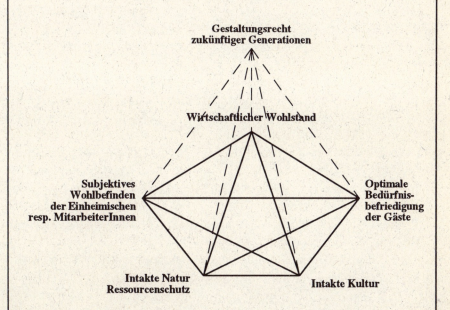

Müller, H:R.: Nachhaltigkeit im Tourismus - auf der Suche nach einer neuen Tourismusethik, Vortragsmanuskript, Bern 1993, S. 13

- Wohlstand: Einkommen, Wertschöpfung, Abbau von Disparitäten etc.
- Wohlbefinden: subjektives Wohlbefinden, Selbstverwirklichung, kulturelle Identität, Anpassungsfähigkeit etc.
- Gästebedürfnisse: optimale Befriedigung vielfältiger Gästebedürfnisse, Gästesegmentierung etc.
- Natur: Ressourcenschutz, natürliche Vielfalt etc.
- Kultur: Vielfalt des kulturellen Schaffens, Kulturgüterschutz etc.
- Zukünftige Generationen: Gestaltungsrecht

Oekonomisch ausgedrückt bedeutet eine nachhaltige touristische Entwicklung nicht vom Kapital, sondern vom Zins zu leben. Um langfristig die touristische Prosperität sicherzustellen, müssen sich die touristischen Produktionskosten quantitativ und qualitativ an den Wertsteigerungen sowie am Anpassungsvermögen von Natur und Kultur orientieren.

13.4 Quality Management

Es scheint, dass im Tourismus auf die Produkteorientierung der 60er-Jahre, die Verkaufsorientierung der 70er-Jahre, die Marketingorientierung der 80er-Jahre nun in den 90er-Jahren die Qualitätsorientierung folgt. Dieser neue Managementansatz ist mehr als ein blosser Modetrend. Die Begründung ist wohl im zunehmenden Konkurrenzdruck infolge riesiger Überkapazitäten, verlockender Tiefpreise und ständig neuer Reiseziele zu suchen. Die Profilierung über die Qualität stellt für traditionelle Reisedestinationen der einzig erfolgversprechende Ausweg dar.

Speziell das "Produkt Ferienort" weist einige Besonderheiten auf, die ein konsequentes Total Quality Management (TQM) erschweren:
- Die Gäste fragen ein Leisungsbündel nach, das nach innen nur lose strukturiert ist; integrale Managementsstrukturen fehlen weitgehend
- Die Qualitätsvorstellungen der Gäste sind extrem unterschiedlich
- Komplementäre Leistungträger wie beispielsweise der gesamte Verkehrssektor sind sehr bedeutend
- Das ursprüngliche Angebot wie beispielsweise das Wetter ist einerseits sehr wichtig, andererseits kaum beeinflussbar
- Räumliche und zeitliche Konzentrationen machen eine durchgehende Qualitätsgarantie sehr schwierig.

Grundsätzlich haben alle TQM-Ansätze zwei Ziele: die Qualifizierung der Mitarbeiter und Mitarbeiterinnen sowie die Qualitätssicherung des Produktes. Diese beiden Ziele werden jedoch auf sehr unterschiedlichen Wegen zu erreichen versucht. Sechs auch in Tourismuskreisen oft diskutierte Ansätze sind nachfolgend kurz beschrieben (MÜLLER 1995b, S. 76f.):

ISO-Norm 9000
"ISO" heisst International Organisation for Standardization. Die Qualitätsnormen bei ISO tragen die Nummern 9001 bis 9003. Es handelt sich um ein umfassendes Standardsystem - unterteilt in 20 Kapitel - mit dem Ziel der Qualitätssicherung vor allem für Produkte auf dem internationalen Markt.

EFQM-Modell
Die European Foundation of Quality Management (EFQM) hat ein gewichtetes Qualitätsstandard-Modell erarbeitet mit dem Ziel, Qualitätsvorgaben auf allen Ebenen international zu vereinheitlichen.

Baldrige-Award
Hier handelt es sich um den amerikanischen Qualitätswettbewerb mit standardisierten Vorgaben. 1993 wurde die Hotelkette Ritz Carlton damit ausgezeichnet.

2Q-Methode
Diese an der ETH-Zürich von Prof. K. Frey entwickelte mitarbeiterorientierte Qualitäts- und Qualifizierungsmethode hat zum Ziel, den Prozess in Richtung einer eigentlichen Qualitätskultur zu fördern. Gemeinsam mit dem Schweizer Hotelier-Verein wurde ein hotellerie-spezifisches Vorgehen erarbeitet.

Q for you
Eine für das Saastal entwickelte touristische Qualitätsoffensive mit dem Ziel, die Kooperation in der Region zu verbessern, das Qualitätsbewusstsein zu steigern und auf entscheidende Kleinigkeiten innerhalb der Dienstleistungsqualität vermehrt zu achten.

Serviceketten

Bei diesem von Prof. F. Romeiss-Stracke entwickelten Ansatz geht es darum, gemeinsam mit den Mitarbeiter/innen die Serviceleistungen, die für den Gast vor, während und nach dem Aufenthalt wichtig sind, durchzudenken, die kritischen Ereignisse herauszuarbeiten und qualitätsorientierte Verhaltensweisen abzuleiten.

Nach ROMEISS-STRACKE (1995) kann zwischen drei grundsätzlich unterschiedlichen Qualitätsaspekten differenziert werden:
- natürliche Qualität
- materielle Qualität (Hardware)
- immaterielle Qualität (Software)

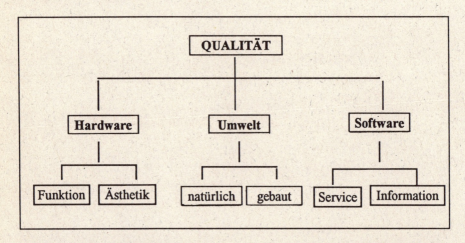

Die natürliche Qualität
Die natürliche Qualität ist zwar sehr zentral, doch, denken wir an das Wetter, lässt sie sich nur beschränkt beeinflussen.

Die materielle Qualität
Ein wichtiger Grundsatz lautet: „Alle Funktionen richtig erfüllen. Die Dinge müssen zuverlässig funktionieren". Die Forderung mag banal klingen, jedoch wird dieser Bereich oft vernachlässigt. Der tropfende Wasserhahn ärgert den Gast und diese Beeinträchtigung ist nur schwerlich durch andere Leistungen wettzumachen. Anknüpfend daran ist es jedoch massgebend, „die richtigen Prioritäten innerhalb der Funktionen zu setzen" Oft werden überflüssige Ausstattungselemente angeboten, die zentralen Grundbedürfnisse des Nachfragers, wie zum Beispiel Essen, Trinken und Schla-

Schlafen, werden hingegen übersehen. Sparen am falschen Ort wirkt sich jedoch häufig kontraproduktiv aus.

Die immaterielle Qualität (Service-/Informationsqualität)
Die Servicequalität ist nach ROMEISS-STRACKE "die wichtigste aber auch schwierigste Dimension" für den Erfolg einer touristischen Unternehmung. Service bedeutet persönliche Hinwendung, Service bedeutet auch, dem Gast eine echte Leistung zu erbringen. Der Gast will sich emotional angesprochen und aufgehoben fühlen. Dies ist eine anspruchsvolle Aufgabe. Die Arbeit der Menschen an der Front muss demzufolge aufgewertet werden.

„Servicekette" als Umsetzungsinstrument

Um diese Forderungen umzusetzen, eignet sich das Instrument der „Servicekette". Jede Servicekette, die lange vor der eigentlichen Dienstleistung beginnt und weit in die Zukunft reicht, besteht aus mehreren Gliedern und mehreren sogenannt kritischen Ereignissen. Als Glied kann beispielsweise die Ankunft eines Gastes im Hotel bezeichnet werden. Das dazugehörende kritische Ereignis kann sein, dass die Receptionistin keinen Augenkontakt mit dem Gast aufnimmt. Der Gast fühlt sich dadurch nicht wahrgenommen und emotional verletzt. Guter Service würde sich nun dadurch auszeichnen, dass der Augenkontakt mit dem Gast auf jeden Fall gesucht wird. Im Servicebereich will sich der Gast vor allem emotional ansprechen lassen, seine Wünsche und Bedürfnisse sollen angenommen und umgesetzt werden.

Durch die vorgängige Analyse der Servicekette lassen sich gemäss ROMEISS-STRACKE ganze komplexe Abläufe in einzelne Glieder unterteilen. Unangenehme Situationen für den Gast sollen so vermieden werden. Der Gastgeber muss also bestrebt sein, sich in die Rolle seines Gastes hineinzuversetzen. Eine konsequente Umsetzung dieser Bedürfnisorientierung kann zu einer nachhaltigen Verbesserung der Servicequalität führen. Dies zieht nicht notwendigerweise Mehrkosten mit sich, denn die Fragestellung „was kostet mich guter Service?" ist falsch. Vielmehr ist zu fragen, welche Kosten ein schlechter Service verursacht!

13.5 Problematik des Um-Handelns

An Vorschlägen für eine sanfte, nachhaltige und qualitätsorientierte Tourismusentwicklung mangelt es heute also nicht, wie in den vorangehenden Kapiteln dargelegt wurde. Den wenigen "Theoretikern", deren Therapievorschläge praktisch alle in die gleiche Richtung zielen, steht aber das mächtige Heer der praktischen Entscheidungsträger auf allen Ebenen gegenüber. Obwohl man auch hier oft vom zunehmenden Problembewusstsein spricht, sind wir von einer "sanften Wende" in der praktischen Politik noch weit entfernt. Das Um-Fühlen und Um-Denken mag zwar vielerorts eingesetzt haben, das Um-Handeln steht aber noch weitgehend aus. In der Realität geht leider die mit dem harten Tourismus verbundene Zerstörung von Umwelt und Kulturen ganz friedlich weiter, sozusagen im allseitigen Einverständnis. Der Gründe für das immer noch ausstehende Um-Handeln sind viele; für jede Aktorenebene wieder andere, aber alle hängen zusammen (KRIPPENDORF 1989):

Die **Verantwortlichen in den Tourismusgebieten** sprechen zwar alle vom qualitativen Wachstum, akzeptieren jedoch das parallel einhergehende quantitative Wachstum ohne Bedenken. Das touristische Wettrüsten hält insbesondere bei den touristischen Transportanlagen und im Zweitwohnungsbau vielerorts weiter an. Das Alibi heisst Sachzwang.

Die **Reiseunternehmen**, die Hersteller der Ware "Reise", sind keine gemeinnützigen Institutionen, sondern kommerzielle Unternehmungen. "Tourismus ist Geschäft und nicht Wohltätigkeit", so sprechen Tourismuspromotoren. Kurzfristige Gewinnmaximierung ist nach wie vor Trumpf, die langfristige Erhaltung der natürlichen Lebens- und damit auch Wirtschaftsgrundlagen allenfalls ein frommes Bekenntnis, im Tourismus wie auch in anderen Branchen - mit dem Unterschied, dass der Umweltaspekt gerade im Tourismus von kapitaler Bedeutung ist. Hie und da hat man sich zwar in der Tourismusbranche etwas dem neuen Wind angepasst, sind zum Beispiel die Reisekataloge eine Spur ehrlicher geworden oder findet man sogar Hinweise zu rücksichtsvollerem Verhalten. Aber solange die Konkurrenz nicht auch auf ein kritischeres Marketing einschwenkt, so wird argumentiert, lässt sich beim besten Willen nicht mehr tun.

Aber auch die **Touristen** haben ihren egoistischen Standpunkt. In erster Linie will mann/frau seine/ihre wohlverdienten Ferien für sich geniessen. Allzu oft dominieren leider noch die "Have-a-good-time-Ideologie" und die "Morgen-sind-wir-schon-wieder-fort-Haltung". Verantwortung für das eigene Verhalten auf Reisen wird kaum übernommen, Egoismus ist nach wie vor Trumpf. Untersuchungen (REISEANALYSE 1989; UNIVOX 1993) weisen zwar auf eine zunehmende Umweltsensibilisierung auf Seiten der Feriengäste hin, doch handelt es sich dabei meist um eine opportunistische Umwelthaltung: Umweltaspekte werden dann besonders relevant, wenn das persönliche "Ferienglück" durch solche tangiert bzw. gefährdet wird.

Für KRIPPENDORF (1989) ist es primär das in unseren Industrieländern immer noch vorherrschende Menschenbild des Homo oeconomicus, das hinter dieser harten touristischen Entwicklung steht. Der rational denkende Mensch, der sich von seinen egoistischen, materiellen Nutzenerwägungen leiten lässt und ohne Rücksicht auf soziale und ökologische Verluste das tut, was ihm kurzfristig am meisten bringt. Solange es der Homo socialis und der Homo oecologicus so schwer haben, neben dem Homo oeconomicus aufzukommen, bleiben die Perspektiven wenig verheissungsvoll, gerade auch im Bereich der Freizeit- und Tourismusentwicklung. Allerdings gibt es sehr viele ermutigende Anzeichen, dass ein teifgreifender Bewusstseinswandel in Gang gekommen ist: Der Homo oecologicus und der Homo socialis sind im Vormarsch, allen Widerständen zum Trotz.

Der Wunsch, etwas zu verändern und etwas anderes auszuprobieren, ist heute bei vielen - vor allem jüngeren - Menschen sehr gross, so gross wie vielleicht kaum je zuvor. So halten wir uns denn mit Ernst BLOCH (1985) an das "Prinzip Hoffnung": Es besteht im Glauben an die sanfte Gewalt des Bewusstseins, das zur materiellen Gewalt wird, sobald es die Massen ergreift - wenn nur die Massen es ergreifen.

14. VOM GELDDENKEN ZUM ZEITDENKEN

Immer mehr wird in unserer westlichen Zivilisation das Gelddenken vom Zeitdenken abgelöst. Zeit wird zur kritischen Grösse. Bei den nachfolgenden Ueberlegungen zum Thema "Zeit" stützen wir uns weitgehend auf dem Bericht "Schweiz morgen", der von einer Eidgenössischen Expertenkommission zuhanden das Budesrates erarbeitet wurde (BFK 1991, S. 130f.).

14.1 Zeitgewinn versus Zeitstress

Obwohl die Menschen in ihrer überwiegenden Mehrzahl noch nie so viel sogenannte "Freizeit" zur Verfügung hatten wie heute (resultierend aus Arbeitszeitverkürzung und längerer Lebenserwartung), scheint in unserer hektischen Welt nichts so knapp zu sein wie die Zeit. "Keine Zeit", so lautet eine der zeittypischen Antworten. Bei Managern und Politikern sind es die sich jagenden Sitzungstermine, bei Mann/Frau von der Strasse die mehr oder weniger synchrone Arbeitszeit sowie zahlreiche private Verpflichtungen und Vorhaben, die das Zeitkorsett immer enger schnüren.

Zeitknappheit und Zeitstress sind zu Phänomenen unseres industriegesellschaftlichen Lebens geworden. Und Leben bedeutet heute vor allem Zeit haben zum Konsum - von Nahrungsmitteln, Kultur, Landschaft, Transport, Wissen, etc. Konsum aber braucht Zeit, nicht nur zum Kauf, sondern auch zur Nutzung und zur Pflege der erworbenen Güter und Dienstleistungen. Je mehr Besitztümer wir uns leisten können, desto stärker wird unsere Zeit durch den Konsum derselben beansprucht. Gleichzeitg wohnt dem wachsenden Wohlstand die Tendenz zur Erhöhung der Spannung zwischen möglichem und realisierbarem Konsum inne, was den Eindruck der Zeitknappheit noch verstärkt.

Deshalb versuchen wir, Zeit zu gewinnen, wo immer es geht. Zeit gewinnen bedeutet Zeit sparen, heisst die Zeit besser organisieren. Je mehr wir unsere Zeit, unser Arbeits- und Freizeitleben aber organisieren und planen, desto mehr wird über unsere Zeit verfügt, nimmt die erstrebte "Zeitsouveränität" ab und das Gefühl der Zeitknappheit zu. Also müssen wir unsere Zeit noch besser managen und bewirtschaften. Oder wir "kaufen" uns Zeit in Form von Dienstleistungen, Fertiggerichten, schnelleren Verkehrs- und Kommunikationsmitteln, etc., deren Kauf uns wiederum Geld und damit auch Zeit kostet.

Das Dilemma zwischen Zeitgewinn und Zeitknappheit widerspiegelt sich heute aber zunehmend auch in einer gesellschaftlichen Polarisierung der Zeitproblematik: Alte, Behinderte, Arbeitslose und Arbeitsunfähige, deren Fähigkeiten und Leistungen nicht mehr gefragt sind, haben Probleme, ihre Zeit mit Sinn und Befriedigung zu füllen. Demgegenüber beklagen sich viele, die in den Erwerbsprozess eingespannt sind, über zunehmenden Leistungsdruck, Arbeitsstress und Hetze. Und je mehr die im Arbeitsprozess Integrierten ins gesellschaftliche Zentrum rücken, desto mehr werden die Ausgeschlossenen zu sozialen Randgruppen.

Zur weiteren Verschärfung der Zeitproblematik trägt auch die moderne Informations- und Kommunikationstechnik bei. Sie ermöglicht eine immer dichtere Vernetzung der Welt und bewirkt damit, dass Raum und Zeit zunehmend schmelzen. Zugleich produziert die Welt immer rascher neues Wissen, und Innovationen werden immer schneller umgesetzt. Wissen, Zeit und Schnelligkeit prägen unsere Zivilisation immer stärker und sind die zentralen Elemente einer neuen hypereffizienten "Nanosekunden-Kultur".

14.2 Zeitvisionen

Vor dem Hintergrund der fortschreitenden Auflösung industrieller (Arbeits)-Zeitrhythmen, des starken Trends zur Individualisierung, des immer riesiger werdenden Konsumangebots, aber auch der bei vielen Menschen vorhandenen Sehnsucht nach einer anders gelebten Zeit im Sinne von mehr Zeit- und Lebensqualität sind verschiedene Visionen bezüglich der zukünftigen Entwicklung der Zeitvorstellungen denkbar:

Die Illusion von weniger Arbeitszeit - mehr Freizeit - mehr Konsum

Diese Zeitvorstellung basiert auf dem Prinzip einer unersättlichen und das ganze Leben vereinnahmenden Oekonomie. Nachdem es der industriellen Arbeitsgesellschaft gelungen ist, innerhalb weniger Zeit immer mehr zu produzieren, geht es in einer zukünftigen Freizeitgesellschaft darum, in potentiell weniger Zeit ein Mehr an Einkommen zu erzielen und ein entsprechendes Mehr an Freizeitaktivitäten unterzubringen. Dieser Illusion, mehr Zeit und gleichzeitig auch mehr Geld haben zu können, dürfte sich heute noch eine Mehrheit hergeben.

Der Wunsch nach mehr Zeitautonomie und Selbstbestimmung

Diese Zeitvorstellung basiert auf der Erkenntnis, dass das Uebel der Zeit heute nicht mehr primär in der Länge der Arbeitszeit, sondern in der zunehmenden Arbeitsintensität, im Zeitstress und vor allem in der fehlenden persönlichen Zeitautonomie liegt. Eine rasch wachsende Minderheit träumt von mehr Autonomie und Selbstbestimmung in der Lebensgestaltung, von zeitlicher Flexibilisierung im Interesse der Arbeitnehmer, von neuen Verteilungsformen der Arbeitszeit und Lebenszeit für Frauen und Männer, von mehr Zeitsouveränität ganz allgemein. Innerhalb der bestehenden industriellen Organisations- und Lebensformen wird sich dieser Wunsch aber nur beschränkt verwirklichen lassen. Wird er in neuartige Organisationsformen übertragen, mag er gewisse Oeffnungen bringen, welche weiter in Richtung eines radikaleren Umdenkens deuten.

Die Utopie der Langsamkeit

Diese radikale Zeitvorstellung möchte die "erstarrte Zeit wieder verflüssigen" und geht in Richtung einer Wiederaufnahme der natürlichen Rhythmen. Nicht verplante Zeiträume sollen neu geschaffen, Zeit ganz allgemein weniger bewirtschaftet werden. Wichtige Voraussetzung wäre etwa eine Veränderung des Produktivitätsbegriffs: Nicht wie schnell etwas produziert wird, wäre massgebend, sondern wie sinnvoll es erscheint. Nach dem Motto "Eile macht blind, Langsamkeit sehend" experimentiert bereits heute eine kleine Minderheit mit der Utopie der Langsamkeit, indem sie inmitten der allgemeinen Raserei bewusst auf Zeitgewinn verzichtet, um der Zeit mehr Gewinn zu entlocken: zum Beispiel durch äusserst selektive Nutzung des Informationsflusses, durch entspannt langsameres Fahren, durch den Einbau langer Schlaufen ungeplanter Zeiten, etc.

Wenn auch die harte Chronokratie mit ihrer Zeitdisziplin, ihren Zeitzwängen, ihrem Temporausch und ihrer Fortschrittseuphorie in unserer heutigen Gesellschaft noch das dominierende Zeitverständnis darstellt, zeichnet sich doch zumindest ein Gegenpol im Sinne des Bewusstseins der "weichen" Zeit ab (BFK 1991, S. 133): "Es integriert einen Sinn

- für die Eigenzeit der Dinge und die Ich-Zeit der Individuen;
- für die Planlosigkeit und die Kreativität augenblicklicher Eingebungen;
- für die Traumzeit einer schweifenden Fantasie;
- für die Langsamkeit der Wahrnehmung und der Gedanken, der Bewegungen und der Handlungen, aber auch für die Langsamkeit des globalen Fortschritts;
- für die Rhythmen der Natur und für die lange Zeit des Werdens der Welt, die es zu bewahren gilt."

Um diese Utopie Wirklichkeit werden zu lassen, bedarf es vor allem der kleinen persönlichen Revolution all jener, die der Kultur der Langsamkeit zum Durchbruch verhelfen möchten.

LITERATURVERZEICHNIS

AGRICOLA, S. 1988: Einführung in die Freizeitpolitik, in: Freizeitpolitik als Gesellschaftspolitik, Hrsg.: Deutsche Gesellschaft für Freizeit e.V., Erkrath 1988

AMMANN, H. 1987: Freizeit und Kultur, in: Handbuch Sozialwesen Schweiz, Zürich 1987

APEL, H., Wiesmann, U., Messerli, P. 1983: Zur Szenariotechnik im schweizerischen MAB-Programm, Bern 1983

ATTESLANDES, P. 1988: Arbeit, soziale Lage und Krankheit, in: Tages-Anzeiger vom 8.6.1988, S. 2, Zürich 1988

BAILLOD, J., HOLLENWEGER, T., LEY, K., SAXENHOFER, P. 1989: Handbuch Arbeitszeit - Perspektiven, Probleme, Praxisbeispiele, Zürich 1989

BAUD-BOVY, A. 1987: Loisirs de plain air et économie de sol, Bericht Nr. 10/1 des Nationalen Forschungsprogrammes "Boden", Bern 1987

BEZZOLA, A. 1975: Probleme der Eignung und Aufnahmekapazität touristischer Bergregionen in der Schweiz, Bern/Stuttgart 1975

BFK (BUNDESAMT FÜR KONJUNKTURFRAGEN) 1985: Qualitatives Wachstum - Bericht der Expertenkommission, Bern 1985

BFK (BUNDESAMT FÜR KONJUNKTURFRAGEN) 1991: Schweiz morgen, Bericht der Eidgenössischen Expertenkommission an den Bundesrat, Bern 1991

BFS (BUNDESAMT FÜR STATISTIK) 1981: Sozialindikatoren für die Schweiz, Band 1: Gesundheit, Bern 1981

BFS (BUNDESAMT FÜR STATISTIK) 1991: Freizeit und Kultur. Mikrozensus 1988 - Grunddaten, Bern 1991

BFS (BUNDESAMT FÜR STATISTIK) 1991a: Statistisches Jahrbuch der Schweiz, Bern 1991

BFS (BUNDESAMT FÜR STATISTIK) 1993: Tourismus in der Schweiz 1992, Bern 1993

BFS (BUNDESAMT FÜR STATISTIK) 1993: Eidgenössische Volkszählung 1990 (Pendler), Bern 1993

BFS (BUNDESAMT FÜR STATISTIK) 1995: Hotel- und Kurbetriebe in der Schweiz 1994, Bern 1995

BFS (BUNDESAMT FÜR STATISTIK) 1995a: Statistisches Jahrbuch der Schweiz, Bern/Zürich 1995

BIERENWANG 1985: Bierenwanger Aufruf für einen sanften Tourismus, Hrsg.: Naturfreundejugend Deutschland, Bierenwang 1985

BIGA (BUNDESAMT FÜR INDUSTRIE, GEWERBE UND ARBEIT) 1994: Verbrauchserhebung 1992, Bern 1994

BLASS, W. 1980: Zeitbudget-Forschung, Frankfurt 1980

BLEISTEIN, R. 1984: Themen der Tourismuskritik, unveröff. Manuskript, Frankfurt 1984

BLOCH, E. 1985: Das Prinzip Hoffnung, Suhrkamp-Taschenbuchausgabe, Frankfurt 1985

BURCKHARDT, L. 1981: Ist Wohnlichkeit messbar? in: Der Bund Nr. 137 vom 16.6.1981, S. 9, Bern 1981

CASPARIS, C.P. 1985: Diskussionsbeitrag zum Papier der "Aemter-AG" über Freizeit und Freizeitpolitik, unveröff. Manuskript, Zürich 1985

CIPRA (Commission internationale pour la protéction des régions alpines) 1984: Sanfter Tourismus - Eine Chance für den Alpenraum? Deklaration von Chur 1984, in: CIPRA-INFO Nr. 4/1984, Vaduz 1984

CLUB OF ROME 1972: Grenzen des Wachstums, Stuttgart 1972

DEFAGO, A. 1990: Das Freizeitproblem als kulturelle Herausforderung, in; Die Volkswirtschaft Nr. 11/1990, S. 8-10, Bern 1990

DGF, (DEUTSCHE GESELLSCHAFT FÜR FREIZEIT) 1980: Freizeit und Strasse, Köln 1980

DGF (DEUTSCHE GESELLSCHAFT FÜR FREIZEIT) 1986: Freizeit-Lexikon, Ostfildern 1986

EIDG. KOMMISSION FÜR JUGENDFRAGEN 1992: Freizeit: Jugendfreizeit, Jugendpolitik, Ziele und Grundsätze, Bern 1992

ENZENSBERGER, H.M. 1958: Eine Theorie des Tourismus, in: Einzelheiten I (Suhrkamp), S. 179-206, Frankfurt 1962

FERNSTUDIUM FREIZEIT 1987: Freizeittheorien - Band 1, Hrsg.: Evangelischer Arbeitskreis für kirchliche Dienste, Hamburg 1987

FERRANTE, C.L.: Konflikt und Diskurs im Ferienort. Wirtschaftsethische Betrachtungen am Fallbeispiel Engelberg, Bern 1994

FIF (FORSCHUNGSINSTITUT FÜR FREIZEIT UND TOURISMUS) 1976: Hotelbauten - Erwägungen und Empfehlungen zur Unterscheidung von Hotels und nichthotelmässigen Betrieben, Bern 1976

FIF (FORSCHUNGSINSTITUT FÜR FREIZEIT UND TOURISMUS) 1986: Tonbildschau "Die Ferienmenschen. Für ein neues Verständnis von Freizeit und Reisen". Die Tonbildschau wird für Schulungszwecke ausgeliehen.

FIF (FORSCHUNGSINSTITUT FÜR FREIZEIT UND TOURISMUS) 1995): Moorschutz und Tourismus, Bern 1995

FRIEDRICH, W., MÜLLER, H.R., RÜFENACHT, U. 1979: Naherholung am Beispiel der Region Schwarzwasser, Bern 1979

FROMME, J. 1985: Freizeit als Lernzeit, Köln 1985

FUHRER, U. 1993: Wohnen mit dem Auto: Ursachen und Gestaltung automobiler Freizeit, Zürich 1993

F.U.R. 1995: Forschungsgemeinschaft Urlaub und Reisen (Hrsg.): Urlaub und Reisen 1995, Hamburg 1995

FUSS, K. 1960: Geschichte der Reisebüros, Darmstadt 1960

GEIGANT, F. 1962: Die Standorte des Fremdenverkehrs, München 1962

GIEGLER, H. 1982: Dimensionen und Determinanten der Freizeit, Opladen 1982

GLOBAL 2000, 1980: Der Bericht an den Präsidenten der USA (deutsche Uebersetzung), Frankfurt 1980

GLOOR, G. ET. AL. 1993: Freizeit, Mobilität, Tourismus aus soziologischer Sicht, FER 137/93, Bern 1993

GLUECKSMANN, R. 1930: Die wissenschaftliche Betrachtung des Fremdenverkehrs, in: Zeitschrift für Verkehrswissenschaft Nr. 1/1930, Berlin 1930

GOMEZ, P., PROBST, G. 1987: Vernetztes Denken im Management, in: Die Orientierung Nr. 89, Hrsg.: Schweizerische Volksbank, Bern 1987

GORZ, A. 1983: Wege ins Paradies, Berlin 1983

GVK (KOMMISSION FÜR DIE SCHWEIZERISCHE GESAMTVERKEHRS-KONZEPTION) 1977: Der Freizeit- und Ferienverkehr in der Schweiz, Bern 1977

HAWKINS, D., RITCHIE, J.R. 1991: World Travel an Tourism Review - Indicators, Trends and Forecasts, Wallingford 1991

HOFFMANN, H. 1981: Kultur für alle, Perspektiven und Modelle, Frankfurt 1981

HOEMBERG, E. 1978: Reisen - zwischen Kritik und Analyse, in: Zeitschrift für Kulturaustausch Nr. 3/1978, S. 36-41, Stuttgart 1978

HUBER, I., LEDERMANN, R. 1990: Widerstände der Bereisten in der Schweiz, Bern 1990

HUNZIKER, W. 1963: Wachstumsprobleme des Fremdenverkehrs, St Gallen 1963

HUNZIKER, W., KRAPF, K. 1942: Allgemeine Fremdenverkehrslehre, Zürich 1942

IFW (INSTITUT FÜR FREIZEITWIRTSCHAFT) 1987: Wachstumsfelder im Freizeitbereich bis 1995 / Band 1, München 1987

ITV (INSTITUT FÜR TOURISMUS UND VERKEHRSWIRTSCHAFT) 1978: Der Ausflugverkehr - seine Bedeutung und Problematik, St. Gallen 1978

JORDI, M. 1988: Erwerbsarbeit - informelle Arbeit - Dualwirtschaft, Bern 1988

JUNGK, R. 1980: Wie viel Touristen pro Hektar Strand? Plädoyer für "sanftes Reisen", in: Geo Nr. 10/1980, S. 154-156, Hamburg 1980

KAEMPFEN, W. 1972: Referat anlässlich der Mitgliederversammlung der Schweizerischen Verkehrszentrale, unveröff. Manuskript, Davos 1972

KASPAR, C. 1991: Die Tourismuslehre im Grundriss, 4. Auflage, Bern/Stuttgart 1991

KASPAR, C., Frey, C. 1993: Freizeit, Mobilität, Tourismus aus sozioökonomischer Sicht, FER 136/1993, Bern 1993

KELLER, P. 1982: Tourismuspolitik - zukünftige Aufgaben der Bundesbehörden, unveröff. Manuskript, Bern 1982

KELLER, P. 1983: Die intergouvernementalen Organisationen des Tourismus, unveröff. Manuskript, Bern 1983

KELLER, P. 1984: Zwischen Substanzverlust und Utopien - kritische Ueberlegungen zur Tourismuskritik aus tourismuspolitischer Sicht, unveröff. Manuskript, Bern 1984

KIRSTGES, T. 1995: Sanfter Tourismus, Wien 1995

KLOPFLEISCH, R. 1991: Die Pflicht zur Faulheit: Freizeit zwischen Stress und Musse, Düsseldorf/Wien/New York 1991

KRAMER, B. 1990: Freizeit - Politik - Perpektiven, Berner Studien zu Freizeit und Tourismus (Heft 27), Bern 1990

KRAMER, D. 1983: Der sanfte Tourismus - Umwelt- und sozialverträglicher Tourismus in den Alpen, Wien 1983

KRAPF, K. 1961: Fremdenverkehrspolitik in schweizerischer Sicht, in: Zeitschrift für Fremdenverkehr Nr. 1/1961, S. 7-13, Bern 1961

KRIPPENDORF, J. 1971: Marketing im Fremdenverkehr, Bern/Frankfurt 1971

KRIPPENDORF, J. 1975: Die Landschaftsfresser. Tourismus und Erholungslandschaft - Verderben oder Segen? Bern 1975

KRIPPENDORF, J. 1976: Schweizerische Fremdenverkehrspolitik zwischen Pragmatismus und konzeptioneller Politik, in: Berner Beiträge zur Nationalökonomie, Band Nr. 25, , S. 443-454, Hrsg.: E. Tuchtfeldt, Bern 1976

KRIPPENDORF, J. 1979: Tourismus im Jahre 2010 - Eine Delphi-Umfrage, Bern 1979

KRIPPENDORF, J. 1983: Fehlentwicklungen im Schweizer Tourismus, in: Schweizer Tourismus - Weichen für die Zukunft richtig gestellt?, S. 24-31, Hrsg.: Schweizer Tourismus-Verband, Bern 1983

KRIPPENDORF, J. 1984: Die Ferienmenschen - Für ein neues Verständnis von Freizeit und Reisen, Zürich 1984

KRIPPENDORF, J. 1985: Freizeit und Freizeitpolitik, unveröff. Manuskript, Bern 1985

KRIPPENDORF, J. 1986: Der neue, sanfte Tourist, in: TUI-TAG '86 - Referate, Hrsg.: Touristik Union International, Hannover 1986

KRIPPENDORF, J. 1989: Zur Hölle mit den Paradiesen - Schlechte Aussichten für gute Einsichten? In: Oekozid Nr. 5/1989, Giessen 1989

KRIPPENDORF, J., MÜLLER, H.R. 1986: Alpsegen Alptraum. Für eine Tourismus-Entwicklung im Einklang mit Mensch und Natur, Bern 1986

KRIPPENDORF, J., KRAMER, B., KREBS, R. 1984: Arbeitsgesellschaft im Umbruch, Konsequenzen für Freizeit und Reisen, Berner Studien zu Freizeit und Tourismus (Heft 20), Bern 1994

KRIPPENDORF-DEMEL, S. 1993: Forschungslücken in den Bereichen Freizeit - Mobilität - Tourismus, FER 138/1993, Bern 1993

LAINE, P. 1980: Liberons le tourisme, Paris 1980

LALIVE D'EPINAY, CHR. 1991: Die Schweizer und ihre Arbeit, Zürich 1991

LENZ-ROMEISS, F. 1974: Freizeit und Alltag, Göttingen 1974

LOHMANN, M. 1985: Urlaubsreisen 1984 - Ergebnisse der Reiseanalyse 1984, Kurzfassung, Hrsg.: Studienkreis für Tourismus e.v., Starnberg 1985

LOESCHBURG, W. 1977: Von Reiselust und Reiseleid - Eine Kulturgeschichte, Frankfurt 1977

MÄDER, U. 1985: Sanfter Tourismus: Alibi oder Chance? Zürich 1985

MÄDER, U. 1990: Frei-Zeit. Fantasie und Realität, Zürich 1990

MARX, K. 1894: Das Kapital - Band III von 1894, 7. Auflage, Berlin 1959

MASLOW, A.H. 1977: Motivation und Persönlichkeit, Olten 1977

MAURER, M. ET AL 1991: Tourismus und Dritte Welt - ein kritisches Lehrbuch, Berner Studien zu Freizeit und Tourismus (Heft 29), Bern 1991

MEIER-ABICH, K.M. 1985: Im sozialen Frieden zum Frieden mit der Natur, in: Wissen für die Umwelt, S. 291-301, Hrsg.: Jänicke, M., Berlin/New York 1985

MEIER-DALLACH, H.P. et.al. 1992: Die Kulturlawine. Daten, Bilder, Deutungen, Chur/Zürich 1991

MEIERHOFER, U. 1995: Schweizer Tourismushandbuch 1995/96, Yens-sur-Morges 1995

MESSERLI, P. 1989: Mensch und Natur im alpinen Lebensraum - Risiken, Chancen, Perspektiven, Bern 1989

METZ, R. 1983: Rechtshandbuch für Reiseveranstalter, Reisevermittler, Reisebüros, Bern 1983

MEYRAT-SCHLEE, E. 1993: Mobil sind die andern. Wohnqualität, Quartierleben und Sesshaftigkeit, Zürich 1993

MEZZASALMA, R. 1994: Öko-Management für Reiseveranstalter, Bern 1994

MIKOLASCHEK, P. 1984: Freizeit als Gegenstand der Politik, Frankfurt 1984

MÜLLER, CHR. 1984: Zeitnot: Untersuchung zum 'Freizeitproblem' und seiner pädagogischen Zugänglichkeit, Weinheim/Basel 1984

MÜLLER, H.R. 1986: Tourismus in Berggemeinden: Nutzen und Schaden, Schlussberichte Nr. 19 zum Schweiz. MAB-Programm, Bern 1986

MÜLLER, H.R. 1991: Trends im Ferienverhalten unserer Gäste - Konsequenzen für den alpinen Sommertourismus, unveröff. Manuskript, Bern 1991

MÜLLER, H.R. 1993: Nachhaltigkeit im Tourismus - auf der Suche nach einer neuen Tourismusethik, Vortragsmanuskript, Bern 1993

MÜLLER, H.R. 1994a: Thesen zur Tourismuskritik, in: FIF-Jahresbericht 1993, S. 34-36, Bern 1994

MÜLLER, H.R. 1994b: Tourismus und Umweltwissenschaften: Neue Forschungsparadigmen, in: La Recherche touristique, AIEST Vol. 36, Hrsg.: AIEST, S. 165-186, St. Gallen 1994

MÜLLER, H.R. 1995a: Liberalisierung der Lex Friedrich - Konsequenzen auf den touristischen Arbeitsmarkt, in: Liberalisierung der "Lex Friedrich": Folgen für den Zweitwohnungsbau, Hrsg.: Schweizerische Vereinigung für Landesplanung (VLP), S. 5-31, Bern 1995

MÜLLER, H.R. 1995b: "Q FOR YOU" - Eine Qualtitätsoffensive in Ferienorten, in: Jahrbuch der Schweizerischen Tourismuswirtschaft 1994/95, Hrsg.: Kaspar, C., S. 75-81, St. Gallen 1995

MÜLLER, H.R., KRAMER, B. 1990: Innovationen im Tourismus - Ein Beitrag der Schweiz zum Europäischen Jahr des Tourismus 1990, Bern 1990

MÜLLER, H.R., FERRANTE, C. 1990a: Ferienwohnungsmarkt bis ins Jahr 2002, Bern 1990

MÜLLER, H.R., KASPAR, C., SCHMIDHAUSER, HP. 1991: Tourismus 2010. Eine Delphi-Umfrage zur Zukunft des Schweizer Tourismus, Bern/St. Gallen 1991

MÜLLER, H.R., EGGER, M. 1991A: Achtung Steinschlag! Wechselwirkungen zwischen Wald und Tourismus, Bern 1991

MÜLLER, H.R., STETTLER, J. 1993: Aspekte eines nachhaltigen Freizeit- und Tourismus-Managements, Arbeitstexte zur FIF-Lehrveranstaltung Wintersemester 1992/93, Bern 1992

MÜLLER, H.R., STETTLER, J. 1993a: Marketing-Arbeit der Verkehrsvereine, Bern 1993

MÜLLER, H.R., BOESS, M. 1995: Tourismusbewusstein - Empirische Belege und Hintergründe, Bern 1995

MÜLLER, H.R. ET.AL. 1995: Tourismus im Kanton Bern - Wirtschaftsstruktur, Reiseverhalten, Wertschöpfung. Kurzfassung, Bern 1995

NAHRSTEDT, W. 1975: Animation zur Emanzipation, Göttingen 1975

NAHRSTEDT, W. 1982: Freizeitberatung: Konzepte und Modelle, Baltmannsweiler 1982

NIESCHLAG ET. AL. 1979: Marketing, 10. Auflage, Berlin 1979

OGILVIE, F.W. 1933: The Tourist Mouvement (deutsche Uebersetzung), London 1933

OPASCHOWSKI, H.W. 1980: Probleme im Umgang mit der Freizeit, Hamburg 1980

OPASCHOWSKI, H.W. 1987: Wie leben wir nach dem Jahr 2000?, Hamburg 1987

OPASCHOWSKI, H.W. 1987a: Pädagogik und Didaktik der Freizeit, Opladen 1987

OPASCHOWSKI, H.W. 1990: Herausforderung Freizeit. Perspektiven für die 90er Jahre, Hamburg 1990

OPASCHOWSKI, H.W. 1991: Tourismus und Freizeit 2000 - wohin die Reise geht, unveröff. Manuskript, Hamburg/Bad Dürrheim 1991

OPASCHOWSKI, H.W., Raddatz, G. 1982: Freizeit im Wertewandel, Hamburg 1982

PRAHL, H.W. 1977: Freizeitsoziologie - Entwicklungen, Konzepte, Perspektiven, München 1977

REISEANALYSEN 1988-1993: Urlaubsreisen 1987-1992 - Ergebnisse der Reiseanalysen, Hrsg: Studienkreis für Tourismus e. V., Starnberg 1988-1993

RENSCHLER, R. 1985: vom Reiseverzicht zum kritischen Reisen, unveröff. Manuskript, Basel 1985

RIEGER, P. 1982: Die historische und psychologische Dimension des Reisens, in: Das Phänomen des Reisens, Heft 19 der Berner Studien zu Freizeit und Tourismus, Hrsg.: Forschungsinstitut für Freizeit und Tourismus an der Universität Bern, S. 9-21, Bern 1982

RINDERSPACHER, S. 1987: Am Ende der Woche. Die soziale und kulturelle Bedeutung des Wochenendes, Bern 1987

ROMEISS-STRACKE, F. 1985: Andere Rahmenbedingungen - andere Freizeit- und Lebensstile, unveröff. Manuskript, Braunschweig 1985

ROMEISS-STRACKE, F. 1987: Ist Zeitpolitik besser als Freizeitpolitik?, in: Handlungsfeld Freizeit II: Zeitpolitische Fragestellungen, S. 16-18, Hrsg.: Institut für Landes- und Stadtentwicklung Nordrhein-Westfalens, Dortmund 1987

ROMEISS-STRACKE, F. 1989: Neues Denken im Tourismus, Hrsg.: Allgemeiner Deutscher Automobil-Club e.V., München 1989

ROMEISS-STRACKE, F. 1995: Service-Qualität im Tourismus. Grundsätze und Gebrauchsanweisungen für die touristische Praxis, Hrsg.: Allgemeiner Deutscher Automobil-Club, München 1995

ROTACH, M., MAUCH., S., GÜLLER, P. 1982: Szenarien künftiger Entwicklungen, Bern 1982

RÜTTER, H. 1990: Wirtschaftsfaktor Tourismus, in: Die Volkswirtschaft Nr. 12/1990, S. 15-22, Bern 1990

SCHEUCH, E.K. 1969: Soziologie der Freizeit, in: Handbuch für empirische Sozialforschung - Band 2, S. 1-178, Hrsg.: König, R., Stuttgart 1969

SCHMIDHAUSER, HP. 1973: Nettoreiseintensität, Bruttoreiseintensität und Reisehäufigkeit, in: Festschrift zur Vollendung des 65. Geburtstages von Prof. Dr. P. Bernecker, S. 145-152, Hrsg.: Ender, W., Wien 1973

SCHMIDHAUSER, HP. 1977: Neue Erkenntnisse über Gesetzmässigkeiten bei der Wahl des Reisezieles, in: Jahrbuch für Fremdenverkehr, S. 86-102, Hrsg.: Deutsches Wirtschaftswissenschaftliches Institut für Fremdenverkehr an der Universität München, München 1977

SCHMIDHAUSER, HP. 1978: Der Beschäftigungseffekt des Fremdenverkehrs im tertiären Sektor, dargestellt am Beispiel der Schweiz, in: Festschrift zur Vollendung des 70. Lebensjahres von Prof. P. Bernecker, S. 51-57, Hrsg.: Ender, W., Wien 1978

SCHMIDHAUSER, HP. 1991: Reisemarkt Schweiz 1990/91, St. Gallen 1991

SCHMIDHAUSER, HP. 1993: Reisemarkt Schweiz 1992/93, St. Gallen 1993, zit. nach: Berner Tagwacht vom 15.7.1993, Bern

SCHMITZ-SCHERZER, R. 1974: Sozialpsychologie der Freizeit, Stuttgart 1974

SCHWEIZ. BUNDESRAT 1984: Botschaft zur Schweizerischen Kulturinitiative vom 18.4.1984, Bern 1984

SCHWEIZ. TOURISMUSKONZEPT 1979: Das Schweizerische Tourismuskonzept, Grundlagen für die Tourismuspolitik, Hrsg.: Beratende Kommission für Fremdenverkehr des Bundesrates, Bern 1979

SCITOVSKY, T. 1977: Psychologie des Wohlstands, Frankfurt/New York 1977

SEILER, B. 1989: Kennziffern einer harmonisierten touristischen Entwicklung. Sanfter Tourismus in Zahlen, Bern 1989

SHV (SCHWEIZER HOTELIER-VEREIN) 1978: Preisordnung vom 1.1.1978, Bern 1978

SHV (SCHWEIZER HOTELIER-VEREIN) U.A. 1992: Marketing der Gastfreundschaft, Bern 1992

SMERAL, E. 1995: Aufwertungen bremsen Tourismus, zit. nach: Oesterreichische Gastgewerbe Zeitung vom 12.5.1995, S. 1f., Wien 1995

SPATT, E. 1975: Allgemeine Fremdenverkehrslehre, Innsbruck 1975

SRG (SCHWEIZERISCHE RADIO- UND FERNSEHGESELL-SCHAFT) 1990: Jahresbericht des Forschungsdienstes 1989, Band I: Allgemeine Daten, Bern 1990

STV (SCHWEIZER TOURISMUS-VERBAND) 1985: Zweitwohnungen - Ein touristisches Dilemma, Bern 1985

STV (SCHWEIZER TOURISMUS-VERBAND) 1995: Schweizer Tourismus in Zahlen, Ausgaben 1994 und 1995, Bern

SZALAI, A. 1972: The use of time - daily activities of urban and suburban populations in twelve countries, Monton 1972

THELIN, G. 1983: Freizeitverhalten im Erholungsraum, Bern 1983

THIEM, M. 1993: Tourismus und kulturelle Identität. Die Bedeutung des Tourismus für die Kultur touristischer Ziel- und Quellgebiete, Berner Studien zu Freizeit und Tourismus (Heft 30), Bern 1993

THOENI, R. 1988: Der Freizeitmarkt Schweiz und seine volkswirtschaftliche Bedeutung, Bern 1988

TME (ARBEITSGEMEINSCHAFT 'TOURISMUS MIT EINSICHT') 1991: Tourismus mit Einsicht - Broschüre, Berlin 1991

TOBLACH 1985: Thesenpapier der Toblacher Gespräche 1985 zum Thema "Für einen anderen Tourismus: am Beispiel des Bergtourismus, Toblach 1985

TOKARSKI, W. 1979: Aspekte des Arbeitserlebens als Faktoren des Freizeiterlebens, Frankfurt 1979

TOMAS (TOURISTISCHES MARKTFORSCHUNGSSYSTEM SCHWEIZ) 1989: Expertenberichte Sommer 1988 und Winter 1988/89, Bern 1989

TRAVEL&TOURISM 1995: Progress an Priorities 1995, Hrsg.: World Travel & Tourism Council, London 1995

TSCHANZ, H. 1987: Entwicklung der Haushalts-, Freizeit- und Tourismusausgaben in der Schweiz (1965-1985), Bern 1987

TSCHUDI, H.P. 1974: Der Schweizerische Sozialstaat - Realität und Verpflichtung, in: Schweizerische Wirtschaftspolitik zwischen gestern, heute und morgen, S. 131-148, Hrsg.: Tuchtfeldt, E., Bern/Stuttgart 1974

ULRICH, H. 1968: Die Unternehmung als produktives soziales System, Bern 1968

UNIVOX 1986-1994: Univox-Freizeitumfragen 1986-94, Hrsg.: Gesellschaft für praktische Sozialforschung (GfS/Zürich) und Forschungsinstitut für Freizeit und Tourismus (FIF/Bern), Zürich/Bern

VESTER, F. 1982: Neuland des Denkens, vom technokratischen zum kybernetischen Zeitalter, Zürich 1982

VESTER, F. 1983: Unsere Welt - ein vernetztes System, München 1983

VILAR, E. 1981: Die Fünf-Stunden-Gesellschaft, Frankfurt/Berlin/Wien 1981

WACHENFELD, H. 1987: Freizeitverhalten und Marketing, Heidelberg 1987

WAGNER, F.A. 1978: Der vielgeschmähte Tourismus und seine neuen Kritiker, in: Frankfurter Allgemeine Zeitung vom 19.10.1978, Reisebeilage 3, Frankfurt 1978

WEISS, H. 1981: Die friedliche Zerstörung der Landschaft und Ansätze zu ihrer Rettung in der Schweiz, Zürich 1981

WEISS, M., LANZ, P. 1980: Handbuch für Quartier-Verbesserer, Zürich 1980

WETTSTEIN, F. 1989: Ueberlegungen zur Freizeitpolitik, unveröff. Manuskript, Zürich 1989

WETTSTEIN, F. 1991: Freizeitpolitik auf lokaler Ebene. Ziele und Aufgaben der Pro Juventute, unveröff. Manuskript, Zürich 1991

ZUCKER, W.H. 1985: Beliebte Freizeit - Aktivitäten zu Hause und im Urlaub, in: Das Reisebüro Nr. 10/1985, Darmstadt 1985

ZÜHLKE, W. 1987: Neuorganisation von Zeit, in: Handlungsfeld Freizeit II: Zeitpolitische Fragestellungen, S. 9-10, Hrsg.: Institut für Landes- und Stadtentwicklung Nordrhein-Westfalens, Dortmund 1987

STICHWORTVERZEICHNIS

Aktivitäten
- Freizeit 46f., 194f.
- Tourismus 100f., 195f.

Aparthotel 120
Arbeitsplätze 52, 77f., 125, 175
Arbeitswelt 24f. 86, 151
Arbeitszeit 16, 27, 38f.,136f., 140, 151, 192, 217f.
Architektur 62, 205
Aufenthaltsdauer 56, 105
Ausflugstourismus 57, 109
Ausgleichsfunktion 74, 78, 84

Bedürfnisse 81f., 116f., 195f.
Beherbergung 57, 117f.
Bereiste 19, 68f., 123f., 199, 203f.
Beschäftigungsfunktion 77f.
Betrieb 116f
Binnentourismus 58, 104

Camping 57, 107, 119f.

Devisenfunktion 76
Dienst für Tourismus 166
Dritt-Welt-Tourismus 60, 105, 199

Einheimische vgl. Bereiste
Einkommensfunktion 79
Emanzipation 75
Erholung 32, 69, 73f., 84, 94f.,

Familientourismus 58
Ferien
- Aktivitäten 100f.
- Aufenthaltstourismus 56
- Erholungsorte 114f.
- Reiseintensität 106f.
- Wohnung 57, 100, 105f., 118f., 176f.

Forschung
- Freizeit 36
- Tourismus 59f.

Freizeit
- Aktivitäten 46f., 194f.
- Arbeitsplätze 52
- Ausgaben 50f.
- Begriff 37f.
- Beschäftigungen 46f., 194f.
- Forschung 36
- Geschichte 10f.
- Gesellschaft 192f., 217f.
- Infrastruktur 136f.
- Markt 49f.
- Rahmenbedingungen 14f.
- Politik 137f.
- Theorien 25f., 37f., 43f.
- Verhalten 44f., 191f.

Fremdenverkehr vgl. Tourismus

Gastgewerbe 117f., 175
Gesellschaftspolitik 137f.
Grundbedürfnisse 84f.
Gruppentourismus 59
Gruppenunterkünfte 118f.

Hotellerie 58, 117f.

Individualtourismus 59
Information 97, 130
Infrastruktur 68f., 111f.

Jugend
- Herbergen 118f.
- Politik 137, 141, 153
- Tourismus 58

Kollektivtourismus 59, 119
Kompensationstheorie 25
Kongress
- Tourismus 57
- Zentren 122
Konjunkturabhängigkeit 90f.
Kultur
- Begriff 40f.
- Politik 140f., 151
- Identität 74f, 203
- Zentren 112
Kur
- Betrieb 121
- Ort 114
- Saal 122, 175
Kurzzeittourismus 57, 108f.

Landschaft 69, 72, 79f., 112, 150, 159, 177, 203. 205
Landwirtschaft 72, 80, 203
Lebensqualität 38f., 76, 146f., 150, 159, 217f.
Lebensstil 44f., 86, 197
Logiernächte 106f.
Luxustourismus 58

Marketing 68, 87f., 127f.
Markt
- Freizeit 49f.
- Tourismus 68

Mittler 128f.
Mobilität 17, 32f., 86, 123, 192
Motel 118
Motiv 19, 83f., 94f., 196
Musse 10f., 214f.
Multiplikatoreffekt 78

Nachfrage 81f., 104f.,195f.
Naherholung 29f., 109, 115
Nichtreisende 109

Oekologie 20f., 69f., 79f., 144f., 150, 158f., 177f., 190f., 199, 202, 208f.
Ortsansässige vgl. Bereiste

Quality Management

Parahotellerie 58, 118f.
Passantentourismus 57
Pauschalreise 130, 133f.
Pension 118
Politik
- Freizeit 137f.
- Tourismus 156f.
Preis-Elastizität 88
Privatzimmer 119
Prognosemethoden 186f.

Raumplanung 137, 139, 149, 177
Regeneration 74, 82f., 96
Reise-
- Aktivitäten 100f., 195f.
- Ausgaben 51, 100
- Dauer 99
- Entscheidung 97
- Erfahrung 104
- Erwartung 96f.

- Form 57f., 98
- Gewohnheit 97
- Häufigkeit 108
- Intensität 108
- Mittler 128f.
- Motiv 95f.
- Recht 133f., 179
- Veranstalter 98, 130f., 205f.
- Verhalten 98f., 195f.
- Verkehrsmittel 59, 92, 99
- Vermittler 130f.
- Vorbereitung 98
- Zeitpunkt 99
- Zieltreue 103
- Zufriedenheit 103
Restaurant 117f.
Retailer 130f.

Sales Representative 131
Sanfter Tourismus 201f.
Schlechtwetterentschädigung 157
Schweiz Tourismus 168, 174f.
Schweizer Hotelier-Verein 169
Schweizer Reisekasse 169f.
Schweizer Tourismus-Verband 169
Schweizerische Gesellschaft für Hotelkredit 168, 174
Seniorentourismus 58
Sommertourismus 59
Sozialtourismus 58, 169, 182
Spezialverkehrsmittel 113, 122, 165, 167, 174
Sport 48f., 94f.
- Politik 141, 152
Subsidiaritätsprinzip 146f.
Systemtheorie 66f.
Szenarien 188, 193f.

Tagestourismus 56, 109

Tagungsbetrieb 122
Transportanlagen 113, 122, 165, 167, 174
Tourismus
- Angebot 112f.
- Betriebe 117f.
- Bilanz 76
- Boomfaktoren 16f., 70f.
- Definition 55f.
- Erscheinungsformen 57f.
- Forschung 59f.
- Funktionen 74f.
- Kritik 199f.
- Markt 68f.
- Mittler 129f., 205f.
- Modelle 66f.
- Nachfrage 82f.
- Nachhaltigkeit 208f.
- Organisationen 167f., 181f.
- Ort 114f.
- Politik 156f.
- Qualität 207f.
- Statistik 105f., 167, 176
- Träger 167f.
- Wissenschaft 61f., 170f.
Tour Operator 130

Umwelt vgl. Oekologie
- Sensibilisierung 80, 191, 215
Unterhaltungsbetriebe 122, 175
Unterkunft 57, 117f.

Veranstalterreisen 130
Verkaufsweg 128f.
Verkehrs-
- Mittel 59, 92, 99, 123, 150
- Verein 128, 171f.
Vermittler 127f.
Verpflegungsbetriebe 121
Verstädterung 31f.

Völkerverständigung 75

Währungslage 90
Werbung 89, 131, 168, 174f.
Wertewandel 20f., 27f., 86,
  191f., 217f.
Wholesaler 130
Wintertourismus 59
Wochenendtourismus 56, 108
Wohnwelt 31f., 87, 149
World Tourism Organisation
  176, 181

Zahlungsbilanzfunktion 76
Zeit
- Autonomie 40f., 138f., 219
- Knappheit 217f.
- Politik 138f
- Souveränität 139, 219
- Visionen 218f.
Ziele
- Freizeitpolitik 143f.
- Tourismuspolitik 157f.
Zweitwohnung 108, 118f., 176f.

BERNER STUDIEN ZU FREIZEIT UND TOURISMUS

Heft 1 Paul Risch: Die praktischen Möglichkeiten der Schweizerischen Entwicklungshilfe im Fremdenverkehr, 1966, (vergriffen)

Heft 2 Peter Kühler: Führen und delegieren in Hotellerie und Gastwirtschaftsgewerbe. Theoretische und praktische Beispiele zur Betriebsführung, 1979 (4. Auflage), (vergriffen)

Heft 3 Jost Krippendorf: Gedanken zu aktuellen Problemen des Fremdenverkehrs und des Gastgewerbes am Beispiel der Schweiz; ausgewählte Aufsätze, 1967, (vergriffen)

Heft 4 Hans Kronenberg: Der Betriebsvergleich in den gemeinnützigen Badekuranstalten der Schweiz, 1968, (vergriffen)

Heft 5 Reto Jürg Schneider: Die Möglichkeiten und Probleme einer regionalen touristischen Planung, 1968 (vergriffen)

Heft 6 Franco Enrico Keller: Zur Preispolitik der Hotellerie. Eine kritische Betrachtung der Preis- und Konditionenkartellierung des Schweizer Hoteliervereins, 1970, (vergriffen)

Heft 7 Jost Krippendorf: Marketing im Fremdenverkehr, 1970 (vergriffen)

Heft 8 Hans Teuscher: Analyse und Möglichkeiten des internationalen Tourismus in Südamerika, 1971, (vergriffen)

Heft 9 Josef Charvat: Gegenwart und Zukunft des Heilbäderwesens, 1972, (vergriffen)

Heft 10 Neue Entwicklungen in der Hotellerie. Referate einer Studientagung des GDI in Rüschlikon vom 6. - 9.4.1970 (vergriffen)

Heft 11 Andreas Bulling: Die Hotelfinanzierung in der Schweiz aus der Sicht der Banken, 1972, (vergriffen)

Heft 12 Fremdenverkehr im Wandel. Referate einer Studientagung des GDI in Rüschlikon vom 10. - 13.4.1972, 1972 (vergriffen)

Heft 13 Jost Krippendorf: Der Europamarkt für Reisen nach Südamerika und insbesondere nach Peru, 1973, (vergriffen)

Heft 14 Mario Bonorand: Zur Struktur und Problematik der touristischen Erschliessung des französischen Berggebietes, 1974 (vergriffen)

Heft 15 Hans Rentsch: Die volks- und fremdenverkehrswirtschaftlichen Auswirkungen einer Autostrasse Lauterbrunnen - Wengen, 1974 (vergriffen)

Heft 16 Peter Anrig: Die rechtlichen Anforderungen an die Kurtaxengesetzgebung in der Schweiz, 1975, (vergriffen)

Heft 17 Konrad Annasohn: Versuch einer langfristigen Prognose der touristischen Frequenzen im schweiz. Berggebiet, 1975 (vergriffen)

Heft 18 Urs Schär: Grundlagen für die wirtschaftliche Beurteilung von Seilbahnen. Eine kritische Analyse schweizerischer Verhältnisse, 1976, (vergriffen)

Heft 19 Das Phänomen des Reisens. Referate einer Vortragsreihe des Collegium Generale der Universität Bern, 1982 (vergriffen)

Heft 20 Jost Krippendorf/Bernhard Kramer/Ralph Krebs: Arbeitsgesellschaft im Umbruch - Konsequenzen für Freizeit und Reisen, 1984 (vergriffen)

Heft 21 Peter Zimmer: Alternativtourismus - Anspruch und Wirklichkeit, 1984, Fr. 20.-

Heft 22 Jost Krippendorf/Bernhard Kramer/Hansruedi Müller: Freizeit und Tourismus. Eine Einführung in Theorie und Politik, Bern 1986 (überarbeitete Neuauflage als Heft 28)

Heft 23 Mark Egger: Wald und Tourismus, 1989, (vergriffen)

Heft 24 Seiler Beat: Kennziffern einer harmonisierten Tourismusentwicklung. Sanfter Tourismus in Zahlen, 1989, (vergriffen)

Heft 25 FIF: Tourismus: Bis hieher und wie weiter?. Protokoll eines Kaminfeuergesprächs mit Pfuschi-Cartoons, 1989, Fr. 20.-

Heft 26 FIF: Tourismus - Förderer oder Zerstörer der Kultur? Bericht des Swiss Forum vom 15.-18. Okt.1989 in Lausanne, 1990, (vergriffen)

Heft 27 Bernhard Kramer: Freizeit - Politik - Perspektiven, 1990, Fr. 25.-

Heft 28 Hansruedi Müller/Bernhard Kramer/Jost Krippendorf: Freizeit und Tourismus. Eine Einführung in Theorie und Politik, 1995 (6. Auflage), Fr. 32.-

Heft 29 Mechtild Maurer et al.: Tourismus und Dritte Welt - ein kritisches Lehrbuch, 1991, Fr. 28.-

Heft 30 Marion Thiem: Tourismus und kulturelle Identität. Die Bedeutung des Tourismus für die Kultur touristischer Ziel- und Quellgebiete, 1993, Fr. 34.-

Heft 31 Roman Mezzasalma: Öko-Management für Reiseveranstalter, 1994, Fr. 22.-

Heft 32 Claudio Luigi Ferrante: Konflikt und Diskurs im Ferienort. Wirtschaftsethische Betrachtungen am Fallbeispiel Engelberg, 1994, Fr. 34.-

Heft 33 Martin Enderlin: Schweizerisches Skischulwesen: Aktuelle Lage, Perspektiven, Strategien, 1995, Fr. 43.-

Heft 34 Heinz Rütter, Hansruedi Müller, Doris Guhl, Jürg Stettler: Wertschöpfung des Tourismus im Kanton Bern, 1995

Heft 35 Claudio Luigi Ferrante, Bernhard Kramer, Hansruedi Müller: Freizeit-Daten, 1995